网络基本通信约束下的系统性能极限分析与设计

陈超洋　王宝贤　高红亮　著

電子工業出版社
Publishing House of Electronics Industry
北京 • BEIJING

内 容 简 介

本书介绍网络基本通信约束（网络噪声、网络带宽、信道衰落、编码解码和量化等）下的网络系统性能极限与有关性质。借助通信理论、频域分析方法、时域分析方法和互质分解、内外分解、全通分解、尤拉参数化等技术手段，揭示网络系统性能极限与网络基本通信约束和控制对象本身固有特性间的内在定量关系和内在联系，并介绍连续系统、离散系统、单向通道、双向通道、单通道和多通道等多种模式下网络系统的性能极限，为网络系统设计和控制器设计提供理论支撑和指导。

本书可作为从事自动控制和通信网络工作的科研人员、工程技术人员，以及高等院校自动化及相关专业教师、高年级本科生和研究生的参考用书。

图书在版编目（CIP）数据

网络基本通信约束下的系统性能极限分析与设计/陈超洋，王宝贤，高红亮著. —北京：电子工业出版社，2019.12

ISBN 978-7-121-36318-4

Ⅰ. ①网… Ⅱ. ①陈… ②王… ③高… Ⅲ. ①计算机通信网－系统性能 Ⅳ. ①TN915

中国版本图书馆 CIP 数据核字（2019）第 290977 号

责任编辑：窦 昊
印　　刷：北京盛通商印快线网络科技有限公司
装　　订：北京盛通商印快线网络科技有限公司
出版发行：电子工业出版社
　　　　　北京市海淀区万寿路 173 信箱　邮编：100036
开　　本：720×1 000　1/16　印张：11.25　字数：252 千字
版　　次：2019 年 12 月第 1 版
印　　次：2019 年 12 月第 1 次印刷
定　　价：69.00 元

凡所购买电子工业出版社图书有缺损问题，请向购买书店调换。若书店售缺，请与本社发行部联系，联系及邮购电话：（010）88254888，88258888。

质量投诉请发邮件至 zlts@phei.com.cn，盗版侵权举报请发邮件至 dbqq@phei.com.cn。

本书咨询联系方式：（010）88254466。

序 言

随着电子技术、通信技术、网络技术和自动控制技术的不断进步和发展，网络和系统日益融合，网络化系统应运而生。当今，网络随处可见，如互联网、物联网、电网、信息网、电信网、移动通信网，等等，现在人们生产、生活几乎离不开网络化的系统了，网络给人们的生活带来前所未有的便捷、快速等优点。例如，工业生产现场设备可以大为减少，点对点的信息传递更快捷、更通畅，人工成本大大减少，大包数据也可以通过网络来传输，整个处理过程更为有效。但网络就似一把双刃剑，在体现巨大优势的同时带来诸多挑战。如通信网络容量、带宽和服务能力的限制，使得数据在传输过程中不可避免地存在拥塞、丢包、时延、衰落、多包传输等问题，从而恶化网络化系统的性能，甚至导致系统不稳定。网络的介入导致一系列新的问题，不同于传统的自动控制系统，必须采用新方法、新理论来分析和研究。

网络化系统已成为现代通信、自动控制、工业、军事、服务等领域和行业的研究热点。国内外研究学者主要集中于对网络控制系统建模和稳定性分析和研究方面，并取得了丰硕的成果。然而，系统建模和稳定性分析只是系统运转的前提，系统的性能好坏是决定网络化系统能否实际应用的基准。本书作者及其团队长期从事通信约束下网络化系统性能极限的研究，目前主要从频域分析角度对网络化系统的性能极限进行分析和研究。频域方法能清晰反映被控系统固有特征（不稳定极点、非最小相位零点及其方向、重数等）、通信约束与系统性能极限之间的定量关系和内在联系，这将为网络化系统设计、分析提供理论指导。

本书主要分为 10 章。第 1 章为绪论部分，介绍网络化系统研究的基本问题，概述经典控制系统和网络化系统性能极限研究的国内外研究现状和历史。第 2 章是本书要用到的数学理论基础和相关符号的说明。第 3 章至第 7 章研究连续时间系统性能极限，第 8 章至第 9 章研究离散时间系统性能极限问题。本书的第 3 章至第 6 章，基于频域的思想，利用尤拉参数化、内外分解、全通分解、互质分解等方法，考虑各种网络参量的影响，包括网络噪声、量化噪声、带宽约束等，性

能指标采用 H_2 积分形式，得到不同基本通信约束下的跟踪性能极限，揭示了网络参量与系统性能的定量关系。第 7 章和第 8 章从时域角度进行研究，利用状态空间的方法，得到相应的调节性能极限。第 7 章研究带有网络噪声和具有衰落现象的网络化控制系统，第 8 章研究上下行通道同时受到量化噪声影响的网络化系统。第 9 章对采样控制系统的跟踪性能极限进行研究。第 10 章是总结与展望。

本书由湖南科技大学陈超洋、三峡大学王宝贤和湖北师范大学高红亮共同撰写完成。陈超洋负责撰写第 1～8 章，王宝贤负责撰写第 9 章，高红亮负责撰写第 10 章和全书的校对。衷心感谢导师关治洪教授对本书的指导和帮助，感谢湖南科技大学吴亮红教授等的支持和帮助，感谢家人、同事、朋友对我的关心和支持，感谢国家自然科学基金（61503133，61973110）、湖南省普通高校教学改革研究项目（湘教通〔2016〕400—405 号）、湖南科技大学教研项目和湖南科技大学信息与电气工程学院的资助。尽管作者对书稿进行了多次校对，但由于水平有限，不足之处在所难免，敬请各位读者批评指正。

陈超洋

2019 年 7 月于美国波士顿

前　言

本书主要给出网络化控制系统设计的基本极限的一些研究。在一系列网络化系统场景下，此极限告诉我们什么可行、什么不可行。它们的意义在于通过定义所有可能的线性控制器特征，构建出可行控制器集，性能优化问题涵盖了任何特殊的可行控制器。

对于一些网络基本通信约束下的网络化控制系统，我们将推导出所有可行控制器设计所能达到性能的基本极限。基本极限限制实际上是许多科学、技术、工程和数学领域的核心问题。下面以国际著名控制专家 Graham Goodwin 给出的大家熟知的两个经典例子来说明系统性能极限的重要性。

第一，估计理论和统计学中的一个基本极限关系，即著名的克拉美罗不等式（Cramér-Rao Inequality）。

我们称某个分布依赖于未知参数 θ 的随机变量 X 的函数 $\hat{\theta}(X)$ 是 θ 的无偏估计，如果估计量 $\hat{\theta}(X)$ 的数学期望等于被估计参数 θ 的真实值，即 $\mathrm{E}_\theta\{\hat{\theta}(X)\}=\theta$。对于一个参数估计性能的一种较自然、合理的度量是估计误差协方差，即 $\mathrm{E}_\theta\{(\hat{\theta}-\theta)^2\}$。如果某个无偏估计可达成较小的误差协方差，则通常认为此估计具有较好的性能。然而，估计误差协方差存在一个可达最小极限值。即，对于参数 θ 的任何无偏估计均满足如下不等式，

$$\mathrm{E}_\theta\{(\hat{\theta}-\theta)^2\}\geqslant\left(\mathrm{E}_\theta\left\{\left(\frac{\partial\log f(x;\theta)}{\partial\theta}\right)^2\right\}\right)^{-1},$$

这里，$f(x;\theta)$ 表示样本 $x\in X$ 的概率密度函数，

$$\mathrm{E}_\theta\left\{\left(\frac{\partial\log f(x;\theta)}{\partial\theta}\right)^2\right\}\triangleq I(\theta)$$

称为费舍尔信息量（Fisher information）。我们称这个不等式为克拉美罗不等式，不等式右边的值称为克拉美罗下界。如果参数的估计的协方差等于克拉美罗下界，则认为此估计为一个有效估计。因此，此下界提供了参数估计的一个基准，所有

实用的估算器都可以与之比较，以衡量估计的优劣。

第二，通信系统中的一个基本极限关系，即香农定理（Shannon Theorem）。

香农在1948年给出了一个奠定通信理论基础的关键性定理。香农定理是所有通信制式最基本的原理，它描述了有限带宽、有随机噪声信道的最大传输速率 C（也称信道容量）与信道带宽 B、信号噪声功率比 S/N 之间的关系。简而言之，如果信道传输速率 R 满足 $R \leqslant C$，则存在相应的编码技术，可使接收到的信息的误码率任意小。相反，如果 $R > C$，那么可靠的通信无法达成。当特指连续信道时，一个对应的结果［称为香农-哈特利定理（Shannon-Hartley Theorem）］给出高斯白噪声影响下的带宽受限信道的信道容量为

$$C = B\log_2(1 + S/N)$$

香农-哈特利定理结合信道传输速率与信道容量关系 $R \leqslant C$ 构成了通信系统的通信基准。它们给出了可靠通信传输下的最大传输速率，并且对于指定的信息速率，可以通过增加带宽来降低信号功率。因此，这些结果既提供了实际通信系统可用于评估通信好坏的基准，又能捕获物理通信系统的内在权衡关系。

比较上述两个例子中的基本关系，我们发现它们具有共同的特征。首先，它们是从一些普适的基本公理演化而来的。其次，它们描述了系统不可避免的性能界限，这些性能界限可作为实际系统参考的基准。最后，它们被认为是真实系统设计的核心。本书的基本思想也是从这三个特征出发，寻求在网络基本通信约束下的网络化控制系统所能达到的性能极限，并定量地给出各类通信约束特征和控制系统特征与性能极限的定量关系，从而为实际网络化控制系统设计提供指导。

目　录

第1章　绪　论

1.1 引言

反馈控制系统的稳定性和性能研究一直是控制领域的两大主要研究内容。控制理论首要解决的问题是针对给定的被控对象设计合适的反馈控制器，使得闭环系统稳定，这是一种定性的判定。其次，在反馈控制系统稳定的前提下，分析、探讨系统的相关性能，这是一种定量的分析。传统的基于点对点连接方式的控制系统存在着可靠性差、成本高、故障诊断和维护难等诸多弊端，难以满足人们对控制系统应用的需求。随着计算机、电子和网络通信技术的不断进步和飞速发展，网络化控制系统（Networked Control Systems，NCS）应运而生[1-10]。网络化控制系统是指将各个地理位置的传感器、控制器和执行器等设备通过通信网络连接起来而形成的空间分布式实时反馈闭环控制系统[11-13]。网络化控制系统也可以看作相关通信信道和经典控制系统的组合体。网络化控制系统具有维护与扩展简单、可靠性和效率高、灵活性强等诸多优点，能有效降低系统的复杂度和开发成本[14-16]，是未来控制系统发展的方向。在过去十年中，网络化控制系统得到飞速发展及广泛应用，已经渗透到工业、经济、航空、军事及日常生产生活的方方面面。这种情况仍将持续，并有加快发展的趋势。可以预言，未来的几十年里，网络化控制系统将得到更为广泛的应用，并将有力地推动和影响控制理论与计算机网络技术的进一步发展。

网络化控制系统作为特殊的一类控制系统，其研究的问题与经典控制系统类似，即系统的稳定性和系统性能，也是网络化控制系统研究的两大根本问题。目前，对网络化控制系统的研究大多集中在网络的建模，以及存在通道带宽约束、信道能量受限、量化干扰、数据丢包、网络噪声、数据传输率受限、网络通信时延等网络因素情况下网络化控制系统的稳定性研究方面，并已取得了丰硕的研究成果[17-32]。但从实际应用的角度来看，仅仅保证控制系统的稳定是远远不够的，在稳定的基础上，还应该考虑控制系统具有怎样的性能。本书侧重于针对网络化控制系统的性能进行研究。目前国内外对于控制系统性能的研究，主要集中于不带网络的经典控制系统的研究，而对网络化控制系统性能的研究，特别是对网络化控制系统性能极限方面的研究，还处于初步阶段。目前，大多考虑在具有某些特殊情况下的网络因素，很多时候还会对被控对象做出特殊化的假设，并且在处理网络因素的过程中采用比较理想的模型，得到的结果未能很好地揭示网络基本通信参量与系统性能的内在联系。因此，对网络化控制系统的性能研究还有很多空白，值得进一步拓展思路，考虑更实际的网络模型，展开深入的研究。

1.2 经典控制系统的性能极限问题描述

系统性能极限分析是控制系统性能研究的一个重要方面。反馈控制系统的性能极限在经典和现代控制理论中一直是一个值得研究的课题。所谓控制系统性能极限，是指由被控系统的固有结构特征决定的控制系统所能达到的最优性能值。简单地说，就是不管我们采用什么样的线性控制器，系统的性能都不可能超越由系统结构本质特征决定的某个性能极限值，这一点，为控制系统的实际设计提供理论指导。系统的性能极限包括跟踪性能极限和调节性能极限。系统调节性能极限与跟踪性能极限问题类似，下面重点介绍系统的跟踪性能极限问题。

常见的跟踪信号类型包括确定型信号和随机信号，跟踪性能的优劣主要通过系统输出值是否能有效跟踪输入信号来衡量，系统的性能指标一般采用系统输出与输入信号的跟踪误差信号的能量来描述。

常用的控制结构包括单参数控制器结构和双参数控制器结构。

单参数（或称“单自由度”）控制系统结构具体形式如图 1.1 所示。其中，$\boldsymbol{G}$ 为被控对象，$\boldsymbol{K}$ 为单参数控制器，$\boldsymbol{r}$、$\boldsymbol{u}$ 和 $\boldsymbol{y}$ 分别为控制系统的参考输入信号、系统控制输入信号和系统输出信号。系统的跟踪误差信号则为 $\boldsymbol{e}=\boldsymbol{r}-\boldsymbol{y}$。

双参数（或称“双自由度”）控制系统结构如图 1.2 所示。其中，$[\boldsymbol{K}_1,\boldsymbol{K}_2]$，为相应的双参数控制器，其他系统变量的定义与图 1.1 中的类似。

图 1.1 单参数结构反馈控制系统　　图 1.2 双参数结构反馈控制系统

对于连续系统，通常采用如下形式的性能指标：

$$J=\int_0^{\infty}\|\boldsymbol{r}(t)-\boldsymbol{y}(t)\|^2\mathrm{d}t,$$

来描述控制系统的跟踪性能，即用系统参考输入与系统输出的误差积分形式来量测。对于离散系统则采用如下形式来描述：

$$J=\sum_{k=0}^{\infty}\|\boldsymbol{r}(k)-\boldsymbol{y}(k)\|^2\mathrm{d}t.$$

上面两种形式的性能指标对应的是多输入多输出系统的情形。当系统为单输入单输出的情形时，相应的系统跟踪性能指标可以定义如下：

$$J=\int_0^{\infty}|\boldsymbol{r}(t)-\boldsymbol{y}(t)|^2\mathrm{d}t,$$

和

$$J=\sum_{k=0}^{\infty}|\boldsymbol{r}(t)-\boldsymbol{y}(t)|^2\mathrm{d}t.$$

传统反馈控制系统的灵敏度函数和补灵敏度函数可以分别写为

$$S(s)=\frac{1}{1+L(s)},$$

和

$$T(s)=1-S(s)=\frac{L(s)}{1+L(s)}.$$

利用尤拉参数化方法对所有使系统稳定的控制器集合进行统一描述，在系统稳定的前提下，控制系统的跟踪性能极限的求解转化为下面的极限问题：

$$J^*=\inf_{K\in\mathcal{K}}J.$$

也就是说，在所有使得控制系统稳定的控制器集合$\boldsymbol{\mathcal{K}}$中，存在某个控制器$\boldsymbol{K}$，使得相应的性能指标J取得其下确界J^*，J^*表示控制系统的跟踪性能极限。

针对上述这样的跟踪问题，早在20世纪80年代，Francis[33]等人得到了单输入单输出反馈控制系统跟踪性能极限如下：

$$J^*=F\left(z_i,p_i,\tau\right),$$

这里z_i、p_i和τ分别表示给定被控对象的非最小相位零点、不稳定极点和给定对象的时延。研究表明了控制系统的最佳可达跟踪性能极限仅仅由系统的内部固有特征（非最小相位零点、不稳定极点和系统内部时延）决定，与选择何种控制器无关。

随后很多学者将上述研究结果推广到单输入多输出、多输入多输出等更为复

杂的情形[34-41]，以陈杰[42]等人为代表得到了多输入多输出系统的最佳可达跟踪性能极限，其中性能极限值可描述为

$$J^* = \sum_{i=1}^{k} \frac{2\mathrm{Re}(z_i)}{|z_i|^2} \cos^2 \angle(\boldsymbol{\eta}_i, \boldsymbol{v}) + \boldsymbol{v}^{\mathrm{H}} \boldsymbol{H} \boldsymbol{v},$$

其中

$$\boldsymbol{H} = \sum_{i,j \in I} \frac{4\mathrm{Re}(p_i)\mathrm{Re}(p_j)}{(\overline{p}_i + p_i) p_i \overline{p}_i \overline{b}_i b_i} \left(\boldsymbol{I} - \boldsymbol{L}^{-1}(p_i)\right)^{\mathrm{H}} \left(\boldsymbol{I} - \boldsymbol{L}^{-1}(p_i)\right),$$

$$b_i = \prod_{\substack{j \in I \\ j \neq i}} \frac{\overline{p}_j}{p_j} \frac{p_j - p_i}{\overline{p}_j + p_i},$$

这里 z_i 是给定被控对象的非最小相位零点，p_i 是给定被控对象的不稳定极点，$\boldsymbol{\eta}_i$ 为非最小相位零点对应的方向向量，$\boldsymbol{v}$ 为参考输入信号的方向向量。与之前的单输入单输出反馈控制系统研究结果相比，我们了解到，多输入多输出系统的最佳可达跟踪性能极限不仅与被控对象的非最小相位零点、不稳定极点有关，还与系统参考输入信号的方向向量和非最小相位零点方向向量有关。研究结果得到了系统的跟踪性能极限和被控对象的非最小相位零点、不稳定极点、系统输入信号及其方向夹角的关系。

除连续系统外，离散系统在实际中也随处可见。对离散系统的跟踪性能极限同样引起了大量学者的关注和研究，并取得一些重要结果。以 Toker[76]等人为代表，研究了离散型线性时不变反馈控制系统的跟踪性能极限问题，考虑的系统模型是多入多出系统，同样是基于频域角度，应用频域分析技术，得到相应系统的跟踪性能极限的等式表达式，

$$J^* = \sum_{i=1}^{k} \frac{|s_i|^2 - 1}{|s_i - 1|^2} \cos^2 \angle(\boldsymbol{\eta}_i, \boldsymbol{v}) + \boldsymbol{v}^{\mathrm{H}} \boldsymbol{H} \boldsymbol{v},$$

其中，

$$\boldsymbol{H} = \sum_{i,\, j \in N} \frac{(|p_i|^2 - 1)(|p_j|^2 - 1)}{\overline{b}_i b_j (1 - \overline{p}_i)(1 - p_j)(\overline{p}_i p_j - 1)} (\boldsymbol{I} - \boldsymbol{L}^{-1}(p_i))^{\mathrm{H}} (\boldsymbol{I} - \boldsymbol{L}^{-1}(p_j)),$$

$$b_i = \prod_{\substack{j \in N \\ j \neq i}} \frac{p_i - p_j}{1 - p_i \overline{p}_j}.$$

从结果可以看出，对于离散反馈控制系统，系统跟踪性能值与连续系统的结果类似，被控对象的不稳定极点和非最小相位零点及他们的方向夹角都会恶化系统的

跟踪性能。

由以往系统的跟踪性能问题研究可看出，系统的跟踪性能极限揭示了一个重要结论，就是对于反馈控制系统而言，其跟踪性能极限只跟被控对象的固有特性有关，包括其不稳定的零极点以及系统的参考输入信号。如果是多入多出系统，除不稳定的零极点以及系统的参考输入信号有关以外，还会与被控对象的零极点方向与输入信号的方向夹角有关。系统性能极限与我们选取的控制器无关，即无论人们选用何种被允许的控制器，系统的跟踪性能都没法超越所获得的跟踪性能极限值。这对实际控制系统的分析和设计提供了强有力的理论支持，也进一步说明了对系统跟踪性能研究的重要性。

以上问题的研究大都是基于频域角度进行的，而使用的最重要的方法为尤拉参数化方法，基于此方法设计出相应的控制器结构，构造出所有可允许的控制器集，控制集中所有控制器均可以保证控制系统的稳定性。在此基础上，运用频域分析方法，包括内外分解、互质分解、全通变换等方法，结合动力系统分析的一些传统数学工具，可求解出跟踪性能极限值。这类方法的好处是易于建立系统的频域指标表达式，再通过二范数求极限的形式给出系统的跟踪性能极限值。

然而，从频域角度研究的这类方法也存在一定的局限性，特别是控制器结构难以用尤拉参数化的形式给出时，则大大限止了频域优化分析方法的应用。针对这类系统，学者开始展开基于时域的分析方法，来研究控制系统的跟踪性能，从状态空间的角度出发，包括基于输出反馈的状态空间设计方法以及基于状态反馈的状态空间分析方法，在时域分析时通过代数黎卡迪方程的求解等方法得到系统的跟踪性能极限值。并取得一些比较有意义的研究结果，也揭示出跟踪性能与非最小相位环节的定量关系表达式。

以上这些研究均是针对传统控制系统的性能极限问题展开的，没有考虑网络因素。但是，随着当今网络化程度的不断深化，网络化控制系统在我们生活中随处可见，对于含网络约束的反馈控制系统的性能问题的研究变得十分重要。

1.3 网络化控制系统的性能极限研究概述与分析

近年来，随着网络技术的飞速发展，网络被广泛应用于工业、医疗、军事、安防、交通、物流等领域。网络化控制系统实质上是通过将网络引入传统控制系统中而构成的闭环控制系统。信号通过网络进行传输和交换，并构成反馈-前馈通道，从而摆脱了以往传统控制系统对于点对点连接的束缚，进而控制系统在空间位置上的限制被打破，控制系统活动的场所也被大大拓宽，并减少了系统连接的复杂性、维护费用和运行成本。远程医疗、核反应控制、机器人作业等都是属于网络化控制系统实际应用的范畴。

然而，网络的介入使得控制系统的性能分析变得更加困难，反馈控制系统的跟踪性能极限在一定程度上受到网络通信参量的恶化[43-48]。具体的模型框架图如图 1.3 所示。

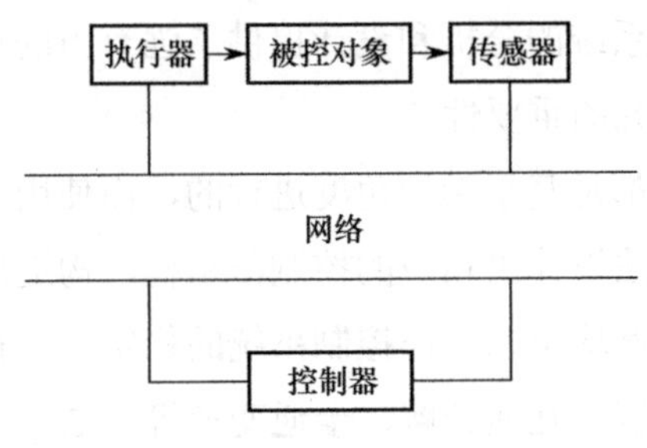

图 1.3　网络化控制系统结构

网络化系统会引入新的参数制约，包括网络丢包、传输时延、数据传输率有限、量化误差、通道带宽受限、网络噪声等各种通信诱导参量和通信基本参量，这些都会在一定程度上恶化系统的性能极限，甚至有可能使系统不稳定[49-57]。因此，对于网络化控制系统的性能研究变得极为重要，特别是可以揭示出反馈控制系统的性能值与网络的基本通信参量之间定量关系的研究。这类网络化控制系统的基本问题引起了大量相关领域学者的关注，国内外越来越多的学者投入到网络化控制系统的性能等相关问题的研究行列。

而跟踪性能作为系统性能中的核心问题，对其进行研究变得异常有意义，特别是对于能揭示出反馈控制系统的跟踪性能值与网络基本通信参量的定量关系的精确表达式很有研究必要，这一问题也吸引了大批控制领域学者的注意，并得到了很多的探索和前期研究，揭示了某些网络通信诱导参量如何影响网络化系统的跟踪性能，取得了一系列比较有意义的研究成果。

国内学者中，华南理工大学的祁恬、苏为洲[62]等人研究了乘性量化噪声对单通道网络化控制系统跟踪性能极限，研究结果表明，量化误差会严重影响网络化控制系统的跟踪性能。华中科技大学的关治洪[58,59]等人研究了脉冲扰动、高斯噪声和能量约束等因素对网络化控制系统跟踪性能极限的影响。武汉大学的丁李、香港城市大学陈杰[60]等人进一步研究了基于高斯白噪声约束情况下的系统跟踪性能问题，得到了高斯白噪声与系统性能之间的定量关系。华中科技大学关治洪、湖南科技大学陈超洋、香港城市大学冯刚等人研究了网络噪声和网络带宽共同影响下的网络化控制系统性能极限，并进一步获得了信噪比约束基本下界[70]。湖北师范大学的詹习生[61]等人研究了信噪比约束下的网络化控制系统的性能，给出了信噪比与系统性能之间的关系式。三峡大学王宝贤等人研究了信道能量约束下的网络化控制系统的性能极限[71]。华中科技大学池明研究了系统带不确定性的性能极限问题[72]。中国地质大学姜晓伟研究了带丢包和控制能量约束的单输入多输出网络系统性能[73]。近年来，网络化控制系统性能极限取得了一系列重要的研究成果。

国外学者关于网络化控制系统性能的研究也取得了一些相关的成果，其中，Rojas[21]研究了系统含有网络时延、带宽影响下的信噪比问题，被控对象考虑是非最小相位的，并得到了网络化控制系统稳定情况下，信噪比应满足的下确界。Silva[57]针对单通道信噪比限制网络，研究了网络化控制系统的最优性能问题。Hara[63]研究了单输入多输出系统的调节性能极限。Goodwin[64]对带高斯噪声的网络化控制系统模型进行了分析和研究。Li[53]在传输信号的过程中引入编码解码器，针对编码解码器传输网络通道，研究了其网络化控制系统性能极限问题。

对于网络影响下的控制系统，其跟踪性能极限与传统的控制系统相比蕴含了更多的相关参量，这些参量主要与网络的一些基本特性有关。图 1.4 给出了网络化控制系统跟踪问题的简化模型框架图。

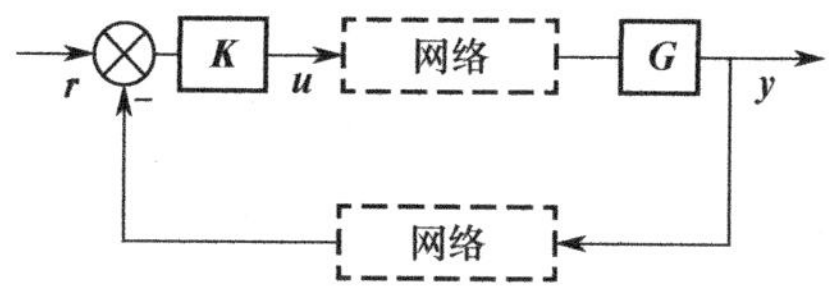

图 1.4　单参数网络化控制系统结构图

为了有针对性地研究网络化控制系统中网络的某些基本约束对系统性能的影响，在下面的分析研究中，我们用网络的某些基本特征来表示网络，同样的处理常见于网络化控制系统的研究中，如文献[64-73]。

类似于前面给出的性能指标形式，网络化控制系统的跟踪性能极限可以由下式给出

$$J^* = f\left(p_i, z_i, \boldsymbol{\omega}_i, \boldsymbol{\eta}_i, \boldsymbol{r}, \tau, \boldsymbol{\Omega}\right),$$

其中， $p_i, z_i, \omega_i, \eta_i, r, \tau$ 分别表示被控对象的内部结构特征，即不稳定极点、非最小相位零点，及其与参数信号之间的夹角、系统输入信号特征和系统内部时延，

这里 $\boldsymbol{\Omega}$ 描述的是网络参量对反馈系统性能的影响。从上面的跟踪性能指标函数很容易发现，系统跟踪性能极限与系统内部特征、参考信号和网络通信参量有着本质联系。

目前，大多研究结果表明，对于网络环境下基于网络特征参量影响的反馈控制系统性能极限的研究还比较少，综合考虑的通信特征参量约束也不够全面，值得进一步深入研究。

1.4 本书的主要研究内容

当前，关于网络化控制系统的最优性能问题的已有研究，虽然已经获得了一些有意义的结果，并在一定程度上反映出了系统性能与网络特性的内在联系，但所考虑的问题仍具有一定的局限性，大多是考虑某一类特殊情况的网络参量，或对于网络参量处理过程中采用理想假设，并会对被控对象做出一些特殊化的假设和处理，这使得所考虑的网络参量不具有很强的代表性和普适性，得到的性能结果也不能很好的揭示通信参量和系统性能极限的内在联系。总之，对于网络化控制系统性能极限的研究还有很多空白，特别是对于揭示出性能极限和网络通信参量特性的本质特征，最好可以分析得到等式表达式，从对应的表达式中能直观反映出跟踪性能与网络特性的内在联系。

本书正是基于此考虑，针对这些网络固有的通信参量，进一步深入分析和研究系统的跟踪性能极限，包括在控制能量约束情况下多入多出系统的跟踪性能极限，单通道、双通道有色高斯噪声和带宽约束影响下控制系统的跟踪性能极限问题，衰落信道影响下的系统跟踪性能极限问题，等等。

全书研究内容概括如下：

第 1 章简要阐述经典控制系统与网络化控制系统性能极限的基本概念和国内外研究状况，提出目前需要解决的关键科学问题，阐述其研究意义，概括本书的主要研究内容。

第 2 章为有关预备知识，介绍网络化控制系统性能极限分析中要用到的一些基本概念，包括基于频域的尤拉参数化方法、互质分解、内外分解、二参数控制器结构以及一些控制理论的基础知识。本章为后续各主体章节的理论推导和分析提供基础。

第 3 章研究多输入多输出连续时间网络化控制系统跟踪性能极限问题。考虑跟踪一个布朗运动随机过程，针对网络的两种最基本参量，即网络噪声和带宽受限，得到此类网络下最佳可达的系统性能的精确表达形式。结果揭示了系统的最优性能与被控对象的非最小相位零点、不稳定极点和参考信号，以及网络噪声和网络带宽的定量关系。

第 4 章研究带有色高斯噪声的带宽和能量约束下的双向通道网络化控制系统跟踪性能极限问题。不稳定和非最小相位且具有多重零极点的被控对象被研究。结果定量地给出了系统最优性能与被控对象内部特征和网络噪声、网络带宽、能量约束之间的关系。

第 5 章研究连续线性时不变、多输入多输出网络化控制系统的跟踪性能极限问题。在输出反馈路径受量化误差、加性高斯白噪声和带宽的限制情况下，还综合考虑了编码和解码。结果定量地揭示了信道噪声、量化误差、网络带宽和编码解码与跟踪性能极限的关系。

第 6 章研究一种新型性能权衡指标下带有色高斯噪声和带宽约束的网络化控制系统跟踪性能极限问题。性能指标不仅考虑了系统网络输入能量和系统输出与参考信号之差的权衡，还把网络输入能量和被控对象输入能量应用传递函数式的权衡因子对信号的各个频段作权衡。结果反映了网络特性与性能极限的定量关系。

第 7 章从时域的角度，基于状态空间方法，研究对于网络带有附加高斯白噪声衰落信道的多输入多输出网络化控制系统的调节性能极限问题。通过引入平均性能指标，考虑状态反馈和输出反馈两种情况下的调节性能，分别研究在单参数和双参数两种控制结构下的基本性能极限。系统的最佳可达调节性能通过相应的黎卡迪方程的稳态解给出。

第 8 章研究网络化控制系统上下通道均受量化影响下的线性时不变系统的最优跟踪性能极限问题。参考信号考虑为阶跃型随机变量。跟踪性能指标定义为均方意义下的跟踪性能极限指标。量化方式考虑对数量化方式。通过使用动态规划目标，得到相应的离散时间黎卡迪方程。基于被给系统的状态空间实现和所得的离散黎卡迪方程，通过输出反馈获得系统的最优跟踪性能极限。

第 9 章研究被控对象能量限制下的采样数据系统的跟踪性能极限。参考输入信号分别考虑了阶跃信号、实正弦信号、复正弦信号和斜坡信号。研究结果表明，跟踪性能极限不仅与连续被控对象的非最小相位零点和不稳定极点有关，同时，还与由采样器和保持器所产生的非最小相位零点有关。另外，与连续系统结论相比，被控对象离散化后所产生的非最小相位零点和不稳定极点造成了额外的性能极限。此外，跟踪性能极限还与参考输入信号的特征有关。

第 10 章为总结与展望。首先对全文的研究进行总结，给出本书研究内容的创新点，随后对网络化控制系统性能极限今后的研究方向进行展望。

参考文献

[1] Zhang L, Gao H, Kaynak O. Network-induced constraints in networked control systems—A survey. IEEE Transactions on Industrial Informatics. 2013, 9(1): 403-416.

[2] Zhang H, Shi Y, Mehr A S. Robust H∞ PID control for multivariable networked control systems with disturbance/noise attenuation. International Journal of Robust and Nonlinear Control. 2012, 22(2): 183-204.

[3] Wang X, Lemmon M D. Event-triggering in distributed networked control systems. Automatic Control, IEEE Transactions on. 2011, 56(3): 586-601.

[4] Shi Y, Yu B. Robust mixed H2/H∞ control of networked control systems with random time delays in both forward and backward communication links. Automatica. 2011, 47(4): 754-760.

[5] Donkers M, Heemels W, Van De Wouw N et al. Stability analysis of networked control systems using a switched linear systems approach. Automatic Control, IEEE Transactions on. 2011, 56(9): 2101-2115.

[6] Cloosterman M B, Hetel L, Van De Wouw N et al. Controller synthesis for networked control systems. Automatica. 2010, 46(10): 1584-1594.

[7] Cloosterman M B, Hetel L, Van De Wouw N et al. Controller synthesis for networked control systems. Automatica. 2010, 46(10): 1584-1594.

[8] Tipsuwan Y, Chow M. Control methodologies in networked control systems. Control engineering practice. 2003, 11(10): 1099-1111.

[9] Walsh G C, Ye H, Bushnell L G. Stability analysis of networked control systems. Control Systems Technology, IEEE Transactions on. 2002, 10(3): 438-446.

[10] Zhang W, Branicky M S, Phillips S M. Stability of networked control systems. Control Systems, IEEE. 2001, 21(1): 84-99.

[11] Baxevanos I S, Labridis D P. Implementing multiagent systems technology for power distribution network control and protection management. Power Delivery, IEEE Transactions on. 2007, 22(1): 433-443.

[12] 张庆灵, 邱占芝. 网络化控制系统. 北京: 科学出版社, 2007.

[13] 戴冠中, 郑应平. 网络化系统及其建模, 分析, 控制与优化. 自动化学报. 2002, 28(增刊): 60-65.

[14] 李洪波, 孙增圻, 孙富春. 网络化控制系统的发展现状及展望. 控制理论与应用. 2010, 27(2): 238-243.

[15] 邱占芝，张庆灵，杨春雨. 网络化控制系统分析与控制. 北京：科学出版社, 2009.
[16] 王飞跃，王成红. 基于网络控制的若干基本问题的思考和分析. 自动化学报. 2002, 28(S1): 171-176.
[17] Li Y, Tuncel E, Chen J. Optimal tracking over an additive white Gaussian noise channel. in: Proceedings of the 2009 American Control Conference. 2009. 4026-4031.
[18] Zhan X S, Guan Z H, Xiao J W et al. Performance limitations in tracking of linear system with measurement noise. in: Proceedings of the 2010 Chinese Control Conference. 2010. 1614-1617.
[19] Guan Z H, Zhan X S, Feng G. Optimal tracking performance of MIMO discrete - time systems with communication constraints. International Journal of Robust and Nonlinear Control. 2012, 22(13): 1429-1439.
[20] Braslavsky J H, Middleton R H, Freudenberg J S. Feedback stabilization over signal-to-noise ratio constrained channels. IEEE Transactions on Automatic Control. 2007, 52(8): 1391-1403.
[21] Rojas A J, Braslavsky J H, Middleton R H. Fundamental limitations in control over a communication channel. Automatica. 2008, 44(12): 3147-3151.
[22] Menon P P, Edwards C. Static output feedback stabilisation and synchronisation of complex networks with H2 performance. International Journal of Robust and Nonlinear Control. 2010, 20(6): 703-718.
[23] Dasgupta S. Control over bandlimited communication channels: limitations to stabilizability. in: Proceedings of the 42nd IEEE Conference on Decision and Control. 2003. 176-181.
[24] Xiao N, Xie L. Feedback stabilization over stochastic multiplicative input channels: continuous-time case. in: Proceedings of the 2011 International Conference on Control Automation Robotics and Vision. 2010. 543-548.
[25] Mahmoud M S, Alyazidi N M, Saif A A. LQG control design over lossy communication links. International Journal of Systems Science. 2013, (ahead-of-print): 1-18.
[26] Varshney L R, Mitter S K. Sensitivity of quadratic Gaussian matching to interference. IEEE Communications Letters. 2011, 15(9): 922-924.
[27] Kanno M, Hara S, Anai H. Plant/controller design integration for H2 control based on symbolic-numeric hybrid optimization. Communications in Information and Systems. 2011, 11(3): 281.
[28] Leong A S, Dey S, Anand J. Optimal LQG control over continuous fading channels. in: Proceeding of 18th IFAC World Congress. 2011. 6580-6585.
[29] Silva E I, Pulgar S A. Control of LTI plants over erasure channels. Automatica. 2011, 47(8): 1729-1736.
[30] Yuksel S, Basar T. Control over noisy forward and reverse channels. IEEE Transactions on Automatic Control. 2011, 56(5): 1014-1029.
[31] Li T, Fu M, Xie L et al. Distributed consensus with limited communication data rate. IEEE Transactions on Automatic Control. 2011, 56(2): 279-292.

[32] You K, Xie L. Network topology and communication data rate for consensusability of discrete-time multi-agent systems. IEEE Transactions on Automatic Control. 2011, 56(10): 2262-2275.

[33] Francis B A. A course in H∞ control theory. Lecture notes in control and information sciences. Berlin, Germany: Springer-Verlag, 1987.

[34] Braslavsky J H, Seron M M, Mayne D Q et al. Limiting performance of optimal linear filters. Automatica. 1999, 35(2): 189-199.

[35] Chen G, Chen J, Middleton R. Optimal tracking performance for SIMO systems. IEEE transactions on automatic control. 2002, 47(10): 1771-1775.

[36] Middleton R H, Braslavsky J H. On the relationship between logarithmic sensitivity integrals and limiting optimal control problems. in: Proceedings of the 39th IEEE Conference on Decision and Control. 2000. 4990-4995.

[37] Perez T, Goodwin G C, Seron M M. Cheap control performance limitations of input constrained linear systems. 15th IFAC World Congr., Barcelona, Spain. 2002.

[38] Qiu L, Davison E J. Performance limitations of non-minimum phase systems in the servomechanism problem. Automatica. 1993, 29(2): 337-349.

[39] Ren Z, Qiu L, Chen J. Performance limitations in estimation. in: Proceedings of the 38th IEEE Conference on Decision and Control. 1999. 3204-3209.

[40] Seron M M, Braslavsky J H, Goodwin G C. Limitations in filtering and control. London: Springer-Verlag, 1997.

[41] Braslavsky J H, Middleton R H, Freudenberg J S. Cheap control performance of a class of nonright-invertible nonlinear systems. IEEE Transactions on Automatic Control. 2002, 47(8): 1314-1319.

[42] Chen J, Qiu L, Toker O. Limitations on maximal tracking accuracy. IEEE Transactions on Automatic Control. 2000, 45(2): 326-331.

[43] 俞立, 吴玉书, 宋洪波. 具有随机长时延的网络化控制系统保性能控制. 控制理论与应用. 2011, 27(8): 985-990.

[44] Lian F L. Analysis, design, modeling and control of networked control systems: [PhD Dissertation]. USA: Library of University of Michigan, 2001.

[45] Elia N. When Bode meets Shannon: control-oriented feedback communication schemes. IEEE Transactions on Automatic Control. 2004, 49(9): 1477-1488.

[46] Rojas A, Braslavsky J H, Middleton R H. Control over a bandwidth limited signal to noise ratio constrained communication channel. in: Proceedings of the 44th IEEE Conference on Decision and Control. 2005. 197-202.

[47] Tatikonda S, Mitter S. Control under communication constraints. IEEE Transactions on Automatic Control. 2004, 49(7): 1056-1068.

[48] Rojas A J, Freudenberg J S, Braslavsky J H et al. Optimal signal to noise ratio in feedback over

communication channels with memory. in: Proceedings of the 45th IEEE Conference on Decision and Control. 2006. 1129-1134.

[49]Lemmon M, Ling Q. Control system performance under dynamic quantization: the scalar case. in: Proceedings of the 43rd IEEE Conference on Decision and Control. 2004. 1884-1888.

[50] Gupta V, Dana A F, Murray R M et al. On the effect of quantization on performance at high rates. in: Proceedings of the 2006 American Control Conference. 2006. 1364-1369.

[51]Fagnani F, Zampieri S. Quantized stabilization of linear systems: complexity versus performance. IEEE Transactions on Automatic Control. 2004, 49(9): 1534-1548.

[52] Sahebsara M, Chen T, Shah S L. Optimal H2 filtering in networked control systems with multiple packet dropout. IEEE Transactions on Automatic Control. 2007, 52(8): 1508-1513.

[53] Li Y, Tuncel E, Chen J. Optimal tracking and power allocation over an additive white noise channel. in: Proceedings of the 2009 International Conference on Control and Automation. 2009. 1541-1546.

[54] Hong S H. Scheduling algorithm of data sampling times in the integrated communication and control systems. IEEE Transactions on Control Systems Technology. 1995, 3(2): 225-230.

[55] Guan Z H, Yang C X, Huang J. Stabilization of networked control systems with short or long random delays: A new multirate method. International Journal of Robust and Nonlinear Control. 2010, 20(16): 1802-1816.

[56] Eduardo I S. A unified framework for the analysis and design of networked control systems: [PhD Dissertation]. Australia: Library of The University of Newcastle, 2009.

[57] Silva E I, Quevedo D E, Goodwin G C. Optimal controller design for networked control systems. in: Proceedings of the 17th International Federation of Automatic Control. 2008. 5167-5172.

[58] 王后能, 关治洪, 丁李. 脉冲干扰下网络反馈系统的性能极限. 华中科技大学学报: 自然科学版. 2009, (10): 36-39.

[59] Wang H N, Guan Z H, Ding L. Tracking and disturbance rejection for networked feedback systems under control energy constraint. in: Proceedings of the 2008 Chinese Control Conference. 2008. 578-581.

[60] Ding L, Wang H N, Guan Z H et al. Tracking under additive white Gaussian noise effect. IET control theory & applications. 2010, 4(11): 2471-2478.

[61] Zhan X S, Guan Z H, Yuan F S et al. Performance analysis of networked control systems with SNR constraint. International Journal of Innovative Computing, Information and Control. 2012, 8(12): 8287-8298.

[62] Qi T, Su W. Optimal tracking design for a linear system with a quantized control input. in: Proceedings of the 2008 Chinese Control Conference. 2008. 437-441.

[63] Bakhtiar T, Hara S. H2 regulation performance limitations for SIMO linear time-invariant feedback control systems. Automatica. 2008, 44(3): 659-670.

[64] Goodwin G C, Silva E I, Quevedo D E. Analysis and design of networked control systems using

the additive noise model methodology. Asian Journal of Control. 2010, 12(4): 443-459.

[65] Freudenberg J S, Middleton R H, Solo V. Stabilization and disturbance attenuation over a Gaussian communication channel. IEEE Transactions on Automatic Control. 2010, 55(3): 795-799.

[66] Middleton R H, Rojas A J, Freudenberg J S et al. Feedback stabilization over a first order moving average Gaussian noise channel. IEEE Transactions on Automatic Control. 2009, 54(1): 163-167.

[67] Goodwin G C, Quevedo D E, Silva E I. Architectures and coder design for networked control systems. Automatica. 2008, 44(1): 248-257.

[68] Ling Q, Lemmon M D. Power spectral analysis of networked control systems with data dropouts. IEEE Transactions on Automatic control. 2004, 49(6): 955-960.

[69] Chen J, Hara S, Chen G. Best tracking and regulation performance under control energy constraint. IEEE Transactions on Automatic Control. 2003, 48(8): 1320-1336.

[70] Guan Z H, Chen C Y, Feng G et al. Optimal tracking performance limitation of networked control systems with limited bandwidth and additive colored white Gaussian noise. IEEE Transactions on Circuits and Systems I: Regular Papers. 2013, 60(1): 189-198.

[71] Wang B X, Guan Z H, and Yuan F S. Optimal tracking and two channel disturbance rejection under control energy constraint. Automatica. 2011, 47(4): 733–738.

[72] Chi M, Guan Z H, Cheng X M, and Yuan F S. Performance limitations for networked control systems with plant uncertainty. International Journal of Systems Science. 2016, 47(6): 1358–1365.

[73] Jiang X W, Chen C Y, Yang Q S, et al. Optimal tracking performance for SIMO systems with packet dropouts and control energy constraints. IET Control Theory & Applications. 2018, 12(12) : 1714–1721.

第 2 章　有关预备知识

2.1　引言

本章作为预备知识章节，给出书中推导和证明要用到的相关引理和数学公式，以及需要用到的一些基本概念，2.2 节对书中所用到的符号进行描述，2.3 节详细给出所要用到的若干引理和公式，2.4 节给出若干规则及分解，2.5 节给出尤拉参数化方法。

2.2　符号说明

对于任何复数 z，其共轭复数用 $\bar{z}$ 表示。对任意向量 $\boldsymbol{x}$ 和矩阵 $\boldsymbol{X}$，其转置用 $\boldsymbol{x}^{\mathrm{T}}$ 和 $\boldsymbol{X}^{\mathrm{T}}$ 表示，且相应的共轭转置表示为 $\boldsymbol{x}^{\mathrm{H}}$ 和 $\boldsymbol{X}^{\mathrm{H}}$。矩阵 $\boldsymbol{X}$ 的迹用 $\mathrm{Tr}\{\bullet\}$ 来表示。$\mathrm{Re}(\cdot)$ 表示求实部。本书假设所有用到的向量和矩阵具有相容的维数。RH_∞ 表示所有稳定、正则和实有理传递函数的集合。$\mathrm{E}\{\cdot\}$ 表示期望算子。

对于连续系统，右半开平面用 $\boldsymbol{C}_+ := \{s:\mathrm{Re}(s)>0\}$ 表示，左半开平面用 $\boldsymbol{C}_- := \{s:\mathrm{Re}(s)<0\}$ 表示，$\boldsymbol{C}_0$ 表示虚轴。此外，书中要用到的一些范数给出如下：$\|\bullet\|$ 表示向量的欧氏范数，Frobenius 范数用 $\|\bullet\|_F$ 表示，且满足 $\|\boldsymbol{F}\|_F^2 = \mathrm{Tr}\{\boldsymbol{F}^{\mathrm{H}}\boldsymbol{F}\}$。

定义 Hilbert 空间 L_2 为

$$L_2 := \left\{\boldsymbol{F}:\boldsymbol{F}(s)\text{在}\,\boldsymbol{C}_0\text{中可测，}\|\boldsymbol{F}\|_2 := \left(\frac{1}{2\pi}\int_{-\infty}^{\infty}\|\boldsymbol{F}(\mathrm{j}\omega)\|_F^2\,\mathrm{d}\omega\right)^{1/2} < \infty\right\},$$

相应的内积为

$$\langle \boldsymbol{F},\boldsymbol{G}\rangle := \frac{1}{2\pi}\int_{-\infty}^{\infty}\mathrm{Tr}\left\{\boldsymbol{F}^{\mathrm{H}}(\mathrm{j}\omega)\boldsymbol{G}(\mathrm{j}\omega)\right\}\mathrm{d}\omega\,.$$

定义 Hardy 空间及其对应的正交补空间为

$$H_2=\left\{\boldsymbol{F}:\boldsymbol{F}(s)在\boldsymbol{C}_+中解析,\|\boldsymbol{F}\|_2:=\left(\sup_{\sigma>0}\frac{1}{2\pi}\int_{-\infty}^{\infty}\|\boldsymbol{F}(\sigma+\mathrm{j}\omega)\|_F^2\,\mathrm{d}\omega\right)^{1/2}<\infty\right\},$$

和

$$H_2^{\perp}=\left\{\boldsymbol{F}:\boldsymbol{F}(s)在\boldsymbol{C}_-中解析,\|\boldsymbol{F}\|_2:=\left(\sup_{\sigma<0}\frac{1}{2\pi}\int_{-\infty}^{\infty}\|\boldsymbol{F}(\sigma+\mathrm{j}\omega)\|_F^2\,\mathrm{d}\omega\right)^{1/2}<\infty\right\}.$$

类似地，对于离散时间系统，用 $\boldsymbol{D}:=\{z\in\boldsymbol{C}:|z|<1\}$ 表示单位开圆面，用 $\bar{\boldsymbol{D}}:=\{z\in\boldsymbol{C}:|z|\leqslant 1\}$ 表示单位闭圆面，用 $\partial\boldsymbol{D}:=\{z\in\boldsymbol{C}:|z|=1\}$ 表示单位圆，$\bar{\boldsymbol{D}}$ 的补集表示为 $\bar{\boldsymbol{D}}^c:=\{z\in\boldsymbol{C}:|z|>1\}$。相应的 Hilbert 空间为

$$L_2:=\left\{\boldsymbol{F}:\boldsymbol{F}(z)在\partial\boldsymbol{D}中可测,\|\boldsymbol{F}\|_2:=\left(\frac{1}{2\pi}\int_{-\pi}^{\pi}\|\boldsymbol{F}(\mathrm{e}^{\mathrm{j}\theta})\|_F^2\,\mathrm{d}\theta\right)^{1/2}<\infty\right\},$$

对应的内积定义为

$$\langle\boldsymbol{F},\boldsymbol{G}\rangle:=\frac{1}{2\pi}\int_{-\pi}^{\pi}\mathrm{Tr}(\boldsymbol{F}^{\mathrm{H}}(\mathrm{e}^{\mathrm{j}\theta})\boldsymbol{G}(\mathrm{e}^{\mathrm{j}\theta}))\mathrm{d}\theta.$$

H_2 空间和 $H_2^{\perp}$ 空间为 L_2 空间的正交子空间，分别定义为

$$H_2:=\left\{\boldsymbol{F}:\boldsymbol{F}(z)在\bar{\boldsymbol{D}}^c中解析,\|\boldsymbol{F}\|_2:=\left(\sup_{r>1}\frac{1}{2\pi}\int_{-\pi}^{\pi}\|\boldsymbol{F}(r\mathrm{e}^{\mathrm{j}\theta})\|_F^2\,\mathrm{d}\theta\right)^{1/2}<\infty\right\},$$

和

$$H_2^{\perp}:=\left\{\boldsymbol{F}:\boldsymbol{F}(z)在\boldsymbol{D}中解析,\|\boldsymbol{F}\|_2:=\left(\sup_{r<1}\frac{1}{2\pi}\int_{-\pi}^{\pi}\|\boldsymbol{F}(r\mathrm{e}^{\mathrm{j}\theta})\|_F^2\,\mathrm{d}\omega\right)^{1/2}<\infty\right\}.$$

同时给出如下定义：

$$\cos\angle(\boldsymbol{u},\boldsymbol{v}):=\frac{|\boldsymbol{u}^{\mathrm{H}}\boldsymbol{v}|}{\|\boldsymbol{u}\|\cdot\|\boldsymbol{v}\|},$$

这里，$\angle(\boldsymbol{u},\boldsymbol{v})$ 是两个单位向量 $\boldsymbol{u}$ 和 $\boldsymbol{v}$ 的方向夹角，用它们的余弦值来描述它们的角度大小。

本书中，对于任何连续时间信号 $r(t)$，其拉普拉斯变换表示为 $\hat{u}(s)$；对于任何离散时间序列 $x(k)$，其 Z 变换表示为 $x(z)$。在不引起混淆的情况下，有时会省略符号 t、s 或 z。

2.3 若干引理和公式

本节主要介绍后面推导中所需要用到的一些重要引理和公式。

引理 2.1 假设函数 $f(z)$ 在简单正向闭曲线 $\boldsymbol{C}$ 围成的区域 $\boldsymbol{D}$ 内解析，且在区域 $\boldsymbol{D}$ 的边界 $\boldsymbol{C}$ 上连续，z_0 为区域 $\boldsymbol{D}$ 内任意一点，那么

$$f(z_0)=\frac{1}{2\pi i}\oint_C\frac{f(z)}{z-z_0}\mathrm{d}z,$$

引理 2.1 就是常用的柯西积分公式，把函数在解析区域内部任意一点的值用它在边界上的值表示。

引理 2.2 考虑有限能量连续时间信号 $f(t)$，$F(\mathrm{j}\omega)$ 为相应的傅里叶变换，则有如下关系：

$$\int_{-\infty}^{\infty}|f(t)|^2\,\mathrm{d}t=\frac{1}{2\pi}\int_{-\infty}^{\infty}|F(\mathrm{j}\omega)|^2\,\mathrm{d}\omega.$$

类似地，对于离散时间序列 $f(n)$，$F(k)$ 为对应的傅里叶变换，那么上述结果可以表示为

$$\sum_{n=0}^{N-1}|f(n)|^2=\frac{1}{N}\sum_{k=0}^{N-1}|F(k)|^2.$$

引理 2.3[1] 假设共轭对称的函数 $f(s)$，即 $f(s)$ 满足 $f(s)=\bar{f}(\bar{s})$，并且有 $f(jw)=h_1(w)+jh_2(w)$，则下式成立

$$f'(0)=\frac{1}{\pi}\int_{-\infty}^{+\infty}\frac{h_1(w)-h_1(0)}{w^2}\mathrm{d}w.$$

引理 2.4[1] 对于一个共轭对称函数 $f(s)$，假设函数 $f(s)$ 解析且在 $\boldsymbol{C}_+$ 上无零点，并且满足 $\log f(s)\in\mathcal{F}$，那么下式成立

$$\frac{f'(0)}{f(0)}=\frac{1}{\pi}\int_{-\infty}^{+\infty}\frac{1}{w^2}\log_2\left|\frac{f(\mathrm{j}w)}{f(0)}\right|\mathrm{d}w,$$

其中，$f(0)=0$。

引理 2.5[2] 令 $\boldsymbol{L}$ 和 $\boldsymbol{L}_i$ 全通因子和全通因子分解基本因子，那么对于任何 $\boldsymbol{X}\in\mathrm{RH}_\infty$，存在某个 $\boldsymbol{S}\in\mathrm{RH}_\infty$，使得下式成立

$$\boldsymbol{X}\boldsymbol{L}^{-1}=\boldsymbol{S}+\sum_{i=1}^{N_z}\boldsymbol{X}(z_i)\boldsymbol{L}_1^{-1}(z_i)\cdots\boldsymbol{L}_{i-1}^{-1}(z_i)\boldsymbol{L}_i^{-1}\boldsymbol{L}_{i+1}^{-1}(z_i)\cdots\boldsymbol{L}_{N_z}^{-1}(z_i).$$

引理 2.6[3] 一个非最小相位严格正则右可逆的传递函数矩阵 $\boldsymbol{G}$ 总可以分解为

$$\boldsymbol{G}=\boldsymbol{G}_s\boldsymbol{G}_u,$$

其中，$\boldsymbol{G}_s$ 是内因子，$\boldsymbol{G}_u$ 是最小相位和右可逆的，并使得 $\boldsymbol{G}_u$ 的不稳定极点等于 $\boldsymbol{G}$ 的不稳定极点；而且，如果 $\boldsymbol{G}$ 严格正则，那么 $\boldsymbol{G}_u$ 也是严格正则的。

引理 2.7[4] $\boldsymbol{G}$ 为非最小相位严格正则右可逆传递函数矩阵，那么，$\boldsymbol{G}$ 的状态空间实现可如下表示：

$$A=\begin{bmatrix}A_s & \\ & A_u\end{bmatrix}, B=\begin{bmatrix}B_s & \\ & B_u\end{bmatrix}, C=I, D=0,$$

其中，A_s 是稳定的，A_u 的所有极点全在单位圆外或在单位圆上，并且 (A_u, B_u) 是可控的。

引理 2.8[3] 给定一个非最小相位严格正则右可逆的传递函数矩阵 G，令 $G=G_sG_u$ 是引理 2.6 所述的分解，(A_s, B_s, C_s, D_s) 是内因子传递函数矩阵 G_s 的稳定平衡实现，(A_u, B_u, C_u) 是 G_u 的可稳定且可检测的实现，那么传递函数 G 的可稳定和可检测的实现由下式给出：

$$A=\begin{bmatrix}A_s & B_sC_u \\ 0 & A_u\end{bmatrix}, B=\begin{bmatrix}0 \\ B_u\end{bmatrix}, C=\begin{bmatrix}C_s & D_sC_u\end{bmatrix}, D=0.$$

引理 2.9[5] 方程 $AXB=C$ 有解 X 当且仅当 $AA^{\dagger}CB^{\dagger}B=C$。而且，更一般地，有

$$X=A^{\dagger}CB^{\dagger}+Y-A^{\dagger}AYBB^{\dagger},$$

其中，Y 是任意合适维的矩阵。

引理 2.10[6] 令矩阵 F，H 和 G 为给定的合适维数矩阵，且矩阵 F 和 G 为对称矩阵。考虑如下二次型

$$q(x,u)=\mathrm{E}\left\{x^{\mathrm{T}}Fx+x^{\mathrm{T}}Hu+u^{\mathrm{T}}Hx+u^{\mathrm{T}}Gu\right\},$$

这里 x 和 u 是定义在概率空间 (Ω, B, P) 上的随机变量。那么下面的条件等价：

（1）$G \geqslant 0$ 和 $H(I-GG^{\mathrm{T}})=0$；

（2）存在一对称矩阵 $S=S^{\mathrm{T}}$，使 $\inf_u q(x,u)=\mathrm{E}\left\{x^{\mathrm{T}}Sx\right\}$ 对于任意随机变量 x 成立。

2.4 若干规则及分解

对于多输入多输出系统，其联合传递函数的求解有以下一些规律[7]。

1. 串联规则（Cascade rule）

如图 2.1 所示，由传递函数 G_1 和 G_2 串联的结构图如图 2.1 所示。那么，则总的传递函数矩阵 G 为

$$G=G_2G_1.$$

2. 反馈规则（Feedback rule）

图 2.2 所示为两个多输入多输出传递函数对象的反馈结构，那么，总的传递

函数矩阵为

$$G = G_1(I + G_2G_1)^{-1}.$$

图 2.1　串联结构　　　　图 2.2　反馈结构

3. 穿越规则（Push-through rule）

对于两个传递函数矩阵 G_1 和 G_2，存在以下等价关系

$$G_1(I + G_2G_1)^{-1} = (I + G_1G_2)^{-1}G_1.$$

考虑如图 1.1 所示的单位反馈结构控制系统，如果被控对象为多输入多输出的控制系统，那么，系统的灵敏度传递函数为

$$S = (I + PK)^{-1},$$

由穿越规则，则有下式成立

$$(I + PK)^{-1}P = P(I + KP)^{-1},$$

于是，系统的补灵敏度传递函数为

$$T = I - S = PK(I + PK)^{-1} = P(I + KP)^{-1}K = (I + PK)^{-1}PK.$$

4. 互质分解

对于多项式 $f(s)$和 $g(s)$，当且仅当存在多项式 $x(s)$和 $y(s)$，使得

$$fx + gy = 1$$

成立，则称多项式 $f(s)$和 $g(s)$是互质的。$fx + gy = 1$ 称为 Bezout 等式。

将上述推广到更一般的情形，如果 $F \in \mathrm{RH}_\infty$ 和 $G \in \mathrm{RH}_\infty$ 列数相同，且存在矩阵 $X \in \mathrm{RH}_\infty$，$Y \in \mathrm{RH}_\infty$ 使得

$$[X \ \ Y]\begin{bmatrix} F \\ G \end{bmatrix} = XF + YG = I,$$

则称 F 和 G 为右互质，也就是说，矩阵 $[F \ \ G]^{\mathrm{T}}$ 在集合 RH_∞ 内左可逆。类似地，如果 $F \in \mathrm{RH}_\infty$ 和 $G \in \mathrm{RH}_\infty$ 行数相同，且存在矩阵 $X \in \mathrm{RH}_\infty$，$Y \in \mathrm{RH}_\infty$ 使得下式成立

$$[F \ \ G]\begin{bmatrix} X \\ Y \end{bmatrix} = I,$$

则称矩阵 F 和 G 左互质，也就是说，矩阵 $[F \ \ G]$ 在集合 RH_∞ 内右可逆。

5. 双互质分解

对任意正则的实有理矩阵$\boldsymbol{G} \in \mathrm{RH}_\infty$，且满足如下等式关系：

$$\boldsymbol{G} = \boldsymbol{N}\boldsymbol{M}^{-1} = \tilde{\boldsymbol{M}}^{-1}\tilde{\boldsymbol{N}},$$

那么，下式

$$\begin{bmatrix} \tilde{\boldsymbol{X}} & -\tilde{\boldsymbol{Y}} \\ -\tilde{\boldsymbol{N}} & \tilde{\boldsymbol{M}} \end{bmatrix}\begin{bmatrix} \boldsymbol{M} & \boldsymbol{Y} \\ \boldsymbol{N} & \boldsymbol{X} \end{bmatrix} = \boldsymbol{I},$$

构成了矩阵实有理矩阵$\boldsymbol{G}$的双互质分解，上式中$\boldsymbol{N}$和$\boldsymbol{M}$满足右互质，$\tilde{\boldsymbol{N}}$和$\tilde{\boldsymbol{M}}$满足左互质，该式子又称双 Bezout 等式。

矩阵的双互质分解使得我们可以将一个多输入多输出对象的传递函数$\boldsymbol{P}$做如下分解：

$$\boldsymbol{P} = \boldsymbol{N}\boldsymbol{M}^{-1} = \tilde{\boldsymbol{M}}^{-1}\tilde{\boldsymbol{N}},$$

其中，矩阵$\boldsymbol{N}$或$\tilde{\boldsymbol{N}}$含有被控对象的所有零点，而矩阵$\boldsymbol{M}$或$\tilde{\boldsymbol{M}}$含有被控对象的所有极点。

6. 全通与最小相位分解[8]

对于任意一个稳定的控制系统，我们都可以将其分解为一个最小相位系统和一个全通系统的级联。全通传递函数的特征是任何频率的正弦信号的响应相对于原信号都不会发生衰减，即“全部通过”。原系统的所有不稳定极点和非最小相位零点都包含在全通传递函数中。

对于连续时间系统，考虑对象$\boldsymbol{P}(s)$，对象可通过互质分解分为$\boldsymbol{N}(s)$和$\boldsymbol{M}(s)$两个因子，进一步$\boldsymbol{N}(s)$可有如下分解

$$\boldsymbol{N}(s) = \boldsymbol{L}(s)\boldsymbol{N}_m(s),$$

其中，$\boldsymbol{L}(s)$包含了对象$\boldsymbol{P}(s)$的所有非最小相位零点$z_i(i=1,\cdots,N_z)$，称为全通因子。$\boldsymbol{N}_m(s)$包含了对象所有的最小相位零点，称为最小相位因子。$\boldsymbol{L}(s)$可以分解为

$$\boldsymbol{L}(s) = \prod_{i=1}^{N_z}\boldsymbol{L}_i(s),$$

$$\boldsymbol{L}_i(s) = \begin{bmatrix} \boldsymbol{\eta}_i & \boldsymbol{U}_i \end{bmatrix}\begin{bmatrix} \dfrac{\overline{z}_i}{z_i}\dfrac{z_i - s}{\overline{z} + s} & 0 \\ 0 & \boldsymbol{I} \end{bmatrix}\begin{bmatrix} \boldsymbol{\eta}_i^{\mathrm{H}} \\ \boldsymbol{U}_i^{\mathrm{H}} \end{bmatrix},$$

其中，$\boldsymbol{\eta}_i$为零点z_i的方向向量，并满足如下关系：

$$\boldsymbol{\eta}_i\boldsymbol{\eta}_i^{\mathrm{H}} + \boldsymbol{U}_i\boldsymbol{U}_i^{\mathrm{H}} = \boldsymbol{I}.$$

$\boldsymbol{L}_i(s)$ 也可以进一步写成如下形式：

$$\boldsymbol{L}_i(s)=\boldsymbol{I}-\frac{2\mathrm{Re}(z_i)}{z_i}\frac{s}{s+\bar{z}_i}\boldsymbol{\eta}_i\boldsymbol{\eta}_i^{\mathrm{H}}.$$

同样，包含对象所有极点的部分 $\boldsymbol{M}(s)$ 可以分解为

$$\boldsymbol{M}(s)=\boldsymbol{B}(s)\boldsymbol{M}_m(s),$$

其中，$\boldsymbol{B}(s)$ 为全通因子，包含了对象所有右半平面的极点：$p_i(i=1,\cdots,N_p)$。$\boldsymbol{M}_m$ 为包含对象所有左半平面极点的最小相位因子。$\boldsymbol{B}(s)$ 可以分解为

$$\boldsymbol{B}(s)=\prod_{i}^{N_p}\boldsymbol{B}_i(s),$$

$$\boldsymbol{B}_i(s)=\begin{bmatrix}\boldsymbol{\omega}_i & \boldsymbol{W}_i\end{bmatrix}\begin{bmatrix}\dfrac{s-p_i}{s+\bar{p}_i} & 0\\ 0 & \boldsymbol{I}\end{bmatrix}\begin{bmatrix}\boldsymbol{\omega}_i^{\mathrm{H}}\\ \boldsymbol{W}_i^{\mathrm{H}}\end{bmatrix},$$

其中，$\boldsymbol{\omega}_i$ 为极点 $\boldsymbol{p}_i$ 的方向向量，满足如下关系：

$$\boldsymbol{\omega}_i\boldsymbol{\omega}_i^{\mathrm{H}}+\boldsymbol{W}_i\boldsymbol{W}_i^{\mathrm{H}}=\boldsymbol{I}.$$

$\boldsymbol{B}_i(s)$ 也可以进一步写成如下形式：

$$\boldsymbol{B}_i(s)=\boldsymbol{I}-\frac{2\mathrm{Re}(p_i)}{s+\bar{p}_i}\boldsymbol{\omega}_i\boldsymbol{\omega}_i^{\mathrm{H}}.$$

2.5 尤拉参数化

针对线性时不变反馈控制系统，尤拉等人给出了使控制系统稳定的所有控制器参数化方法，而我们对于控制系统性能的分析都是在系统稳定性的前提下展开的。因此，此方法在系统性能的研究中得到广泛的应用。

1. 单参数控制器

任何稳定的控制器 $\boldsymbol{K}$ 都属于这样的一个控制器集合 $\mathcal{K}$ [9]：

$$\mathcal{K}:=\left\{\boldsymbol{K}:\boldsymbol{K}=-(\boldsymbol{Y}-\boldsymbol{MQ})(\boldsymbol{X}-\boldsymbol{NQ})^{-1}=-(\boldsymbol{X}-\boldsymbol{Q}\tilde{\boldsymbol{N}})^{-1}(\tilde{\boldsymbol{Y}}-\boldsymbol{Q}\tilde{\boldsymbol{M}}),\boldsymbol{Q}\in\mathrm{RH}_\infty\right\},$$

其中，$\boldsymbol{Q}$ 是我们要设计的参数矩阵。

对象 $\boldsymbol{P}$ 如果是稳定的，那么

$$\boldsymbol{N}=\tilde{\boldsymbol{N}}=\boldsymbol{P},\ \boldsymbol{M}=\tilde{\boldsymbol{M}}=\boldsymbol{X}=\tilde{\boldsymbol{X}}=\boldsymbol{I},\ \boldsymbol{Y}=\tilde{\boldsymbol{Y}}=0.$$

可以进一步退化为

$$\mathcal{K}:=\left\{\boldsymbol{K}:\boldsymbol{K}=\boldsymbol{Q}(\boldsymbol{I}-\boldsymbol{PQ})^{-1}=(\boldsymbol{I}-\boldsymbol{QP})^{-1}\boldsymbol{Q},\boldsymbol{Q}\in\mathrm{RH}_\infty\right\}.$$

2. 双参数控制器

对于双参数控制器具体可由下面的式子给出[10-12]：

$$\mathcal{K}=\left\{\boldsymbol{K}:\boldsymbol{K}=\left[\boldsymbol{K}_1\ \boldsymbol{K}_2\right]=(\tilde{\boldsymbol{X}}-\boldsymbol{R}\tilde{\boldsymbol{N}})^{-1}\left[\boldsymbol{Q}\ \ \tilde{\boldsymbol{Y}}-\boldsymbol{R}\tilde{\boldsymbol{M}}\right],\boldsymbol{Q}\in \mathrm{RH}_{\infty},\boldsymbol{R}\in \mathrm{RH}_{\infty}\right\},$$

其中，矩阵 $\boldsymbol{Q}$ 和 $\boldsymbol{R}$ 为两个相互独立可自由设计的参数矩阵，也就是所谓的“两参数”或“双自由度”。双参数控制器结构在很多实际网络系统中都可能会用到，由于引入了二个相互独立的控制器参数，能更方便地求解出系统的性能极限值，在某种程度上消除某个参量的不利影响，具体的使用将在后面推导中有详细体现。

2.6 本章小结

本章给出了全书将要用到的主要引理、数学工具以及一些基本概念，包括串联规则、反馈规则、穿越规则等基本规则，基于频域的互质分解、全通与最小相位分解、单参数控制器结构和双参数控制器结构以及一些控制理论的基础知识。本章将为后续各主体章节中的理论推导提供基础。

参考文献

[1] CHEN J, HARA S, CHEN G. Best tracking and regulation performance under control energy constraint. IEEE Transactions on Automatic Control. 2003, 48(8): 1320-1336.

[2] Guan Z H, Chen C Y, Feng G et al. Optimal tracking performance limitation of networked control systems with limited bandwidth and additive colored white Gaussian noise. IEEE Transactions on Circuits and Systems I: Regular Papers. 2013, 60(1): 189-198.

[3] Qiu L, Davison E J. Performance limitations of non-minimum phase systems in the servomechanism problem. Automatica. 1993, 29(2): 337-349.

[4] Xiao N, Xie L, Qiu L. Feedback stabilization of discrete-time networked systems over fading channels. IEEE Transactions on Automatic Control. 2012, 57(9): 2176-2189.

[5] Penrose R. A generalized inverse for matrices. Mathematical Proceedings of the Cambridge Philosophical Society. 1955, 51(3): 406-413.

[6] Rami M A, Chen X, Zhou X Y. Discrete-time indefinite LQ control with state and control dependent noises. Journal of Global Optimization, 2002, 23(3-4): 245-265.

[7] Zhou K, Doyle J C, Glover K. Robust and optimal control. Prentice Hall New Jersey, 1996.

[8] Francis B A. A course in H∞ control theory. Lecture notes in control and information sciences. Berlin, Germany: Springer-Verlag, 1987.

[9] Hara S, Sugie T. Independent parameterization of two-degree-of-freedom compensators in

general robust tracking systems. IEEE Transactions on Automatic Control. 1988, 33(1): 59-67.

[10] Vidyasagar M. Control system synthesis: a factorization approach. Morgan & Claypool Publishers, 2011.

[11] Toker O, Chen J, Qiu L. Tracking performance limitations in LTI multivariable discrete-time systems. IEEE Transactions on Circuits and Systems I: Fundamental Theory and Applications. 2002, 49(5): 657-670.

[12] Chen J, Qiu L, Toker O. Limitations on maximal tracking accuracy. IEEE Transactions on Automatic Control. 2000, 45(2): 326-331.

第 3 章　有色噪声和带宽约束下系统跟踪性能极限

3.1　引言

在过去数十年，研究者针对控制系统通过反馈可达的性能极限与对象内部结构的本质联系进行了大量的研究工作[1-8]，其中一个广泛研究的问题是最优参考信号跟踪问题。针对单输入单输出系统和多输入多输出系统均有相关的结果，第 2 章已做过介绍。值得注意的是，这些结果的获得均基于一个基本的假设，即控制系统中控制器和对象之间信息的传递是理想的[9,10]。以单位输出反馈控制系统为例，对象的输出信号能够实时无损地传递给控制器，而控制器的控制信号也能够以理想的方式传递给被控对象。

近年来，研究者关注更多的是当控制系统中控制器和被控对象之间的信息以非理想化的方式传递时系统的性能极限问题[11-14]。一个最常见的讨论框架为网络化控制系统。在网络化控制系统中，数据的传输需要经过处理，例如进行数据量化[14-18]、编码[19,20]等，而在传输的过程中可能伴随着传输时延[21-23]、带宽[24-28]、信噪比约束[4,28-31]、噪声干扰[32-34]、数据包丢失[27,35-37]以及数据发送率限制等影响。这些因网络传输而产生的通信约束必然给控制系统的性能带来新的约束。本章正是从这个角度出发，研究线性时不变多输入多输出连续系统在输出反馈受到了加性有色高斯噪声的污染时，系统跟踪布朗运动的跟踪性能极限问题。有色高斯噪声不同于以往研究的高斯白噪声，代表着更为广泛的一类噪声，更具有普适性和实际意义。在此基础上，本章所研究的网络模型还考虑了实际网络中一个最基本的因素，即网络带宽，对系统跟踪性能的影响，得到的结果对于实际网络化控制系统中的控制器的选取具有一定的理论指导意义。

本章主要内容如下：3.2 节给出问题描述。其中参考输入信号为随机信号，被控对象为线性时不变、多输入多输出和连续时间的系统，跟踪性能指标的定义采

用 L_2 意义下的积分平方误差式。3.3 节的研究基于单位输出反馈结构，应用双参数控制器。基于此结构，得到系统可达的跟踪性能极限。随后研究系统镇定、信道信噪比和跟踪性能极限之间的关系。所得结果表明，网络通道的有色高斯噪声和网络带宽将恶化网络化控制系统的性能，从定量的角度来讲，性能的恶化程度取决于被控对象的内部结构（表现为非最小相位零点位置和方向，不稳定极点位置和方向）以及参考输入信号及方向、网络噪声和网络带宽的耦合关系。

3.2 模型与问题描述

本章考虑的问题如图 3.1 所示，其中，$\boldsymbol{G}$ 表示多输入多输出被控对象，$\boldsymbol{K}$ 为双参数控制器。假设系统在初始状态处于稳态。参考输入信号 $\boldsymbol{r}$ 为输入，其分量为布朗运动，用来模拟阶跃随机信号，$\boldsymbol{n}$ 为添加的高斯噪声，这里假设各通道中的参考输入信号和有色高斯噪声信号是互不相关的。假设 $\boldsymbol{F}$ 是稳定的、非最小相位的传递函数矩阵，用它来模拟通信信道的带宽[5,28,29]。$\boldsymbol{H}$ 为网络噪声染色矩阵，它为稳定的、最小相位的传递函数矩阵。

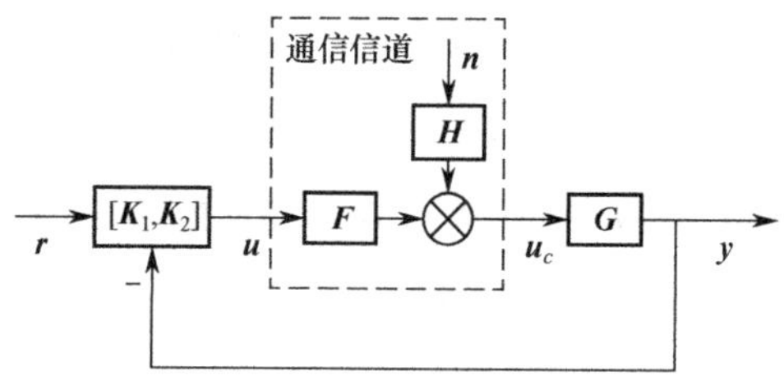

图 3.1 含有色高斯噪声的网络化控制系统

系统的跟踪性能极限表达式为

$$J = \mathrm{E}\left\{(1-\epsilon)(\boldsymbol{r}(t)-\boldsymbol{y}(t))^{\mathrm{T}}(\boldsymbol{r}(t)-\boldsymbol{y}(t))+\epsilon\boldsymbol{u}_c^{\mathrm{T}}(t)\boldsymbol{u}_c(t)\right\}. \tag{3.1}$$

我们希望在所有能使系统稳定的控制器中找到一个控制器使得通过反馈控制得到的跟踪误差最小，也就是求

$$J^* = \inf_{K\in\mathrm{K}} J .$$

3.3 带有色高斯带宽受限信道系统的性能极限

本章的主要结果由以下定理概括，给出系统可达跟踪性能极限。

定理 3.1 考虑如图 3.1 所示的控制系统，假设 ξ 是高斯噪声，所考虑的参考信号

$\boldsymbol{r}$ 为布朗运动阶跃，且参数信号和网络噪声互不相关，所考虑的被控系统为不稳定的、非最小相位系统，则控制系统的跟踪性能极限为

$$
\begin{aligned}
J^* = 2(1-\epsilon)\Bigg[&\sum_{i=1}^{n_z+n_f}\frac{\mathrm{Re}(z_i)}{|z_i|^2}\sum_{j=1}^{l}\sigma_j^2\cos^2\angle(\boldsymbol{\eta}_i,\boldsymbol{e}_j)\\
&+\Big(\sum_{i=1}^{l}\sigma_i^2\Big)\left(\sum_{i=1}^{N_s}\frac{\mathrm{Res}_i}{|s_i|^2}-\frac{1}{\pi}\int_0^{+\infty}\frac{\log|f(\mathrm{j}\omega)|}{\omega^2}\mathrm{d}\omega\right)\Bigg],\\
&+\sum_{i,j=1}^{n_z+n_f}\frac{4\mathrm{Re}(z_i)\mathrm{Re}(z_j)}{\overline{z}_i+z_j}\boldsymbol{\omega}_j^{\mathrm{H}}\boldsymbol{D}_i^r(z_j)\boldsymbol{D}_i^{r\mathrm{H}}(z_i)\boldsymbol{\omega}_i\\
&\times\boldsymbol{\omega}_i^{\mathrm{H}}\boldsymbol{D}_i^{l\,\mathrm{H}}(z_i)\boldsymbol{V}^{\mathrm{H}}\boldsymbol{O}^{\mathrm{H}}(z_i)\boldsymbol{O}(z_j)\boldsymbol{V}\boldsymbol{D}_j^l(z_j)\boldsymbol{\omega}_j.
\end{aligned}
$$

其中，

$$
\boldsymbol{D}(s):=\prod_{i=1}^{n_z+n_f}\boldsymbol{D}_i(s),
$$

$$
\boldsymbol{D}_i(s):=[\boldsymbol{\omega}_i\boldsymbol{W}_i]\begin{bmatrix}\dfrac{s-z_i}{s+\overline{z}_i} & 0\\ 0 & \boldsymbol{I}\end{bmatrix}\begin{bmatrix}\boldsymbol{\omega}_i^{\mathrm{H}}\\ \boldsymbol{W}_i^{\mathrm{H}}\end{bmatrix}.
$$

且

$$
f(s):=\mathrm{Tr}\left\{(1-\epsilon)\boldsymbol{U}^{\mathrm{T}}\boldsymbol{N}_m(s)\boldsymbol{\Theta}_o^{-1}(s)\boldsymbol{\Theta}_o^{-\mathrm{T}}(0)\boldsymbol{N}_m^{\mathrm{T}}(0)\boldsymbol{U}\right\}.
$$

证明：由性能指标（3.1），可以将 J 写为

$$
J:=(1-\epsilon)\mathrm{Tr}\left\{\boldsymbol{R}_{\hat{e}_r}(0)+\boldsymbol{R}_{y_n}(0)\right\}+\epsilon\mathrm{Tr}\left\{\boldsymbol{R}_{u_{cr}}(0)+\boldsymbol{R}_{u_{cn}}(0)\right\},
$$

这里，$\boldsymbol{R}_{e_r}(\tau)$ 和 $\boldsymbol{R}_{y_n}(\tau)$ 分别表示随机过程 $\boldsymbol{e}_r(t)$ 和 $\boldsymbol{y}_n(t)$ 的自相关函数。令信号 $\boldsymbol{r}$ 和 $\boldsymbol{n}$ 的功率谱密度为 $S_r(\mathrm{j}\omega)$ 和 $S_n(\mathrm{j}\omega)$，则有

$$
\begin{aligned}
J &= (1-\epsilon)\frac{1}{2\pi}\left[\int_{-\infty}^{+\infty}\mathrm{Tr}\left\{\boldsymbol{T}_{\hat{e}_r}\boldsymbol{S}_r(\mathrm{j}\omega)\boldsymbol{T}_{\hat{e}_r}^{\mathrm{T}}\right\}\mathrm{d}\omega+\int_{-\infty}^{+\infty}\mathrm{Tr}\left\{\boldsymbol{T}_{y_n}\boldsymbol{S}_n(\mathrm{j}\omega)\boldsymbol{T}_{y_n}^{\mathrm{T}}\right\}\mathrm{d}\omega\right]\\
&\quad+\epsilon\frac{1}{2\pi}\left[\int_{-\infty}^{+\infty}\mathrm{Tr}\left\{\boldsymbol{T}_{u_{cr}}\boldsymbol{S}_r(\mathrm{j}\omega)\boldsymbol{T}_{u_{cr}}^{\mathrm{T}}\right\}\mathrm{d}\omega+\int_{-\infty}^{+\infty}\mathrm{Tr}\left\{\boldsymbol{T}_{u_{cn}}\boldsymbol{S}_n(\mathrm{j}\omega)\boldsymbol{T}_{u_{cn}}^{\mathrm{T}}\right\}\mathrm{d}\omega\right]\\
&=(1-\epsilon)\left(\left\|\boldsymbol{T}_{\hat{e}_r}\boldsymbol{U}\frac{1}{s}\right\|_2^2+\left\|\boldsymbol{T}_{y_n}\boldsymbol{V}\right\|_2^2\right)+\epsilon\left(\left\|\boldsymbol{T}_{u_{cr}}\boldsymbol{U}\frac{1}{s}\right\|_2^2+\left\|\boldsymbol{T}_{u_{cn}}\boldsymbol{V}\right\|_2^2\right)\\
&=(1-\epsilon)\left(\left\|\left[\boldsymbol{I}-(\boldsymbol{I}-\boldsymbol{PFK}_2)^{-1}\boldsymbol{PFK}_1\right]\boldsymbol{U}\frac{1}{s}\right\|_2^2+\left\|(\boldsymbol{I}-\boldsymbol{PFK}_2)^{-1}\boldsymbol{PHV}\right\|_2^2\right)\\
&\quad+\epsilon\left(\left\|(\boldsymbol{I}-\boldsymbol{FK}_2\boldsymbol{P})^{-1}\boldsymbol{FK}_1\boldsymbol{U}\frac{1}{s}\right\|_2^2+\left\|(\boldsymbol{I}-\boldsymbol{FK}_2\boldsymbol{P})^{-1}\boldsymbol{HV}\right\|_2^2\right)\\
&=\left\|\begin{bmatrix}\sqrt{1-\epsilon}(\boldsymbol{I}-\boldsymbol{NQ})\\ \sqrt{\epsilon}\boldsymbol{FMQ}\end{bmatrix}\boldsymbol{U}\frac{1}{s}\right\|_2^2+\left\|\begin{bmatrix}\sqrt{1-\epsilon}\boldsymbol{PM}(\tilde{\boldsymbol{X}}-\boldsymbol{R}\tilde{\boldsymbol{N}})\\ \sqrt{\epsilon}\boldsymbol{M}(\tilde{\boldsymbol{X}}-\boldsymbol{R}\tilde{\boldsymbol{N}})\end{bmatrix}\boldsymbol{HV}\right\|_2^2\\
&=J_U+J_V,
\end{aligned}
$$

其中

$$\boldsymbol{U}=\begin{bmatrix}\sigma_1 & & & \\ & \sigma_2 & & \\ & & \ddots & \\ & & & \sigma_l\end{bmatrix},\ \boldsymbol{V}=\begin{bmatrix}\gamma_1 & & & \\ & \gamma_2 & & \\ & & \ddots & \\ & & & \gamma_l\end{bmatrix}.$$

很显然，有

$$\begin{aligned}J^* &= \inf_{K\in\mathcal{K}} J \\ &= \inf_{Q\in \mathrm{RH}_\infty} J_U + \inf_{R\in \mathrm{RH}_\infty} J_V \\ &= J_U^* + J_V^*.\end{aligned}$$

首先，考虑 J_U，利用全通分解，有

$$\begin{aligned}J_U^* &= \inf_{Q\in \mathrm{RH}_\infty}\left\|\begin{bmatrix}\sqrt{1-\epsilon}(\boldsymbol{I}-\boldsymbol{NQ}) \\ \sqrt{\epsilon}\boldsymbol{FMQ}\end{bmatrix}\boldsymbol{U}\frac{1}{s}\right\|_2^2 \\ &= \inf_{Q\in \mathrm{RH}_\infty}\left\|\begin{bmatrix}\sqrt{1-\epsilon}(\boldsymbol{L}^{-1}-\boldsymbol{I}) \\ 0\end{bmatrix}\boldsymbol{U}\frac{1}{s}\right\|_2^2+\left\|\begin{bmatrix}\sqrt{1-\epsilon}\boldsymbol{I} \\ 0\end{bmatrix}\boldsymbol{U}\frac{1}{s}+\begin{bmatrix}-\sqrt{1-\epsilon}\boldsymbol{N}_m \\ \sqrt{\epsilon}\boldsymbol{C}_{FM}\end{bmatrix}\boldsymbol{QU}\frac{1}{s}\right\|_2^2 \\ &= 2(1-\epsilon)\sum_{i=1}^{n_z+n_f}\frac{\mathrm{Re}(z_i)}{|z_i|^2}\left\|\boldsymbol{\eta}_i^{\mathrm{H}}\boldsymbol{U}\right\|_F^2+\inf_{Q\in \mathrm{RH}_\infty} J_{U_1} \\ &= 2(1-\epsilon)\sum_{i=1}^{n_z+n_f}\frac{\mathrm{Re}(z_i)}{|z_i|^2}\sum_{j=1}^{m}\sigma_j^2\cos^2\angle(\boldsymbol{\eta}_i,\boldsymbol{e}_j)+J_{U_1}^*,\end{aligned}$$

这里，$\boldsymbol{C}_{FM}$ 为 $\boldsymbol{FM}$ 的最小相位部分，$\boldsymbol{\eta}_i$ 是 $\boldsymbol{PF}$ 的零点相关的方向向量，$\boldsymbol{e}_j$ 是单位列向量（$\boldsymbol{e}_j$ 表示第 j 个元素为 1，其他元素为 0），并且有

$$\begin{aligned}J_{U_1}^* &= \inf_{Q\in \mathrm{RH}_\infty}\left\|\left\{\begin{bmatrix}\sqrt{1-\epsilon}\boldsymbol{I} \\ 0\end{bmatrix}+\begin{bmatrix}-\sqrt{1-\epsilon}\boldsymbol{N}_m \\ \sqrt{\epsilon}C_{FM}\end{bmatrix}\boldsymbol{Q}\right\}\boldsymbol{U}\frac{1}{s}\right\|_2^2 \\ &= \inf_{Q\in \mathrm{RH}_\infty}\left\|\left\{\begin{bmatrix}-\sqrt{1-\epsilon}\boldsymbol{I} \\ 0\end{bmatrix}+\begin{bmatrix}\sqrt{1-\epsilon}\boldsymbol{N}_m \\ \sqrt{\epsilon}\boldsymbol{C}_{FM}\end{bmatrix}\boldsymbol{Q}\right\}\boldsymbol{U}\frac{1}{s}\right\|_2^2.\end{aligned}$$

采用如文献[38]所介绍的内外分解方式，进行如下内外分解

$$\begin{bmatrix}\sqrt{1-\epsilon}\boldsymbol{N}_m \\ \sqrt{\epsilon}\boldsymbol{C}_{FM}\end{bmatrix}=\boldsymbol{\Theta}_i\boldsymbol{\Theta}_o,$$

其中，$\boldsymbol{\Theta}_i\in \mathrm{RH}_\infty$ 是一个内矩阵，$\boldsymbol{\Theta}_o\in \mathrm{RH}_\infty$ 是外矩阵。根据内矩阵函数的定义，有

$$\boldsymbol{\Theta}_i^{\mathrm{T}}(-\mathrm{j}\omega)\boldsymbol{\Theta}_i(\mathrm{j}\omega)=\boldsymbol{I}.$$

由此，可以得到下面的等式

$$\boldsymbol{\Theta}_o^{\mathrm{T}}(-\mathrm{j}\omega)\boldsymbol{\Theta}_o(\mathrm{j}\omega)=(1-\epsilon)\boldsymbol{N}_m^{\mathrm{T}}(-\mathrm{j}\omega)\boldsymbol{N}_m(\mathrm{j}\omega)+\epsilon\boldsymbol{C}_{FM}^{\mathrm{T}}(-\mathrm{j}\omega)\boldsymbol{C}_{FM}(\mathrm{j}\omega).$$

为了便于证明，定义如下模态为 1 的式子

$$\boldsymbol{\Psi}(\mathrm{j}\omega)=\begin{bmatrix}\boldsymbol{\Theta}_i^{\mathrm{T}}(-\mathrm{j}\omega)\\ 1-\boldsymbol{\Theta}_i(\mathrm{j}\omega)\boldsymbol{\Theta}_i^{\mathrm{T}}(-\mathrm{j}\omega)\end{bmatrix}.$$

根据矩阵范数的性质，J_{U_1} 可以化为如下式子

$$\begin{aligned}J_{U_1}^*&=\inf_{Q\in\mathrm{RH}_\infty}\left\|\boldsymbol{\Psi}\left\{\begin{bmatrix}-\sqrt{1-\epsilon}\boldsymbol{I}\\0\end{bmatrix}+\begin{bmatrix}\sqrt{1-\epsilon}\boldsymbol{N}_m\\\sqrt{\epsilon}\boldsymbol{C}_{FM}\end{bmatrix}\boldsymbol{Q}\right\}\boldsymbol{U}\frac{1}{s}\right\|_2^2\\&=\inf_{Q\in\mathrm{RH}_\infty}\left\|(\boldsymbol{A}_1+\boldsymbol{\Theta}_o\boldsymbol{Q})\boldsymbol{U}\frac{1}{s}\right\|_2^2+\left\|\boldsymbol{A}_2\boldsymbol{U}\frac{1}{s}\right\|_2^2,\end{aligned}$$

其中，

$$\begin{aligned}\boldsymbol{A}_1&=\boldsymbol{\Theta}_i^{\mathrm{H}}\begin{bmatrix}-\sqrt{1-\epsilon}\boldsymbol{I}\\0\end{bmatrix}\\&=-(1-\epsilon)\boldsymbol{\Theta}_o^{-\mathrm{H}}\boldsymbol{N}_m^{\mathrm{H}},\\\boldsymbol{A}_2&=(1-\boldsymbol{\Theta}_i\boldsymbol{\Theta}_i^{\mathrm{H}})\begin{bmatrix}-\sqrt{1-\varepsilon}\boldsymbol{I}\\0\end{bmatrix}\\&=\begin{bmatrix}-\sqrt{1-\epsilon}\boldsymbol{I}\\0\end{bmatrix}-\boldsymbol{\Theta}_i\boldsymbol{A}_1\\&=\begin{bmatrix}\sqrt{1-\varepsilon}\left(-I+(1-\epsilon)\boldsymbol{N}_m\boldsymbol{\Theta}_o^{-1}\boldsymbol{\Theta}_o^{-\mathrm{H}}\boldsymbol{N}_m^{\mathrm{H}}\right)\\(1-\varepsilon)\sqrt{\epsilon}\boldsymbol{C}_{FM}\boldsymbol{\Theta}_o^{-1}\boldsymbol{\Theta}_o^{-\mathrm{H}}\boldsymbol{N}_m^{\mathrm{H}}\end{bmatrix}.\end{aligned}$$

于是有

$$J_{U_1}^*=(1-\epsilon)^2\left\|(\boldsymbol{\Theta}_o^{-\mathrm{H}}\boldsymbol{N}_m^{\mathrm{H}}-\boldsymbol{\Theta}_o^{-\mathrm{H}}(0)\boldsymbol{N}_m^{\mathrm{H}}(0))\boldsymbol{U}\frac{1}{s}\right\|+\left\|\boldsymbol{A}_2\boldsymbol{U}\frac{1}{s}\right\|.$$

类似于文献[39]，通过应用引理 2.3，可得

$$J_{U_1}^*=-(1-\varepsilon)f'(0).$$

于是有

$$J_{U_1}^*=(1-\epsilon)(\sum_{i=1}^{l}\sigma_i^2)\left[2\sum_{i=1}^{N_s}\frac{\mathrm{Re}(s_i)}{|s_i|}-\frac{1}{\pi}\int_{-\infty}^{+\infty}\frac{\log|f(\mathrm{j}\omega)|}{\omega^2}\mathrm{d}\omega\right].$$

所以可得

$$\begin{aligned}J_U^*=2(1-\epsilon)&\left[\sum_{i=1}^{n_z+n_f}\frac{\mathrm{Re}(z_i)}{|z_i|^2}\sum_{j=1}^{l}\sigma_j^2\cos^2\angle(\boldsymbol{\eta}_i,\boldsymbol{e}_j)\right.\\&\left.+(\sum_{i=1}^{l}\sigma_i^2)\left(\sum_{i=1}^{N_s}\frac{\mathrm{Re}(s_i)}{|s_i|^2}-\frac{1}{\pi}\int_0^{+\infty}\frac{\log|f(\mathrm{j}\omega)|}{\omega^2}\mathrm{d}\omega\right)\right].\end{aligned}$$

类似地，对于 J_V，有

$$J_V = \left\| \begin{bmatrix} \sqrt{1-\epsilon}\boldsymbol{PM}(\tilde{\boldsymbol{X}} - \boldsymbol{R}\tilde{\boldsymbol{N}}) \\ \sqrt{\epsilon}\boldsymbol{M}(\tilde{\boldsymbol{X}} - \boldsymbol{R}\tilde{\boldsymbol{N}}) \end{bmatrix} \boldsymbol{HV} \right\|_2^2 = \left\| \begin{bmatrix} \sqrt{1-\epsilon}\boldsymbol{N}_{0m} \\ \sqrt{\epsilon}\boldsymbol{M}_m \end{bmatrix} (\tilde{\boldsymbol{X}} - \boldsymbol{R}\tilde{\boldsymbol{N}})\boldsymbol{HV} \right\|_2^2,$$

其中，$\boldsymbol{N}_{0m}$ 是 $\boldsymbol{N}_0$ 的最小相位部分。

考虑如下内外分解，使得

$$\begin{bmatrix} \sqrt{1-\epsilon}\boldsymbol{N}_{0m} \\ \sqrt{\epsilon}\boldsymbol{M}_m \end{bmatrix} = \boldsymbol{\Delta}_i\boldsymbol{\Delta}_0.$$

此外，类似于文献[19]，我们分解 $\tilde{\boldsymbol{N}}\boldsymbol{HV} = \boldsymbol{CD}$，这里 $\boldsymbol{C}$ 是最小相位部分，$\boldsymbol{D} \in \mathrm{RH}_\infty$ 是全通因子，有如下形式

$$\boldsymbol{D}(s) := \prod_{i=1}^{n_z+n_f} \boldsymbol{D}_i(s),$$

$$\boldsymbol{D}_i(s) := [\boldsymbol{\omega}_i \ \boldsymbol{W}_i] \begin{bmatrix} \dfrac{s - z_i}{s + \overline{z}_i} & 0 \\ 0 & I \end{bmatrix} \begin{bmatrix} \boldsymbol{\omega}_i^{\mathrm{H}} \\ \boldsymbol{W}_i^{\mathrm{H}} \end{bmatrix}.$$

因此，由引理 2.5，有

$$\begin{aligned} J_V &= \left\| \boldsymbol{\Delta}_0(\tilde{\boldsymbol{X}}\boldsymbol{HV} - \boldsymbol{RCD}) \right\|_2^2 \\ &= \left\| \boldsymbol{\Delta}_0\tilde{\boldsymbol{X}}\boldsymbol{HVD}^{-1} - \boldsymbol{\Delta}_0\boldsymbol{RC} \right\|_2^2 \\ &= \left\| \sum_{i=1}^{n_z+n_f} \boldsymbol{O}(z_i)\boldsymbol{VD}_i^l(z_i)\left[\boldsymbol{D}_i^{-1} - \boldsymbol{D}_i^{-1}(\infty)\right]\boldsymbol{D}_i^r(z_i) + \boldsymbol{R}_1 - \boldsymbol{\Delta}_0\boldsymbol{RC} \right\|_2^2, \end{aligned}$$

其中，$\boldsymbol{R}_1 \in \mathrm{RH}_\infty$，且

$$\begin{aligned} \boldsymbol{O}(z_i) &= \boldsymbol{\Delta}_0(z_i)\tilde{\boldsymbol{X}}(z_i)\boldsymbol{H}(z_i) = \boldsymbol{\Delta}_0(z_i)\boldsymbol{M}^{-1}(z_i)\boldsymbol{H}(z_i), \\ \boldsymbol{D}_i^l(z_i) &= \boldsymbol{D}_1^{-1}(z_i)\boldsymbol{D}_2^{-1}(z_i)\cdots\boldsymbol{D}_{i-1}^{-1}(z_i), \\ \boldsymbol{D}_i^r(z_i) &= \boldsymbol{D}_{i+1}^{-1}(z_i)\boldsymbol{D}_{i+2}^{-1}(z_i)\cdots\boldsymbol{D}_{n_z+n_f}^{-1}(z_i). \end{aligned}$$

由于 $\boldsymbol{\Delta}_0$ 是右可逆的矩阵，并且 $\boldsymbol{C}$ 是左可逆的，于是有

$$\begin{aligned} J_V^* &= \inf_{R\in\mathrm{RH}_\infty} \left\| \sum_{i=1}^{n_z+n_f} \boldsymbol{O}(z_i)\boldsymbol{VD}_i^l(z_i)\left[\boldsymbol{D}_i^{-1} - \boldsymbol{D}_i^{-1}(\infty)\right]\boldsymbol{D}_i^r(z_i) \right\|_2^2 + \left\| \boldsymbol{R}_1 - \boldsymbol{\Delta}_0\boldsymbol{RC} \right\|_2^2 \\ &= \left\| \sum_{i=1}^{n_z+n_f} \boldsymbol{O}(z_i)\boldsymbol{VD}_i^l(z_i)\frac{2\mathrm{Re}(z_i)}{s - z_i}\boldsymbol{\omega}_i\boldsymbol{\omega}_i^{\mathrm{H}}\boldsymbol{D}_i^r(z_i) \right\|_2^2 \\ &= \sum_{i,j=1}^{n_z+n_f} \frac{4\mathrm{Re}(z_i)\mathrm{Re}(z_j)}{\overline{z}_i + z_j}\boldsymbol{\omega}_j^{\mathrm{H}}\boldsymbol{D}_i^r(z_j)\boldsymbol{D}_i^{r\mathrm{H}}(z_i)\boldsymbol{\omega}_i\boldsymbol{\omega}_i^{\mathrm{H}}\boldsymbol{D}_i^{l\,\mathrm{H}}(z_i)\boldsymbol{V}^{\mathrm{H}}\boldsymbol{O}^{\mathrm{H}}(z_i)\boldsymbol{O}(z_j)\boldsymbol{VD}_j^l(z_j)\boldsymbol{\omega}_j. \end{aligned}$$

即得到定理结果，证明完毕。

注释 3.1 当这里没有网络通道时，由于布朗随机过程不同于文献[39]中带确定方向阶跃向量信号的情形，因此，上述结果不能直接退化到文献[39]中的结果。

推论 3.1 假如定理 3.1 中的被控对象$\boldsymbol{G}(s)$是单输入单输出，那么，进一步可得到特殊情况下的跟踪性能极限：

$$J^* = 2(1-\epsilon)\sigma^2\left[\sum_{i=1}^{n_z+n_f}\frac{\mathrm{Re}(z_i)}{|z_i|^2}+\sum_{i=1}^{N_s}\frac{\mathrm{Re}(s_i)}{|s_i|^2}\right.$$
$$\left.-\frac{1}{\pi}\int_0^{+\infty}\frac{\log|f(\mathrm{j}\omega)|}{\omega^2}\mathrm{d}\omega\right]+\gamma^2\sum_{i,j=1}^{n_z+n_f}\frac{\overline{\tilde{r}}_i\tilde{r}_j}{\overline{z}_i+z_j}.$$

其中，

$$\tilde{r}_i = \mathrm{Res}_{s=z_i}\varLambda_o(z_i)M^{-1}(z_i)H(z_i)\hat{L}_i^{-1}.$$

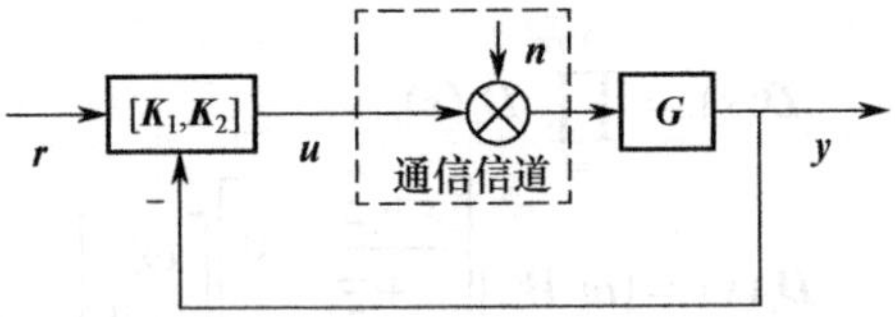

图 3.2 高斯白噪声信道的反馈控制结构框图

推论 3.2 进一步考虑图 3.2 的特殊情况，其中，$\boldsymbol{F}=\boldsymbol{I}$ 且 $\boldsymbol{H}=\boldsymbol{I}$。定义

$$f(s) := \mathrm{Tr}\left\{(1-\epsilon)\boldsymbol{U}^{\mathrm{T}}\boldsymbol{N}_m(s)\boldsymbol{\varLambda}_o^{-1}(s)\boldsymbol{\varLambda}_o^{-\mathrm{T}}(0)\boldsymbol{N}_m^{\mathrm{T}}(0)\boldsymbol{U}\right\},$$

并且有考虑分解

$$f(s) := \frac{\prod_{i=1}^{N_s}\overline{s}_i(s_i-s)}{s_i(\overline{s}_i+s)}f_m(s),$$

这里，$s_i\in\boldsymbol{C}_+$是$f(s)$的非最小相位零点，$f_m(s)$是$f(s)$的最小相位部分。于是有

$$f(s), f_m(s)\in\mathrm{RH}_\infty, f(0)=f_m(0)=\sum_{i=1}^{l}\sigma_i^2.$$

则如图 3.2 所示的带二参数控制器结构的跟踪性能极限如下：

$$J^* = 2(1-\epsilon)\left[\sum_{i=1}^{n_z}\frac{\mathrm{Re}(z_i)}{|z_i|^2}\sum_{j=1}^{m}\sigma_j^2\cos^2\angle(\boldsymbol{\eta}_i,\boldsymbol{e}_j)\right.$$
$$\left.+(\sum_{i=1}^{l}\sigma_i^2)\left(\sum_{i=1}^{N_s}\frac{\mathrm{Re}(s_i)}{|s_i|^2}-\frac{1}{\pi}\int_0^{+\infty}\frac{\log|f(\mathrm{j}\omega)|}{\omega^2}\mathrm{d}\omega\right)\right]$$
$$+\sum_{i,j=1}^{n_z}\frac{4\mathrm{Re}(z_i)\mathrm{Re}(z_j)}{\overline{z}_i+z_j}\hat{\boldsymbol{\omega}}_j^{\mathrm{H}}\hat{\boldsymbol{D}}_i^{r}(z_j)\hat{\boldsymbol{D}}_i^{r\mathrm{H}}(z_i)\hat{\boldsymbol{\omega}}_i$$
$$\times\hat{\boldsymbol{O}}^{\mathrm{H}}(z_i)\hat{\boldsymbol{O}}(z_j)\boldsymbol{V}\hat{\boldsymbol{D}}_j^{l}(z_j)\hat{\boldsymbol{\omega}}_j\hat{\boldsymbol{\omega}}_i^{\mathrm{H}}\hat{\boldsymbol{D}}_i^{l\mathrm{H}}(z_i)\boldsymbol{V}^{\mathrm{H}}.$$

证明：类似于定理 3.1 的证明，有如下性能指标

$$\begin{aligned}
J &:= (1-\epsilon)\mathrm{Tr}\left\{\boldsymbol{R}_{\hat{e}_r}(0)+\boldsymbol{R}_{y_n}(0)\right\}+\epsilon\mathrm{Tr}\left\{\boldsymbol{R}_{u_{cr}}(0)+\boldsymbol{R}_{u_{cn}}(0)\right\} \\
&= (1-\epsilon)\left(\left\|\boldsymbol{T}_{\hat{e}_r}\boldsymbol{U}\frac{1}{s}\right\|+\left\|\boldsymbol{T}_{y_n}\boldsymbol{V}\right\|\right)+\epsilon\left(\left\|\boldsymbol{T}_{u_{cr}}\boldsymbol{U}\frac{1}{s}\right\|+\left\|\boldsymbol{T}_{u_{cn}}\boldsymbol{V}\right\|\right) \\
&= \left\|\begin{bmatrix}\sqrt{1-\epsilon}(\boldsymbol{I}-\boldsymbol{N}\boldsymbol{Q}) \\ \sqrt{\epsilon}\boldsymbol{M}\boldsymbol{Q}\end{bmatrix}\boldsymbol{U}\frac{1}{s}\right\|_2^2+\left\|\begin{bmatrix}\sqrt{1-\epsilon}\boldsymbol{N}(\tilde{\boldsymbol{X}}-\boldsymbol{R}\tilde{\boldsymbol{N}}) \\ \sqrt{\epsilon}\boldsymbol{M}(\tilde{\boldsymbol{X}}-\boldsymbol{R}\tilde{\boldsymbol{N}})\end{bmatrix}\boldsymbol{V}\right\|_2^2 \\
&= J_U+J_V.
\end{aligned}$$

令

$$\begin{bmatrix}\sqrt{1-\epsilon}\boldsymbol{N}_m \\ \sqrt{\epsilon}\boldsymbol{M}_m\end{bmatrix}=\boldsymbol{\Lambda}_i\boldsymbol{\Lambda}_o,$$

于是有

$$\begin{aligned}
J_U^* = 2(1-\epsilon)&\left[\sum_{i=1}^{n_z}\frac{\mathrm{Re}(z_i)}{|z_i|^2}\sum_{j=1}^{n}\sigma_j^2\cos^2\angle(\boldsymbol{\eta}_i,\boldsymbol{e}_j)\right. \\
&\left.+(\sum_{i=1}^{l}\sigma_i^2)\left(\sum_{i=1}^{N_s}\frac{\mathrm{Re}(s_i)}{|s_i|^2}-\frac{1}{\pi}\int_0^{+\infty}\frac{\log|f(\mathrm{j}\omega)|}{\omega^2}\mathrm{d}\omega\right)\right].
\end{aligned}$$

对于 J_V，有

$$\begin{aligned}
J_V &= \left\|\begin{bmatrix}\sqrt{1-\epsilon}\boldsymbol{N}(\tilde{\boldsymbol{X}}-\boldsymbol{R}\tilde{\boldsymbol{N}}) \\ \sqrt{\epsilon}\boldsymbol{M}(\tilde{\boldsymbol{X}}-\boldsymbol{R}\tilde{\boldsymbol{N}})\end{bmatrix}\boldsymbol{V}\right\|_2^2 \\
&= \left\|\begin{bmatrix}\sqrt{1-\epsilon}\boldsymbol{N}_m \\ \sqrt{\epsilon}\boldsymbol{M}_m\end{bmatrix}(\tilde{\boldsymbol{X}}-\boldsymbol{R}\tilde{\boldsymbol{N}})\boldsymbol{V}\right\|_2^2.
\end{aligned}$$

此外，我们分解 $\tilde{\boldsymbol{N}}\boldsymbol{V}=\hat{\boldsymbol{C}}\hat{\boldsymbol{D}}$，这里 $\hat{\boldsymbol{C}}$ 是最小相位部分，$\hat{\boldsymbol{D}}=\mathrm{RH}_\infty$ 是全通因子，考虑如下全通分解形式

$$\begin{aligned}
\hat{\boldsymbol{D}}(s) &:= \prod_{i=1}^{n_z}\hat{\boldsymbol{D}}_i(s), \\
\hat{\boldsymbol{D}}_i(s) &:= [\hat{\boldsymbol{\omega}}_i\hat{\boldsymbol{W}}_i]\begin{bmatrix}\dfrac{s-z_i}{s+\bar{z}_i} & 0 \\ 0 & I\end{bmatrix}\begin{bmatrix}\hat{\boldsymbol{\omega}}_i^{\mathrm{H}} \\ \hat{\boldsymbol{W}}_i^{\mathrm{H}}\end{bmatrix}.
\end{aligned}$$

类似于定理 3.1，有

$$J_V^*=\sum_{i,j=1}^{n_z}\frac{4\mathrm{Re}(z_i)\mathrm{Re}(z_j)}{\bar{z}_i+z_j}\hat{\boldsymbol{\omega}}_j^{\mathrm{H}}\hat{\boldsymbol{D}}_i^{r}(z_j)\hat{\boldsymbol{D}}_i^{r\mathrm{H}}(z_i)\hat{\boldsymbol{\omega}}_i\hat{\boldsymbol{\omega}}_i^{\mathrm{H}}\hat{\boldsymbol{D}}_i^{l\mathrm{H}}(z_i)\boldsymbol{V}^{\mathrm{H}}\hat{\boldsymbol{O}}^{\mathrm{H}}(z_i)\hat{\boldsymbol{O}}(z_j)\boldsymbol{V}\hat{\boldsymbol{D}}_j^{l}(z_j)\hat{\boldsymbol{\omega}}_j,$$

其中，

$$\hat{\boldsymbol{O}}(z_i) = \boldsymbol{\Lambda}_0(z_i)\boldsymbol{M}^{-1}(z_i),$$
$$\hat{\boldsymbol{D}}_i^l(z_i) = \hat{\boldsymbol{D}}_1^{-1}(z_i)\hat{\boldsymbol{D}}_2^{-1}(z_i)\cdots\hat{\boldsymbol{D}}_{i-1}^{-1}(z_i),$$
$$\hat{\boldsymbol{D}}_i^r(z_i) = \hat{\boldsymbol{D}}_{i+1}^{-1}(z_i)\hat{\boldsymbol{D}}_{i+2}^{-1}(z_i)\cdots\hat{\boldsymbol{D}}_{n_z}^{-1}(z_i).$$

证明完毕。

假如在图 3.2 中所描述的结构框图中，不考虑网络噪声的影响，那么立即可以得到如下推论。

推论 3.3 考虑图 3.2 中无噪声通道的情形。可得系统的跟踪性能极限如下：

$$\begin{aligned} J^* &= J_U^* \\ &= 2\left[\sum_{i=1}^{n_z}\frac{\operatorname{Re}(z_i)}{|z_i|^2}\sum_{j=1}^{l}\sigma_j^2\cos^2\angle(\boldsymbol{\eta}_i,\boldsymbol{e}_j)\right. \\ &\quad \left.+(\sum_{j=1}^{l}\sigma_j^2)\left(\sum_{i=1}^{N_s}\frac{\operatorname{Re}(s_{fi})}{|s_{fi}|^2}-\frac{1}{\pi}\int_0^{+\infty}\frac{\log|f(\mathrm{j}\omega)|}{\omega^2}\mathrm{d}\omega\right)\right]. \end{aligned}$$

注释 3.2 假如不考虑网络噪声的影响。由上面推论 3.3，对于双参数控制器的反馈控制系统，当跟踪的参考信号为布朗运动时，系统的性能极限仅依赖于非最小相位零点及方向、跟踪信号和系统的全频域增益。

3.4 系统镇定和跟踪性能与信道特性关系分析

下面将探讨系统镇定、性能极限和信道特性之间的关系，为便于分析，我们先对模型做一些合理的简化。考虑单输入单输出系统 $\boldsymbol{G}(s)$，控制结构框图如图 3.1 所示，并且假设其考虑的性能指标为

$$J := \mathrm{E}\left\{\left\|\boldsymbol{r}(t)-\boldsymbol{y}_r(t)\right\|^2+\left\|\boldsymbol{y}_n(t)\right\|^2\right\} \tag{3.2}$$

那么，系统的镇定、跟踪性能和信道信噪比之间的关系由下面的定理给出。

定理 3.2 考虑如图 3.1 所示的反馈控制系统结构，当仅仅保证系统镇定的情况下，网络的信噪比约束必须满足

$$\frac{P}{\gamma^2} > \sum_{i,j=1}^{n_p}\frac{\overline{r}_i r_j}{\overline{p}_i+p_j},$$

当要求在保证系统镇定的情况下取得系统性能极限时，网络的信噪比约束必须满足

$$\frac{P}{\gamma^2} > \sum_{i,j=1}^{n_p}\frac{\overline{r}_i r_j}{\overline{p}_i+p_j}+P_{Ad},$$

并且，跟踪性能极限为

$$J^* = 2\sigma^2 \sum_{i=1}^{n_z+n_f} \frac{\text{Re}(z_i)}{|z_i|^2} + \gamma^2 \sum_{i,j=1}^{n_z+n_f} \frac{\bar{\hat{r}}_i \hat{r}_j}{(\bar{z}_i + z_j)}$$

其中

$$\begin{aligned} P_{Ad} = \Bigg\| & \sum_{i=1}^{n_p} N_{0m}(p_i) N^{-1}(p_i) H(p_i) \prod_{k=1,k\neq i}^{n_p} \tilde{B}_k^{-1}(p_i) \\ & -(\sum_{i=1}^{n_z+n_f} N_{0m}(z_i) M^{-1}(z_i) H(z_i) \prod_{k=1,k\neq i}^{n_z+n_f} \hat{L}_k^{-1}(z_i) \\ & +S) N_m^{-1} \tilde{M}_m \Bigg\|_2^2, \\ r_i = {} & \text{Res}_{s=p_i} N_{0m}(p_i) N^{-1}(p_i) H(p_i) \tilde{B}_i^{-1}, \\ \hat{r}_i = {} & \text{Res}_{s=z_i} N_{0m}(z_i) M^{-1}(z_i) H(z_i) \hat{L}_i^{-1}. \end{aligned}$$

证明：由性能指标式（3.2），类似于定理 3.1 的证明，可以得到

$$\begin{aligned} J &:= \text{Tr}(R_{\hat{e}_r}(0) + R_{y_n}(0)) \\ &= \left\| T_{\hat{e}_r} U \frac{1}{s} \right\|_2^2 + \left\| T_{y_n} V \right\|_2^2 \\ &= \left\| (1 - NQ) U \frac{1}{s} \right\|_2^2 + \left\| PM(X - RN) HV \right\|_2^2 \\ &= \left\| \left[(L^{-1} - 1) + (1 - N_m Q) \right] U \frac{1}{s} \right\|_2^2 + \left\| N_{0m}(X\hat{L}^{-1} - RN_m) HV \right\|_2^2 \\ &= \left\| (L^{-1} - 1) U \frac{1}{s} P_2^2 + P(1 - N_m Q) U \frac{1}{s} \right\|_2^2 + \left\| N_{0m}(X\hat{L}^{-1} - RN_m) HV \right\|_2^2 \\ &= 2\sigma^2 \sum_{i=1}^{n_z+n_f} \frac{\text{Re}(z_i)}{|z_i|^2} + \left\| N_{0m}(X\hat{L}^{-1} - RN_m) HV \right\|_2^2 \end{aligned}$$

基于全通分解和应用引理 2.5，有

$$N_{0m} XH \hat{L}^{-1} = S + \sum_{i=1}^{n_z+n_f} N_{0m}(z_i) X(z_i) H(z_i) \hat{L}^{-1}(z_i) \hat{L}_i(z_i) \hat{L}_i^{-1},$$

其中，$S \in \text{RH}_\infty$，进而

$$\begin{aligned} & \left\| N_{0m}(X\hat{L}^{-1} - RN_m) HV \right\|_2^2 \\ & \qquad = \gamma^2 \Bigg\| R_1 - N_{0m} R N_m H + \sum_{i=1}^{n_z+n_f} N_{0m}(z_i) X(z_i) \\ & \qquad\quad \times H(z_i) \hat{L}_i^l(z_i) \hat{L}_i^r(z_i) \left(\hat{L}_i^{-1} - \hat{L}_i^{-1}(\infty) \right) \Bigg\|_2^2 \\ & \qquad = \gamma^2 \left\| R_1 - N_{0m} R N_m H \right\|_2^2 + \gamma^2 \Bigg\| \sum_{i=1}^{n_z+n_f} O_1(z_i) \\ & \qquad\quad \times \hat{L}_i^l(z_i) \hat{L}_i^r(z_i) \left(\hat{L}_i^{-1} - \hat{L}_i^{-1}(\infty) \right) \Bigg\|_2^2 \end{aligned}$$

其中，

$$O_1(z_i)=N_{0m}(z_i)X(z_i)H(z_i),$$
$$\hat{L}_i^l(z_i)=\hat{L}_1^{-1}(z_i)\hat{L}_2^{-1}(z_i)\cdots\hat{L}_{i-1}^{-1}(z_i),$$
$$\hat{L}_i^r(z_i)=\hat{L}_{i+1}^{-1}(z_i)\hat{L}_{i+2}^{-1}(z_i)\cdots\hat{L}_{n_z}^{-1}(z_i),$$
$$R_1(s)=S+\sum_{i=1}^{n_z+n_f}O_1(z_i)\hat{L}_i^l(z_i)\hat{L}_i^r(z_i).$$

通过利用 Bezout 不等式 $XM-YN=1$，$O_1(z_i)$ 可写成

$$O_1(z_i)=N_{0m}(z_i)M^{-1}(z_i)H(z_i).$$

所以有

$$\begin{aligned}
J^*&=2\sigma^2\sum_{i=1}^{n_z+n_f}\frac{\mathrm{Re}(z_i)}{|z_i|^2}+\gamma^2\sum_{i,j=1}^{n_z+n_f}\frac{4\mathrm{Re}(z_i)\mathrm{Re}(z_j)}{\overline{z}_i+z_j}\\
&\quad\times(O_1(z_i)\hat{L}_i^l(z_i)\hat{L}_i^r(z_i))^{\mathrm{H}}O_1(z_i)\hat{L}_i^l(z_i)\hat{L}_i^r(z_i)\\
&=2\sigma^2\sum_{i=1}^{n_z+n_f}\frac{\mathrm{Re}(z_i)}{|z_i|^2}+\gamma^2\sum_{i,j=1}^{n_z+n_f}O_1^{\mathrm{H}}(z_i)O_1(z_i)\\
&\qquad\times\frac{4\mathrm{Re}(z_i)\mathrm{Re}(z_j)}{(\overline{z}_i+z_j)}\prod_{k=1,k\neq i}^{n_z}\frac{(\overline{z}_k+z_i)(z_k+\overline{z}_j)}{(\overline{z}_k-\overline{z}_i)(z_k-z_j)}\\
&=2\sigma^2\sum_{i=1}^{n_z+n_f}\frac{\mathrm{Re}(z_i)}{|z_i|^2}+\gamma^2\sum_{i,j=1}^{n_z+n_f}\frac{\overline{\hat{r}}_i\hat{r}_j}{(\overline{z}_i+z_j)}
\end{aligned}$$

其中，$\hat{r}_i$ 是 $O_1(p_i)\hat{L}^{-1}(s)$ 在 $s=z_i$ 处的留数。

此外，当参考输入信号 $r(t)=0$ 时，信道输入需要满足功率约束 $\|u\|_{\mathrm{Pow}}<P$，其中 P 为预先设定好的输入功率水平。

$$\begin{aligned}
\|u(t)\|_{\mathrm{Pow}}&=\mathrm{E}\left\{\boldsymbol{u}^{\mathrm{T}}(t)\boldsymbol{u}(t)\right\}=\mathrm{Tr}\left\{R_{u_n}(0)\right\}\\
&=\int_{-\infty}^{+\infty}\mathrm{Tr}\left\{\boldsymbol{T}_{u_n}S_n(jw)\boldsymbol{T}_{u_n}^{\mathrm{T}}\right\}\mathrm{d}w\\
&=\left\|T_{u_n}V\right\|_2^2=\left\|N_o(\tilde{Y}-R\tilde{M})HV\right\|_2^2\\
&=\gamma^2\left\|N_{0m}\left(YH\tilde{B}^{-1}-RH\tilde{M}_m\right)\right\|_2^2\\
&=\gamma^2\left\|\sum_{i=1}^{n_p}N_{0m}(p_i)Y(p_i)H(p_i)\prod_{k=1,k\neq i}^{n_p}\tilde{B}_k^{-1}(p_i)\tilde{B}_i^{-1}-\tilde{B}_k^{-1}(\infty)\right\|_2^2\\
&\quad+\gamma^2\left\|\sum_{i=1}^{n_p}N_{0m}(p_i)Y(p_i)H(p_i)\prod_{k=1,k\neq i}^{n_p}\tilde{B}_k^{-1}(p_i)-N_{0m}RH\tilde{M}_m\right\|_2^2.
\end{aligned}$$

如果仅考虑系统的镇定而不考虑其性能时，有

$$\begin{aligned}\left\|u(t)^*\right\|_{\text{Pow\_S}} &= \gamma^2\left\|\sum_{i=1}^{n_p} N_{0m}(p_i)Y(p_i)H(p_i)\prod_{k=1,k\neq i}^{n_p}\tilde{B}_k^{-1}(p_i)\left[\tilde{B}_i^{-1}-\tilde{B}_i^{-1}(\infty)\right]\right\|_2^2 \\ &= \gamma^2\sum_{i,j=1}^{n_p}\frac{\overline{r}_i r_j}{\overline{p}_i+p_j}.\end{aligned}$$

其中，

$$r_i = \text{Res}_{s=p_i} N_{0m}(p_i)N^{-1}(p_i)H(p_i)\tilde{B}_i^{-1}$$

是 $N_{om}(p_i)N^{-1}(p_i)H(p_i)\tilde{B}_i^{-1}$ 在 $s=p_i$ 处的留数。因此，反馈系统镇定，其信道信噪比必须满足

$$\frac{\mathcal{P}}{\gamma^2} > \gamma^2\sum_{i,j=1}^{n_p}\frac{\overline{r}_i r_j}{\overline{p}_i+p_j},$$

这也是文献[5]得出的结果。然而，很多情况下，不仅要保证系统的可镇定性，还需在保证系统镇定的前提下了解系统的性能，这里考虑系统的跟踪性能极限。由上面的推导，有

$$\begin{aligned}\left\|u^*(t)\right\|_{\text{Pow\_SL}} &= \gamma^2\left\|\sum_{i=1}^{n_p} N_{0m}(p_i)Y(p_i)H(p_i)\right. \\ &\quad \left.\times\prod_{k=1,k\neq i}^{n_p}\tilde{B}_k^{-1}(p_i)-N_{0m}RH\tilde{M}_m\right\|_2^2+\gamma^2\sum_{i,j=1}^{n_p}\frac{\overline{r}_i r_j}{\overline{p}_i+p_j} \\ &= \left\|u^*(t)\right\|_{\text{Pow\_S}}+\gamma^2 P_{\text{Ad}}.\end{aligned}$$

这里

$$\begin{aligned}P_{Ad} = &\left\|\sum_{i=1}^{n_p} N_{0m}(p_i)N^{-1}(p_i)H(p_i)\prod_{k=1,k\neq i}^{n_p}\tilde{B}_k^{-1}(p_i)\right. \\ &-(\sum_{i=1}^{n_z+n_f} N_{0m}(z_i)M^{-1}(z_i)H(z_i)\prod_{k=1,k\neq i}^{n_z+n_f}\hat{L}_k^{-1}(z_i) \\ &\left.+SN_m^{-1}\tilde{M}_m\right\|_2^2,\end{aligned}$$

因此，在取得系统性能极限时，系统的信噪比应满足如下关系

$$\frac{P}{\gamma^2} > \| u^*(t)\|_{\text{Pow\_S}}/\gamma^2+P_{\text{Ad}}.$$

证明完毕。

注释 3.3 定理 3.2 表明，当反馈系统保证镇定的前提下，还要求取得网络化控制系统的性能极限时，网络信噪比的下界将会增加，以此来满足系统性能的需求。

3.5 数值例子与仿真研究

考虑一个多输入多输出连续时间对象，其传递函数为

$$G=\frac{s-k}{s(s+1)}.$$

用于模拟的有限带宽和通信链路的有色噪声的矩阵，我们选为 1 阶低通滤波器：

$$F(s)=\frac{f}{s+f}, H(s)=\frac{h}{s+h},$$

其中，$k\in[1,10], f>0, h>0$。得到系统仿真图如图 3.3～图 3.5 所示。

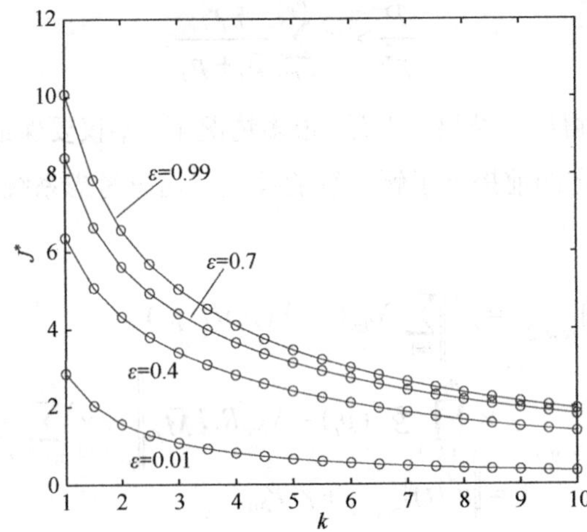

图 3.3　J^* 对于 k 的变化 ϵ $(f=3, h=4, \sigma=1, \gamma=0.8)$

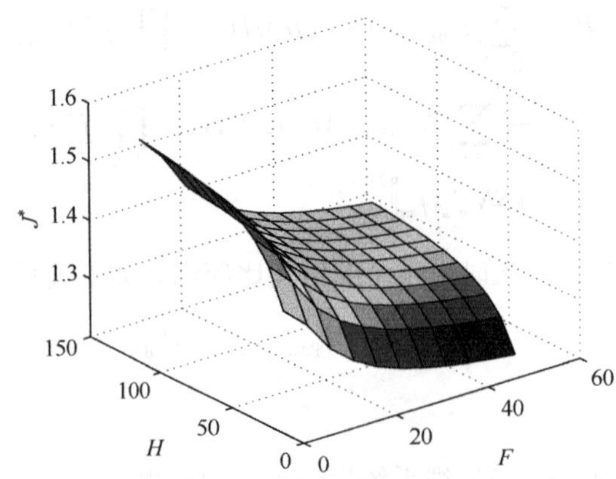

图 3.4　J^* 随 F 和 H 的变化 $(k=2, \epsilon=0.5, \sigma=1, \gamma=0.8)$

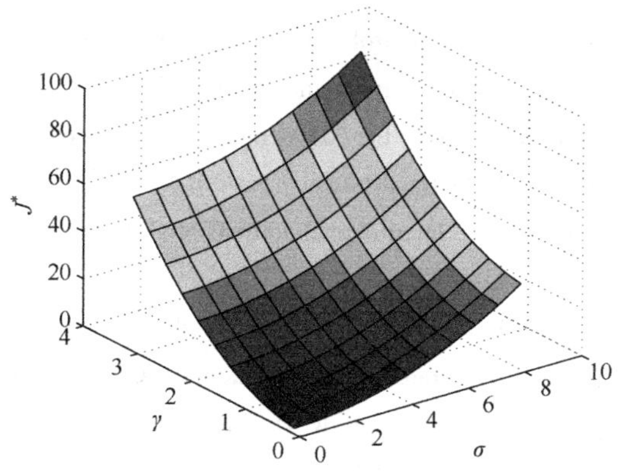

图 3.5　J^* 随 σ 和 γ 的变化 $(k=2,\epsilon=0.5,f=3,h=4)$

图 3.3 表明系统的最优性能受到权衡 ϵ 和非最小相位零点 J^* 影响。图 3.4 显示的是网络宽带和噪声染色矩阵对系统最优性能的影响，图中表明，通信信道可用带宽越大时，系统的最优性能越好，而网络噪声被染色得越严重，系统的最优性能越差。图 3.5 表明参考信号和网络噪声将恶化系统的性能。

3.6　本章小结

本章研究了线性时不变、多输入多输出、连续时间网络化控制系统在有色高斯噪声影响下的跟踪性能极限问题。并综合考虑了网络带宽对系统性能的影响。对于单位反馈控制系统，采用双参数控制器结构，给出了其跟踪性能极限的精确值。这些结果都反映出，系统的跟踪性能受到有色高斯噪声的影响而下降，下降的幅度取决于对象不稳定极点和非最小相位零点、网络带宽和噪声的复杂耦合关系。本章也讨论了当被控对象退化为单输入单输出网络化控制系统的情形，结果表明系统的跟踪性能受到高斯噪声、网络带宽和被控系统内部结构特征的影响。这些结果都反映了系统的跟踪性能与通信信道约束的关系。最后研究了所建模型的系统镇定、性能极限和网络信噪比之间的内在关系。研究结果表明，在保证系统取得其性能极限时，系统镇定要求的信噪比下界将会被增加，以满足系统性能的需求。

参考文献

[1] Li Y, Tuncel E, Chen J. Optimal tracking over an additive white Gaussian noise channel. in:

Proceedings of the 2009 American Control Conference. 2009. 4026-4031.

[2] Zhan X S, Guan Z H, Xiao J W et al. Performance limitations in tracking of linear system with measurement noise. in: Proceedings of the 2010 Chinese Control Conference. 2010. 1614-1617.

[3] Guan Z H, Zhan X S, Feng G. Optimal tracking performance of MIMO discrete - time systems with communication constraints. International Journal of Robust and Nonlinear Control. 2012, 22(13): 1429-1439.

[4] Braslavsky J H, Middleton R H, Freudenberg J S. Feedback stabilization over signal-to-noise ratio constrained channels. IEEE Transactions on Automatic Control. 2007, 52(8): 1391-1403.

[5] Rojas A J, Braslavsky J H, Middleton R H. Fundamental limitations in control over a communication channel. Automatica. 2008, 44(12): 3147-3151.

[6] Menon P P, Edwards C. Static output feedback stabilisation and synchronisation of complex networks with H2 performance. International Journal of Robust and Nonlinear Control. 2010, 20(6): 703-718.

[7] Xiao N, Xie L. Feedback stabilization over stochastic multiplicative input channels: continuous-time case. in: Proceedings of the 2011 International Conference on Control Automation Robotics and Vision. 2010. 543-548.

[8] Morari M. Robust process control. Englewood Cliffs, N.J.: Prentice Hall, 1989.

[9] Qiu L, Ren Z, Chen J. Fundamental performance limitations in estimation problems. Communications in Information and Systems. 2002, 2(4): 371-384.

[10] Valenzuela P E, Salgado M E, Silva E I. Optimal tracking performance for unstable tall plant models. in: Proceedings of the 20th Mediterranean Conference on Control and Automation. 2012. 24-29.

[11] Ding L, Wang H N, Guan Z H et al. Tracking under additive white Gaussian noise effect. IET control theory & applications. 2010, 4(11): 2471-2478.

[12] Goodwin G C, Silva E I, Quevedo D E. Analysis and design of networked control systems using the additive noise model methodology. Asian Journal of Control. 2010, 12(4): 443-459.

[13] Guan Z H, Chen C Y, Feng G et al. Optimal tracking performance limitation of networked control systems with limited bandwidth and additive colored white Gaussian noise. IEEE Transactions on Circuits and Systems I: Regular Papers. 2013, 60(1): 189-198.

[14] Zhang H, Yan H, Yang F et al. Quantized control design for impulsive fuzzy networked systems. IEEE Transactions on Fuzzy Systems. 2011, 19(6): 1153-1162.

[15] Azuma S, Sugie T. Dynamic quantization of nonlinear control systems. IEEE Transactions on Automatic Control. 2012, 57(4): 875-888.

[16] Xiao N, Xie L, Fu M. Stabilization of Markov jump linear systems using quantized state feedback. Automatica. 2010, 46(10): 1696-1702.

[17] Qi T, Su W. Optimal tracking and tracking performance constraints from quantization. in: Proceedings of the 2009 Asian Control Conference. 2009. 447-452.

[18] You K, Su W, Fu M et al. Optimality of the logarithmic quantizer for stabilization of linear systems: Achieving the minimum data rate. in: Proceedings of the 2009 Chinese Control Conference. 2009. 4075-4080.
[19] Li Y, Tuncel E, Chen J. Optimal tracking and power allocation over an additive white noise channel. in: Proceedings of the 2009 International Conference on Control and Automation. 2009. 1541-1546.
[20] Dimakis A G, Godfrey P B, Wu Y et al. Network coding for distributed storage systems. IEEE Transactions on Information Theory. 2010, 56(9): 4539-4551.
[21] Luan X, Shi P, Liu C. Stabilization of networked control systems with random delays. IEEE Transactions on Industrial Electronics. 2011, 58(9): 4323-4330.
[22] Liu G P. Predictive controller design of networked systems with communication delays and data loss. IEEE Transactions on Circuits and Systems II: Express Briefs. 2010, 57(6): 481-485.
[23] Wei G, Wang Z, He X et al. Filtering for networked stochastic time-delay systems with sector nonlinearity. IEEE Transactions on Circuits and Systems II: Express Briefs. 2009, 56(1): 71-75.
[24] Rojas A, Braslavsky J H, Middleton R H. Control over a bandwidth limited signal to noise ratio constrained communication channel. in: Proceedings of the 44th IEEE Conference on Decision and Control. 2005. 197-202.
[25] Gupta V, Dana A F, Murray R M et al. On the effect of quantization on performance at high rates. in: Proceedings of the 2006 American Control Conference. 2006. 1364-1369.
[26] Guan Z H, Chen C Y, Feng G et al. Optimal tracking performance limitation of networked control systems with limited bandwidth and additive colored white Gaussian noise. IEEE Transactions on Circuits and Systems I: Regular Papers. 2013, 60(1): 189-198.
[27] Trivellato M, Benvenuto N. State control in networked control systems under packet drops and limited transmission bandwidth. IEEE Transactions on Communications. 2010, 58(2): 611-622.
[28] Rojas A J, Braslavsky J H, Middleton R H. Output feedback stabilisation over bandwidth limited, signal to noise ratio constrained communication channels. in: Proceedings of the 2006 American Control Conference. 2006. 2789-2794.
[29] Rojas A J. Signal-to-noise ratio fundamental constraints in discrete-time linear output feedback control. Automatica. 2011, 47(2): 376-380.
[30] Rojas A J. Signal-to-Noise Ratio Fundamental Limitations in Continuous-Time Linear Output Feedback Control. IEEE Transactions on Automatic Control. 2009, 54(8): 1902-1907.
[31] Lu J, Skelton R E. Robust variance control for systems with finite-signal-to-noise uncertainty. Automatica. 2000, 36(4): 511-525.
[32] Zhang H, Shi Y, Mehr A S. Robust $H\infty$ PID control for multivariable networked control systems with disturbance/noise attenuation. International Journal of Robust and Nonlinear Control. 2012, 22(2): 183-204.
[33] Zhan X S, Guan Z H, Liao R Q et al. Optimal performance in tracking stochastic signal under

disturbance rejection. Asian Journal of Control. 2012, 14(6): 1608-1616.

[34] Shingin H, Ohta Y. Disturbance rejection with information constraints: Performance limitations of a scalar system for bounded and Gaussian disturbances. Automatica. 2012, 48(6): 1111-1116.

[35] Wu J, Chen T. Design of networked control systems with packet dropouts. IEEE Transactions on Automatic Control. 2007, 52(7): 1314-1319.

[36] Wang Y, Liu W, Zhu X et al. A survey of networked control systems with delay and packet dropout. in: Proceedings of the 2011 Control and Decision Conference. 2011. 2342-2346.

[37] You K, Fu M, Xie L. Mean square stability for Kalman filtering with Markovian packet losses. Automatica. 2011, 47(12): 2647-2657.

[38] Francis B A. A course in H∞ control theory. Lecture notes in control and information sciences. Berlin, Germany: Springer-Verlag, 1987.

[39] Chen J, Hara S, Chen G. Best tracking and regulation performance under control energy constraint. IEEE Transactions on Automatic Control. 2003, 48(8): 1320-1336.

第 4 章　双通道约束信道下系统跟踪性能极限

4.1　引言

以往对于网络化控制系统的研究主要是关于系统在各种网络约束下的稳定性问题[1-8]。近年来，控制系统的性能问题引起人们的广泛关注[9-14]，经典系统的最佳可达性能的精确形式已经得到[9,15]，对于网络化控制系统的最优控制，文献[16-22]得到了网络环境下系统的跟踪性能最优值。这些关于跟踪性能极限的研究结果，一定程度上能够揭示出性能与网络中的一些通信参量的定量关系。

但是，以上这些研究仅仅考虑了单向通道存在网络的情形，并且被控对象一般都假设不存在重数零极点的情况。在第 3 章的研究中，考虑的是前向通道存在通信信道的情况，而在实际系统中，反馈通道和前向通道往往都会受到网络约束的影响，因此，综合考虑双通道噪声扰动和被控对象含有重数零极点的网络化控制系统更为符合实际。然而，它们分析起来会存在很多技术上的困难，这也给跟踪性能的研究带来新的挑战。

双通道网络环境下的跟踪问题值得我们进一步研究，同时实际的控制系统中，通道中传输的信号能量往往是有限的，也就是说，不可能传输能量无穷大。综合考虑网络通道中的噪声干扰、网络带宽，以及在传输通道中能量受限情况，研究反馈系统的最优跟踪问题，显得十分有必要。

本书正是基于上述考虑，分析含有通信参量约束的双通道网络化控制系统最优跟踪问题，考虑反馈通道和前向通道中均受到有色高斯噪声的影响，同时考虑信道中可传输有用信号的能量约束和网络带宽，所分析的被控对象为具有重数零极点的不稳定、非最小相位系统，设计出合适的控制器使得跟踪误差指标最小。本章研究是线性时不变控制单输入单输出（SISO）系统跟踪随机信号的性能极限问题。这其中涉及两个概念：一个是跟踪性能极限问题。我们感兴趣的是，控制系统的内部结构是以何种方式来约束反馈控制可达的跟踪性能极限。因此，跟踪性能极限反映的是控制系统的内部结构与跟踪性能的依赖关系。从这个意义上讲，我们所提出的跟踪性能极限问题，和我们熟知的 *LQR* 控制问题，伺服问题以及 H_2 最优控制问题所研究的问题是类似的，只是从结果上来看，我们更在乎的是系统通过反馈能达到的性能极限值，而不是控制器本身。第二个概念是随机信号的跟踪问题。传统的跟踪问题，考虑的信号都是确定性的，常见的如阶跃信号、正弦信号等，而本章所考虑的参考输入信号为随机信号。我们希望通过研究控制系统对随机信号的跟踪问题，揭示参考输入信号的统计特征如何反映在系统的整体跟踪性能中。

4.2 双通道模型及问题描述

考虑如图 4.1 所示的网络化控制系统，前向通道和反馈通道均受到有色高斯噪声的影响，同时考虑传输信道中可传输有用信号的能量受限，即研究在输入能量约束下的网络化控制系统性能跟踪问题。

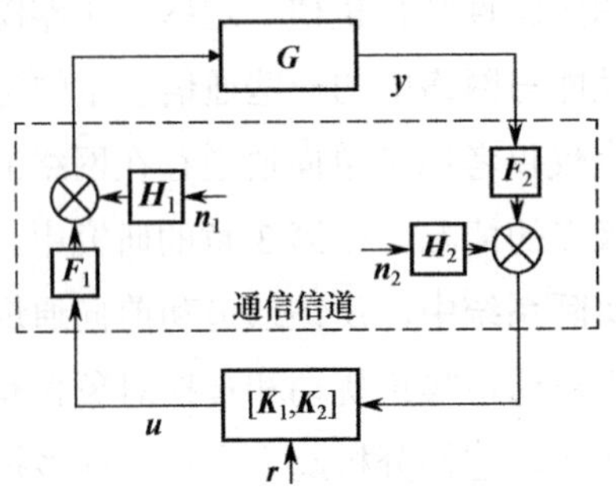

图 4.1　双通道系统结构框图

图中，$\boldsymbol{r}$ 表示参考输入信号，$\boldsymbol{G}$ 为含有重数零极点、不稳定、非最小相位的被控对象，$\boldsymbol{y}$ 为系统的输出信号。$\boldsymbol{n}_1$ 和 $\boldsymbol{n}_2$ 分别为前向通道和反向通道中的噪声信号，且它们的功率谱密度分别为 σ_1^2 和 σ_2^2 。$\boldsymbol{u}$ 为前向通道控制输入，参考输入信号 $\boldsymbol{r}$ 为随机噪声，其功率谱密度为 σ^2 。前向通道和反馈通道中的噪声均以有色高斯噪声的形式给出。$\boldsymbol{F}_1$ 和 $\boldsymbol{F}_2$ 模拟网络的带宽限制，是分别带有 $\boldsymbol{N}_{f_1}$ 和 $\boldsymbol{N}_{f_2}$ 个非最小相位零点的稳定的传递函数矩阵。$\boldsymbol{H}_1$ 和 $\boldsymbol{H}_2$ 是网络噪声染色矩阵，为稳定和最小相位的。$[\boldsymbol{K}_1, \boldsymbol{K}_1]$ 表示二参数控制器。信道输入需要满足的功率约束为

$$\|\tilde{u}\|_2^2 < \Gamma_u, \|\tilde{y}\|_2^2 < \Gamma_y.$$

考虑控制对象输入受限下的跟踪性能极限问题。即，性能指标中同时含有跟

踪误差、网络控制输入和网络输入功率约束，具体的性能指标式如下：

$$J \triangleq \varepsilon_1 \mathrm{E}\left\{\|\tilde{e}\|_2^2\right\} + \varepsilon_2 \mathrm{E}\left\{\|\tilde{u}\|_2^2 - \Gamma_u\right\} + \varepsilon_3 \mathrm{E}\left\{\|\tilde{y}\|_2^2 - \Gamma_y\right\},$$

其中，ε_1、ε_2、ε_3 是正数标量（$0<\varepsilon_1,\varepsilon_2,\varepsilon_3<1$，且 $\varepsilon_1+\varepsilon_2+\varepsilon_3=1$），从性能指标表达式可以看出，跟踪性能含有跟踪误差和输入能量，ε_1、ε_2、ε_3 是其权衡值。当 $\varepsilon_2=\varepsilon_3=0$ 时，网络输入能量限制取消了，上述问题转为求跟踪误差的性能极限性问题。当 $\varepsilon_1=0$ 时，上式就退化为最优能量调整问题。通过 ε_1、ε_2、ε_3 的不同取值，可以在两种性能之间进行权衡取舍。

4.3 双通道有色噪声受限信道下的系统跟踪性能

考虑如图 4.1 的网络化控制系统，跟踪性能被定义为

$$J \triangleq \varepsilon_1 \mathrm{E}\left\{\|\tilde{e}\|_2^2\right\} + \varepsilon_2 \mathrm{E}\left\{\|\tilde{u}\|_2^2 - \Gamma_u\right\} + \varepsilon_3 \mathrm{E}\left\{\|\tilde{y}\|_2^2 - \Gamma_y\right\}.$$

最优性能可写为

$$J^* = \inf_{K\in\mathcal{K}} J.$$

其中，$\mathcal{K}$ 表示所有稳定的控制器集合。

定理 4.1 对于如图 4.1 所示的网络反馈控制系统，含有双通道噪声扰动，假定 $z_i,(i=1,\cdots,N_z)$ 和 $p_j,(j=1,\cdots,N_p)$ 分别是系统的非最小相位零点和不稳定极点，z_i, $(i=N_z+1,\cdots,N_z+N_{f_1})$ 和 $z_i,(i=N_z+N_{f_1}+1,\cdots,N_z+N_{f_1}+N_{f_2})$ 分别为 F_1 和 F_2 的非最小相位零点，则其跟踪性能极限指标为

$$\begin{aligned}
J^* = {} & 2\varepsilon_1\sigma_r^2 \sum_{i=1}^{N_z+N_{f_1}} \mathrm{Re}\{z_i\} + \sum_{i=1}^{N_p}\sum_{d=1}^{n_i} \frac{r_{pid}}{(d-1)!} \sum_{j=1}^{N_p}\sum_{d=1}^{n_j} \left.\frac{(-1)^{d-1}\overline{r}_{pjd}}{(s+\overline{p}_j)^d}\right|_{s=p_i} \\
& + \sum_{i=1}^{N_z+N_{f_1}+N_{f_2}} \sum_{d=1}^{m_i} \frac{r_{zid}}{(d-1)!} \sum_{j=1}^{N_z+N_{f_1}+N_{f_2}} \sum_{d=1}^{m_j} \left.\frac{(-1)^{d-1}\overline{r}_{zjd}}{(s+\overline{z}_j)^d}\right|_{s=z_i} + \left\|\left(I-\Delta_i\Delta_i^H\right)\begin{bmatrix}\Gamma_1\\ \Gamma_2\end{bmatrix}\right\|_2^2 \\
& + \varepsilon_1\sigma_r^2\Upsilon_1 - \varepsilon_2\Gamma_u - \varepsilon_3\Gamma_y,
\end{aligned}$$

其中，

$$r_{zid} = \frac{\sigma_1\sqrt{\varepsilon_1+\varepsilon_3}}{(m_i-d)!}\frac{d^{m_i-d}}{ds^{m_i-d}}\left((s-z_i)^{m_i}N_0(s)H_1(s)M^{-1}(s)L^{-1}(s)\right)\Big|_{s=z_i},$$

$$r_{pid} = \frac{1}{(n_i-d)!}\frac{d^{n_i-d}}{ds^{n_i-d}}\left((s-p_i)^{n_i}\Omega_o(s)N^{-1}(s)B^{-1}(s)\right)\Big|_{s=p_i},$$

$$\Upsilon_1 = \left\| \begin{matrix} 1 - F_{1_0} N_0 \Lambda_0^{-1} \Lambda_0^{-\mathrm{H}} N_0^{\mathrm{H}} F_{1_0}^{\mathrm{H}} \\ \sqrt{\frac{\varepsilon_2}{\varepsilon_1}} M_m \Lambda_0^{-1} \Lambda_0^{-\mathrm{H}} N_0^{\mathrm{H}} F_{1_0}^{\mathrm{H}} \\ \sqrt{\frac{\varepsilon_2}{\varepsilon_1}} F_{1_0} N_0 \Lambda_0^{-1} \Lambda_0^{-\mathrm{H}} N_0^{\mathrm{H}} F_{1_0}^{\mathrm{H}} \end{matrix} \right\|_2^2 .$$

证明：考虑图 4.1 所示的网络化控制系统，有

$$\tilde{u} = K_1 \tilde{r} + K_2 H_2 \tilde{n}_2 + K_2 F_2 \tilde{y},\ \tilde{y} = P\left(H_1 \tilde{n}_1 + F_1 \tilde{u}\right).$$

进一步通过图 4.1 可以得到

$$\begin{aligned} \tilde{y} &= P\left(1 - K_2 F_2 P F_1\right)^{-1}\left(F_1 K_1 \tilde{r} + H_1 \tilde{n}_1 + F_1 K_2 H_2 \tilde{n}_2\right), \\ \tilde{e} &= \left(1 - P\left(1 - K_2 F_2 P F_1\right)^{-1} F_1 K_1\right)\tilde{r} - P\left(1 - K_2 F_2 P F_1\right)^{-1}\left(H_1 \tilde{n}_1 + F_1 K_2 H_2 \tilde{n}_2\right), \\ \tilde{u} &= \left(1 - K_2 F_2 P F_1\right)^{-1}\left(K_1 \tilde{r} + K_2 F_2 P H_1 \tilde{n}_1 + K_2 H_2 \tilde{n}_2\right). \end{aligned}$$

联立上式可写出系统性能指标表达式

$$\begin{aligned} J = {} & \varepsilon_1 E\left(\left\|TPH_1 \tilde{n}_1\right\|_2^2 + \left\|TPF_1 K_2 H_2 \tilde{n}_2\right\|_2^2 + \left\|(1 - TPF_1 K_1)\tilde{r}\right\|_2^2\right) \\ & + \varepsilon_2 E\left(\left\|TK_2 F_2 P H_1 \tilde{n}_1\right\|_2^2 + \left\|TK_2 H_2 \tilde{n}_2\right\|_2^2 + \left\|TK_1 \tilde{r}\right\|_2^2\right) - \varepsilon_2 \Gamma_u \\ & + \varepsilon_3\left(\left\|TPH_1 \tilde{n}_1\right\|_2^2 + \left\|TPF_1 K_2 H_2 \tilde{n}_2\right\|_2^2 + \left\|TPF_1 K_1 \tilde{r}\right\|_2^2\right) - \varepsilon_3 \Gamma_y, \end{aligned}$$

其中，$T = \left(1 - K_2 F_2 P F_1\right)^{-1}$。

对于传递函数T，有

$$\begin{aligned} T &= (1 - K_2 F_2 P F)^{-1} \\ &= (1 - K_2 N M^{-1})^{-1} \\ &= M\left(M - (X - RN)^{-1}(Y - RM)N\right)^{-1} \\ &= M\left((X - RN)M - (Y - RM)N\right)^{-1}\left(X - RN\right) \\ &= M\left(XM - YN\right)^{-1}\left(X - RN\right) \\ &= M\left(X - RN\right). \end{aligned}$$

进一步有

$$\begin{aligned} J = {} & \left(\varepsilon_1 + \varepsilon_3\right)\left(E\left\|SPH_1 \tilde{n}_1\right\|_2^2 + E\left\|SPF_1 K_2 H_2 \tilde{n}_2\right\|_2^2\right) + \varepsilon_2\left(E\left\|SK_2 F_2 P H_1 \tilde{n}_1\right\|_2^2\right. \\ & \left. + E\left\|SK_2 H_2 \tilde{n}_2\right\|_2^2\right) - \varepsilon_2 \Gamma_u - \varepsilon_3 \Gamma_y + \varepsilon_1 E\left\|\left(1 - SPF_1 K_1\right)\tilde{r}\right\|_2^2 + \varepsilon_2 E\left\|SK_1 \tilde{r}\right\|_2^2 + \varepsilon_3 E\left\|SPF_1 K_1 \tilde{r}\right\|_2^2 \\ = {} & \left(\varepsilon_1 + \varepsilon_3\right)\left(\left\|\hat{N}\left(X - RN\right)H_1 \sigma_1\right\|_2^2 + \left\|F_1 \hat{N}\left(Y - RM\right)H_2 \sigma_2\right\|_2^2\right) \\ & + \varepsilon_2\left(E\left\|F_2 \hat{N}\left(Y - RM\right)H_1 \sigma_1\right\|_2^2 + E\left\|M\left(Y - RM\right)H_2 \sigma_2\right\|_2^2\right) + \varepsilon_1\left\|\left(1 - F_1 \hat{N} Q\right)\sigma_r\right\|_2^2 \\ & + \varepsilon_2\left\|MQ\sigma_r\right\|_2^2 + \varepsilon_3\left\|F_1 \hat{N} Q \sigma_r\right\|_2^2 - \varepsilon_2 \Gamma_u - \varepsilon_3 \Gamma_y \end{aligned}$$

$$=\left\|\sigma_1\sqrt{\varepsilon_1+\varepsilon_3}N_0H_1\left(X-RN\right)\right\|_2^2+\left\|\begin{bmatrix}\sigma_2\sqrt{\varepsilon_1+\varepsilon_3}F_{1_0}N_0H_2\\ \sigma_1\sqrt{\varepsilon_2}F_{2_0}N_0H_1\\ \sigma_2\sqrt{\varepsilon_2}M_mH_2\end{bmatrix}\left(Y-RM\right)\right\|_2^2$$

$$+\left\|\begin{bmatrix}1\\0\\0\end{bmatrix}+\begin{bmatrix}-F_1\hat{N}\\ \sqrt{\dfrac{\varepsilon_2}{\varepsilon_1}}M_m\\ \sqrt{\dfrac{\varepsilon_2}{\varepsilon_1}}F_{1_0}N_0\end{bmatrix}Q\right\|_2^2\varepsilon_1\sigma_r^2-\varepsilon_2\Gamma_u-\varepsilon_3\Gamma_y$$

$$=J_1+J_2+J_3,$$

其中，

$$J_1=\left\|\sigma_1\sqrt{\varepsilon_1+\varepsilon_3}N_0H_1\left(X-RN\right)\right\|_2^2,$$

$$J_2=\left\|\begin{bmatrix}\sigma_2\sqrt{\varepsilon_1+\varepsilon_3}F_{1_0}N_0H_2\\ \sigma_1\sqrt{\varepsilon_2}F_{2_0}N_0H_1\\ \sigma_2\sqrt{\varepsilon_2}M_mH_2\end{bmatrix}\left(Y-RM\right)\right\|_2^2,$$

$$J_3=\left\|\begin{bmatrix}1\\0\\0\end{bmatrix}+\begin{bmatrix}-F_1\hat{N}\\ \sqrt{\dfrac{\varepsilon_2}{\varepsilon_1}}M_m\\ \sqrt{\dfrac{\varepsilon_2}{\varepsilon_1}}F_{1_0}N_0\end{bmatrix}Q\right\|_2^2\varepsilon_1\sigma^2-\varepsilon_2\Gamma_u-\varepsilon_3\Gamma_y.$$

令 $J_{12}=J_1+J_2$，进而有

$$J^*=\inf_{K\in\mathcal{K}}J=\inf_{R\in\mathrm{RH}_\infty}(J_1+J_2)+\inf_{Q\in\mathrm{RH}_\infty}J_3=J_{12}^*+J_3^*.$$

首先，为了获得 J_{12}^*，先来处理 J_1 和 J_2。对于 J_1，考虑如下因子

$$\sigma_1\sqrt{\varepsilon_1+\varepsilon_3}N_0(s)H_1(s)X(s)L^{-1}(s),$$

可分解成

$$\sigma_1\sqrt{\varepsilon_1+\varepsilon_3}N_0(s)H_1(s)X(s)L^{-1}(s)=\Gamma_1^\perp(s)+\Gamma_1(s).$$

其中，$\Gamma_1(s)\in H_2,\Gamma_1^\perp(s)\in H_2^\perp$，有

$$\varGamma_1^{\perp}(s)=\sum_{i=1}^{N_z+N_{f_1}+N_{f_2}}\sum_{d=1}^{m_i}\frac{r_{zid}}{(s-z_i)^d},$$

$$r_{zid}=\frac{\sigma_1\sqrt{\varepsilon_1+\varepsilon_3}}{(m_i-d)!}\frac{d^{m_i-d}}{ds^{m_i-d}}\left((s-z_i)^{m_i}N_0(s)H_1(s)X(s)L^{-1}(s)\right)\Big|_{s=z_i}.$$

对于 J_2，考虑如下内外分解，使得

$$\begin{bmatrix}\sigma_2\sqrt{\varepsilon_1+\varepsilon_3}F_{1o}(s)N_0(s)H_2(s)\\ \sigma_1\sqrt{\varepsilon_2}F_{2o}(s)N_0(s)H_1(s)\\ \sigma_2\sqrt{\varepsilon_2}M_m(s)H_2(s)\end{bmatrix}=\boldsymbol{\varOmega}_i\boldsymbol{\varOmega}_0,$$

其中，$\boldsymbol{\varOmega}_i$ 和 $\boldsymbol{\varOmega}_0$ 分别表示内因子和外因子。于是，我们有

$$J_2=\left\|\boldsymbol{\varOmega}_i\boldsymbol{\varOmega}_0\left(Y-RM\right)\right\|_2^2=\left\|\boldsymbol{\varOmega}_0\left(Y-RM\right)\right\|_2^2,$$

类似的，对于 $\boldsymbol{\varOmega}_o(s)Y(s)B^{-1}(s)$，有

$$\boldsymbol{\varOmega}_o(s)Y(s)B^{-1}(s)=\varGamma_2^{\perp}(s)+\varGamma_2(s),$$

其中，$\varGamma_2(s)\in H_2,\varGamma_2^{\perp}(s)\in H_2^{\perp}$，且

$$\boldsymbol{\varGamma}_2^{\perp}(s)=\sum_{i=1}^{N_p}\sum_{d=1}^{n_i}\frac{r_{pid}}{(s-p_i)^d},$$

$$r_{pid}=\frac{1}{(n_i-d)!}\frac{d^{n_i-d}}{ds^{n_i-d}}\left((s-p_i)^{n_i}\boldsymbol{\varOmega}_o(s)Y(s)B^{-1}(s)\right)\Big|_{s=p_i}.$$

基于以上分析，并利用 Bezout 不等式可得

$$r_{zid}=\frac{\sigma_1\sqrt{\varepsilon_1+\varepsilon_3}}{(m_i-d)!}\frac{d^{m_i-d}}{ds^{m_i-d}}\left((s-z_i)^{m_i}\right)N_0(s)H_1(s)M^{-1}(s)L^{-1}(s)\Big|_{s=z_i},$$

$$r_{pid}=\frac{1}{(n_i-d)!}\frac{d^{n_i-d}}{ds^{n_i-d}}\left((s-p_i)^{n_i}\right)\boldsymbol{\varOmega}_o(s)N^{-1}(s)B^{-1}(s)\Big|_{s=p_i}.$$

所以有

$$\left\|\varGamma_1^{\perp}(s)\right\|_2^2=\left\|\sum_{i=1}^{N_z+N_{f_1}+N_{f_2}}\sum_{d=1}^{m_i}\frac{r_{zid}}{(s-z_i)^d}\right\|_2^2$$

$$=\sum_{i=1}^{N_z+N_{f_1}+N_{f_2}}\sum_{d=1}^{m_i}\frac{r_{zid}}{(d-1)!}\sum_{j=1}^{N_z+N_{f_1}+N_{f_2}}\sum_{d=1}^{m_j}\frac{(-1)^{d-1}\overline{r}_{zjd}}{(s+\overline{z}_j)^d}\Bigg|_{s=z_i},$$

$$\left\|\varGamma_2^{\perp}(s)\right\|_2^2=\left\|\sum_{i=1}^{N_p}\sum_{d=1}^{n_i}\frac{r_{pid}}{(s-p_i)^d}\right\|_2^2$$

$$=\sum_{i=1}^{N_p}\sum_{d=1}^{n_i}\frac{r_{pid}}{(d-1)!}\sum_{j=1}^{N_p}\sum_{d=1}^{n_j}\frac{(-1)^{d-1}\overline{r}_{pjd}}{(s+\overline{p}_j)^d}\Bigg|_{s=p_i}.$$

于是对于 J_{12}，有

$$
\begin{aligned}
J_{12} &= J_1 + J_2 \\
&= \left\| \sigma_1 \sqrt{\varepsilon_1+\varepsilon_3} N_0 H_1 \left(X - RN \right) \right\|_2^2 + \left\| \boldsymbol{\Omega}_0 \left(Y - RM \right) \right\|_2^2 \\
&= \left\| \sigma_1 \sqrt{\varepsilon_1+\varepsilon_3} N_0 H_1 \left(XL^{-1} - RN_m \right) \right\|_2^2 + \left\| \boldsymbol{\Omega}_0 \left(YB^{-1} - RM_m \right) \right\|_2^2 \\
&= \left\| \sigma_1 \sqrt{\varepsilon_1+\varepsilon_3} N_0 H_1 XL^{-1} - \sigma_1 \sqrt{\varepsilon_1+\varepsilon_3} N_0 H_1 RN_m \right\|_2^2 + \left\| \boldsymbol{\Omega}_0 YB^{-1} - \boldsymbol{\Omega}_0 RM_m \right\|_2^2
\end{aligned}
$$

进一步有

$$
\begin{aligned}
J_{12} &= \left\| \varGamma_1^{\perp} + \varGamma_1 - \sigma_1 \sqrt{\varepsilon_1+\varepsilon_3} N_0 H_1 RN_m \right\|_2^2 + \left\| \varGamma_2^{\perp} + \varGamma_2 - \boldsymbol{\Omega}_0 RM_m \right\|_2^2 \\
&= \left\| \varGamma_1^{\perp} \right\|_2^2 + \left\| \varGamma_1 - \sigma_1 \sqrt{\varepsilon_1+\varepsilon_3} N_0 H_1 RN_m \right\|_2^2 + \left\| \varGamma_2^{\perp} \right\|_2^2 + \left\| \varGamma_2 - \boldsymbol{\Omega}_o RM_m \right\|_2^2 \\
&= \left\| \varGamma_1^{\perp} \right\|_2^2 + \left\| \varGamma_2^{\perp} \right\|_2^2 + \left\| \begin{matrix} \varGamma_1 - \sigma_1 \sqrt{\varepsilon_1+\varepsilon_3} N_0 H_1 RN_m \\ \varGamma_2 - \boldsymbol{\Omega}_o RM_m \end{matrix} \right\|_2^2 \\
&= \left\| \varGamma_1^{\perp} \right\|_2^2 + \left\| \varGamma_2^{\perp} \right\|_2^2 + \left\| \begin{bmatrix} \varGamma_1 \\ \varGamma_2 \end{bmatrix} - \begin{bmatrix} \sigma_1 \sqrt{\varepsilon_1+\varepsilon_3} N_0 H_1 N_m \\ \boldsymbol{\Omega}_o M_m \end{bmatrix} R \right\|_2^2 .
\end{aligned}
$$

考虑如下内外分解

$$
\begin{bmatrix} \sigma_1 \sqrt{\varepsilon_1+\varepsilon_3} N_0 H_1 N_m \\ \boldsymbol{\Omega}_o M_m \end{bmatrix} = \varDelta_i \varDelta_0 ,
$$

进一步，引入

$$
\boldsymbol{\varPsi}_1(s) \triangleq \begin{bmatrix} \boldsymbol{\varDelta}_i^{\mathrm{T}}(-s) \\ \boldsymbol{I} - \boldsymbol{\varDelta}_i(s) \boldsymbol{\varDelta}_i^{\mathrm{T}}(-s) \end{bmatrix},
$$

其中，$\boldsymbol{\varPsi}_1^H(\mathrm{j}\omega)\boldsymbol{\varPsi}_1(\mathrm{j}\omega)=1$。

于是有

$$
\begin{aligned}
J_{12}^* &= \inf_{K\in\mathcal{R}} (J_1 + J_2) \\
&= \left\| \varGamma_1^{\perp} \right\|_2^2 + \left\| \varGamma_2^{\perp} \right\|_2^2 + \inf_{K\in U} \left\| \varPsi_1 \left(\begin{bmatrix} \varGamma_1 \\ \varGamma_2 \end{bmatrix} - \boldsymbol{\varDelta}_i \varDelta_0 R \right) \right\|_2^2 \\
&= \left\| \varGamma_1^{\perp} \right\|_2^2 + \left\| \varGamma_2^{\perp} \right\|_2^2 + \inf_{K\in U} \left\| \boldsymbol{\varDelta}_i^{\mathrm{H}} \begin{bmatrix} \varGamma_1 \\ \varGamma_2 \end{bmatrix} - \varDelta_0 R \right\|_2^2 + \left\| \left(1 - \boldsymbol{\varDelta}_i \boldsymbol{\varDelta}_i^{\mathrm{H}} \right) \begin{bmatrix} \varGamma_1 \\ \varGamma_2 \end{bmatrix} \right\|_2^2 \\
&= \left\| \varGamma_1^{\perp} \right\|_2^2 + \left\| \varGamma_2^{\perp} \right\|_2^2 + \left\| \left(\boldsymbol{I} - \boldsymbol{\varDelta}_i \boldsymbol{\varDelta}_i^{\mathrm{H}} \right) \begin{bmatrix} \varGamma_1 \\ \varGamma_2 \end{bmatrix} \right\|_2^2 \\
&= \sum_{i=1}^{N_z+N_{f_1}+N_{f_2}} \sum_{d=1}^{m_i} \frac{r_{zid}}{(d-1)!} \sum_{j=1}^{N_z+N_{f_1}+N_{f_2}} \sum_{d=1}^{m_j} \left. \frac{(-1)^{d-1} \overline{r}_{zjd}}{(s+\overline{z}_j)^d} \right|_{s=z_i} \\
&\quad + \sum_{i=1}^{N_p} \sum_{d=1}^{n_i} \frac{r_{pid}}{(d-1)!} \sum_{j=1}^{N_p} \sum_{d=1}^{n_j} \left. \frac{(-1)^{d-1} \overline{r}_{pjd}}{(s+\overline{p}_j)^d} \right|_{s=p_i} + \left\| \left(\boldsymbol{I} - \boldsymbol{\varDelta}_i \boldsymbol{\varDelta}_i^{\mathrm{H}} \right) \begin{bmatrix} \varGamma_1 \\ \varGamma_2 \end{bmatrix} \right\|_2^2 .
\end{aligned}
$$

其次，对于 J_3^* 能被计算如下：

$$J_3^* = \inf_{Q\in \mathrm{RH}_\infty} J_3$$

$$= \inf_{Q\in \mathrm{RH}_\infty} \left\| \begin{bmatrix} 1 \\ 0 \\ 0 \end{bmatrix} + \begin{bmatrix} -F_1\hat{N} \\ \sqrt{\frac{\varepsilon_2}{\varepsilon_1}} M_m \\ \sqrt{\frac{\varepsilon_2}{\varepsilon_1}} F_{1_0} N_0 \end{bmatrix} Q \right\|_2^2 \varepsilon_1 \sigma_r^2 - \varepsilon_2 \varGamma_u - \varepsilon_3 \varGamma_y$$

$$= \inf_{Q\in \mathrm{RH}_\infty} \left\| \begin{bmatrix} L_{f_1}^{-1} L_g^{-1} - 1 \\ 0 \\ 0 \end{bmatrix} + \begin{bmatrix} 1 \\ 0 \\ 0 \end{bmatrix} + \begin{bmatrix} -F_{1_0} N_0 \\ \sqrt{\frac{\varepsilon_2}{\varepsilon_1}} M_m \\ \sqrt{\frac{\varepsilon_2}{\varepsilon_1}} F_{1_0} N_0 \end{bmatrix} Q \right\|_2^2 \varepsilon_1 \sigma_r^2 - \varepsilon_2 \varGamma_u - \varepsilon_3 \varGamma_y$$

$$= \left\| \begin{matrix} L_{f_1}^{-1} L_g^{-1} - 1 \\ 0 \\ 0 \end{matrix} \right\| \varepsilon_1 \sigma_r^2 + \inf_{Q\in \mathrm{RH}_\infty} \left\| \begin{bmatrix} 1 \\ 0 \\ 0 \end{bmatrix} + \begin{bmatrix} -F_{1_0} N_0 \\ \sqrt{\frac{\varepsilon_2}{\varepsilon_1}} M_m \\ \sqrt{\frac{\varepsilon_2}{\varepsilon_1}} F_{1_0} N_0 \end{bmatrix} Q \right\|_2^2 \varepsilon_1 \sigma_r^2 - \varepsilon_2 \varGamma_u - \varepsilon_3 \varGamma_y$$

$$= 2\varepsilon_1 \sigma_r^2 \left(\sum_{i=1}^{N_z + N_{f_1}} \mathrm{Re}\{z_i\} \right) - \varepsilon_2 \varGamma_u - \varepsilon_3 \varGamma_y + \inf_{Q\in \mathrm{RH}_\infty} \hat{J}_3,$$

其中，

$$\hat{J}_3 = \left\| \begin{bmatrix} 1 \\ 0 \\ 0 \end{bmatrix} + \begin{bmatrix} -F_{1_0} N_0 \\ \sqrt{\frac{\varepsilon_2}{\varepsilon_1}} M_m \\ \sqrt{\frac{\varepsilon_2}{\varepsilon_1}} F_{1_0} N_0 \end{bmatrix} Q \right\|_2^2 \varepsilon_1 \sigma_r^2 .$$

考虑如下内外分解，使得

$$\begin{bmatrix} -F_{1_0}N_0 \\ \sqrt{\dfrac{\varepsilon_2}{\varepsilon_1}}M_m \\ \sqrt{\dfrac{\varepsilon_2}{\varepsilon_1}}F_{1_0}N_0 \end{bmatrix} = \boldsymbol{\Lambda}_i \Lambda_0.$$

令

$$\boldsymbol{\Psi}_2(s) \triangleq \begin{bmatrix} \boldsymbol{\Lambda}_i^{\mathrm{T}}(-s) \\ \boldsymbol{I} - \boldsymbol{\Lambda}_i(s)\boldsymbol{\Lambda}_i^{\mathrm{T}}(-s) \end{bmatrix},$$

那么，有$\boldsymbol{\Psi}_2^H(s)\boldsymbol{\Psi}_2(s) = \boldsymbol{I}$。于是

$$\begin{aligned} \hat{J}_3^* &= \inf_{Q\in \mathrm{RH}_\infty} \hat{J}_3 \\ &= \inf_{Q\in \mathrm{RH}_\infty} \left\| \boldsymbol{\Lambda}_i^{\mathrm{H}} \begin{bmatrix} 1 \\ 0 \\ 0 \end{bmatrix} + \Lambda_0 Q \right\|_2^2 \varepsilon_1\sigma_r^2 + \left\| (\boldsymbol{I} - \boldsymbol{\Lambda}_i\boldsymbol{\Lambda}_i^{\mathrm{H}}) \begin{bmatrix} 1 \\ 0 \\ 0 \end{bmatrix} \right\|_2^2 \varepsilon_1\sigma_r^2 \\ &= \inf_{Q\in \mathrm{RH}_\infty} \left\| -\boldsymbol{\Lambda}_0^{-\mathrm{H}} N_0^{\mathrm{H}} F_{10}^{\mathrm{H}} + \boldsymbol{\Lambda}_0 Q \right\|_2^2 \varepsilon_1\sigma_r^2 + \left\| \boldsymbol{I} - \boldsymbol{\Lambda}_i\boldsymbol{\Lambda}_i^{\mathrm{H}} \begin{bmatrix} 1 \\ 0 \\ 0 \end{bmatrix} \right\|_2^2 \varepsilon_1\sigma_r^2 \\ &= \left\| \begin{matrix} 1 - F_{1_0}N_0\boldsymbol{\Lambda}_0^{-1}\boldsymbol{\Lambda}_0^{-\mathrm{H}}N_0^{\mathrm{H}}F_{1_0}^{\mathrm{H}} \\ \sqrt{\dfrac{\varepsilon_2}{\varepsilon_1}}M_m\boldsymbol{\Lambda}_0^{-1}\boldsymbol{\Lambda}_0^{-\mathrm{H}}N_0^{\mathrm{H}}F_{1_0}^{\mathrm{H}} \\ \sqrt{\dfrac{\varepsilon_2}{\varepsilon_1}}F_{1_0}N_0\boldsymbol{\Lambda}_0^{-1}\boldsymbol{\Lambda}_0^{-\mathrm{H}}N_0^{\mathrm{H}}F_{1_0}^{\mathrm{H}} \end{matrix} \right\|_2^2 \varepsilon_1\sigma_r^2. \end{aligned}$$

因此有

$$J_3^* = 2\varepsilon_1\sigma_r^2\left(\sum_{i=1}^{N_z+N_{f1}} \mathrm{Re}\{z_i\}\right) - \varepsilon_2\Gamma_u - \varepsilon_3\Gamma_y + \left\| \begin{matrix} 1 - F_{1_0}N_0\boldsymbol{\Lambda}_0^{-1}\boldsymbol{\Lambda}_0^{-\mathrm{H}}N_0^{\mathrm{H}}F_{1_0}^{\mathrm{H}} \\ \sqrt{\dfrac{\varepsilon_2}{\varepsilon_1}}M_m\boldsymbol{\Lambda}_0^{-1}\boldsymbol{\Lambda}_0^{-\mathrm{H}}N_0^{\mathrm{H}}F_{1_0}^{\mathrm{H}} \\ \sqrt{\dfrac{\varepsilon_2}{\varepsilon_1}}F_{1_0}N_0\boldsymbol{\Lambda}_0^{-1}\boldsymbol{\Lambda}_0^{-\mathrm{H}}N_0^{\mathrm{H}}F_{1_0}^{\mathrm{H}} \end{matrix} \right\|_2^2 \varepsilon_1\sigma_r^2.$$

联立以上各式可得

$$J^* = 2\varepsilon_1\sigma_r^2 \sum_{i=1}^{N_z+N_{f_1}} \mathrm{Re}\{z_i\} + \sum_{i=1}^{N_p}\sum_{d=1}^{n_i} \frac{r_{pid}}{(d-1)!} \sum_{j=1}^{N_p}\sum_{d=1}^{n_j} \frac{(-1)^{d-1}\overline{r}_{pjd}}{(s+\overline{p}_j)^d}\Bigg|_{s=p_i}$$

$$+\sum_{i=1}^{N_z+N_{f_1}+N_{f_2}} \sum_{d=1}^{m_i} \frac{r_{zid}}{(d-1)!} \sum_{j=1}^{N_z+N_{f_1}+N_{f_2}} \sum_{d=1}^{m_j} \frac{(-1)^{d-1}\overline{r}_{zjd}}{(s+\overline{z}_j)^d}\Bigg|_{s=z_i} + \left\| \left(I - \Delta_i\Delta_i^{\mathrm{H}}\right) \begin{bmatrix} \Gamma_1 \\ \Gamma_2 \end{bmatrix} \right\|_2^2,$$

$$+\varepsilon_1\sigma_r^2\Upsilon_1 - \varepsilon_2\Gamma_u - \varepsilon_3\Gamma_y,$$

其中，

$$r_{zid} = \frac{\sigma_1\sqrt{\varepsilon_1+\varepsilon_3}}{(m_i-d)!} \frac{d^{m_i-d}}{ds^{m_i-d}}\left((s-z_i)^{m_i} N_0(s)H_1(s)M^{-1}(s)L^{-1}(s)\right)\Big|_{s=z_i},$$

$$r_{pid} = \frac{1}{(n_i-d)!}\frac{d^{n_i-d}}{ds^{n_i-d}}\left((s-p_i)^{n_i}\Omega_o(s)N^{-1}(s)B^{-1}(s)\right)\Big|_{s=p_i},$$

$$\Upsilon_1 = \left\| \begin{matrix} 1 - F_{1_0}N_0\boldsymbol{\Lambda}_0^{-1}\boldsymbol{\Lambda}_0^{-\mathrm{H}}N_0^{\mathrm{H}}F_{1_0}^{\mathrm{H}} \\ \sqrt{\dfrac{\varepsilon_2}{\varepsilon_1}}M_m\boldsymbol{\Lambda}_0^{-1}\boldsymbol{\Lambda}_0^{-\mathrm{H}}N_0^{\mathrm{H}}F_{1_0}^{\mathrm{H}} \\ \sqrt{\dfrac{\varepsilon_2}{\varepsilon_1}}F_{1_0}N_0\boldsymbol{\Lambda}_0^{-1}\boldsymbol{\Lambda}_0^{-\mathrm{H}}N_0^{\mathrm{H}}F_{1_0}^{\mathrm{H}} \end{matrix} \right\|_2^2.$$

证明完毕。

假如对于 F_1、F_2 和 P 无多重非最小相位零点和不稳定极点时，我们可以得到如下推论。

推论 4.1 考虑如图 4.1 所示的反馈结构模型，且 F_1、F_2 和 P 无多重非最小相位零点和不稳定极点，那么系统的最优性能为

$$J^* = 2\varepsilon_1\sigma_r^2 \sum_{i=1}^{N_z+N_{f_1}} \mathrm{Re}\{z_i\} + \left\| \left(\boldsymbol{I} - \boldsymbol{\Delta}_i\boldsymbol{\Delta}_i^{H}\right) \begin{bmatrix} \Gamma_1 \\ \Gamma_2 \end{bmatrix} \right\|_2^2 + \sum_{i=1}^{N_p}\sum_{j=1}^{N_p} \frac{r_{pi}\overline{r}_{pj}}{p_i+\overline{p}_j}$$

$$+\sum_{i=1}^{N_z+N_{f_1}+N_{f_2}} \sum_{j=1}^{N_z+N_{f_1}+N_{f_2}} \frac{r_{zi}\overline{r}_{zj}}{z_i+\overline{z}_j} + \varepsilon_1\sigma_r^2\Upsilon_1 - \varepsilon_2\Gamma_u - \varepsilon_3\Gamma_y,$$

其中，

$$\Upsilon_1 = \left\| \begin{matrix} 1 - F_{1_0}N_0\boldsymbol{\Lambda}_0^{-1}\boldsymbol{\Lambda}_0^{-\mathrm{H}}N_0^{\mathrm{H}}F_{1_0}^{\mathrm{H}} \\ \sqrt{\dfrac{\varepsilon_2}{\varepsilon_1}}M_m\boldsymbol{\Lambda}_0^{-1}\boldsymbol{\Lambda}_0^{-\mathrm{H}}N_0^{\mathrm{H}}F_{1_0}^{\mathrm{H}} \\ \sqrt{\dfrac{\varepsilon_2}{\varepsilon_1}}F_{1_0}N_0\boldsymbol{\Lambda}_0^{-1}\boldsymbol{\Lambda}_0^{-\mathrm{H}}N_0^{\mathrm{H}}F_{1_0}^{\mathrm{H}} \end{matrix} \right\|_2^2,$$

$$r_{zi} = \mathrm{Res}_{s=z_i}\sigma_1\sqrt{\varepsilon_1+\varepsilon_3}N_0(s)H_1(s)M^{-1}(s)L^{-1}(s),$$
$$r_{pi} = -\mathrm{Res}_{s=p_i}\Omega_o(s)N^{-1}(s)B^{-1}(s).$$

推论 4.2 考虑如图 4.2 所示的简化情况，只考虑前向通道的情形，采用类似于上述定理的方法，可得跟踪性能极限如下：

$$J^* = 2\varepsilon_1\sigma_r^2\sum_{i=1}^{N_z+N_{f_1}}\mathrm{Re}\{z_i\} + \sum_{i=1}^{N_z+N_{f_1}}\sum_{d=1}^{m_i}\frac{r_{zid}}{(d-1)!}\sum_{j=1}^{N_z+N_{f_1}}\sum_{d=1}^{m_j}\frac{(-1)^{d-1}\overline{r}_{zjd}}{(s+\overline{z}_j)^d}\Bigg|_{s=z_i} + \left\|(\boldsymbol{I}-\boldsymbol{\Theta}_iQ_i^{\mathrm{H}})\begin{bmatrix}\hat{\Gamma}_1\\ \hat{\Gamma}_2\end{bmatrix}\right\|_2^2$$
$$+\sum_{i=1}^{N_p}\sum_{d=1}^{n_i}\frac{r_{pid}}{(d-1)!}\sum_{j=1}^{N_p}\sum_{d=1}^{n_j}\frac{(-1)^{d-1}\overline{r}_{pjd}}{(s+\overline{p}_j)^d}\Bigg|_{s=p_i} + \Upsilon_2\varepsilon_1\sigma_r^2 - \varepsilon_2\Gamma_u,$$

其中，

$$r_{zid} = \frac{\sqrt{\varepsilon_1}\sigma_1}{(m_i-d)!}\frac{d^{m_i-d}}{ds^{m_i-d}}\Big((s-z_i)^{m_i}N_0(s)H_1(s)M^{-1}(s)L^{-1}(s)\Big)\Big|_{s=z_i},$$
$$r_{pid} = \frac{\sqrt{\varepsilon_1}\sigma_1}{(n_i-d)!}\frac{d^{n_i-d}}{ds^{n_i-d}}\Big((s-p_i)^{n_i}N_0(s)H_1(s)N^{-1}(s)B^{-1}(s)\Big)\Big|_{s=p_i},$$
$$\Upsilon_2 = \left\|\begin{matrix}1-\varepsilon_1N_m\boldsymbol{\Theta}_0\boldsymbol{\Theta}_0^{\mathrm{H}}N_m^{\mathrm{H}}\\ \sqrt{\varepsilon_1\varepsilon_2}M_m\boldsymbol{\Theta}_0\boldsymbol{\Theta}_0^{\mathrm{H}}N_m^{\mathrm{H}}\end{matrix}\right\|_2^2.$$

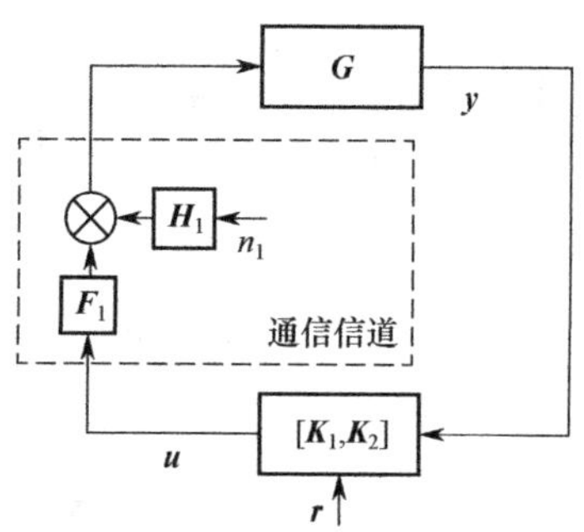

图 4.2 系统结构框图

证明：考虑如下形式的性能指标

$$J \triangleq \varepsilon_1\mathrm{E}\left\{\|\tilde{e}\|_2^2\right\} + \varepsilon_2\mathrm{E}\left\{\|\tilde{u}\|_2^2 - \Gamma_u\right\}.$$

类似于定理 4.1 的证明，有

$$J = \varepsilon_1\mathrm{E}\left(\left\|(1-PF_1K_2)^{-1}PH_1\tilde{n}_1\right\|_2^2 + \left\|\left(1-(1-PF_1K_2)^{-1}PF_1K_1\right)\tilde{r}\right\|_2^2\right)$$
$$+\varepsilon_2\mathrm{E}\left(\left\|(1-K_2PF_1)^{-1}K_2PH_1\tilde{n}_1\right\|_2^2 + \left\|(1-K_2PF_1)^{-1}K_1\tilde{r}\right\|_2^2\right) - \varepsilon_2\Gamma_u$$
$$=\varepsilon_1\left(\left\|\hat{N}(X-RN)H_1\sigma_1\right\|_2^2 + \left\|(I-NQ)\sigma_r\right\|_2^2\right) + \varepsilon_2\left(\left\|\hat{N}(Y-RM)H_1\sigma_1\right\|_2^2 + \left\|MQ\sigma_r\right\|_2^2\right) - \varepsilon_2\Gamma_u$$

$$
=\varepsilon_1\left\|\sigma_1 N_0 H_1\left(X-RN\right)\right\|_2^2+\varepsilon_2\left\|\sigma_1 N_0 H_1\left(Y-RM\right)\right\|_2^2+\left\|\begin{bmatrix}1\\0\end{bmatrix}+\begin{bmatrix}-N\\\sqrt{\dfrac{\varepsilon_2}{\varepsilon_1}}M_m\end{bmatrix}Q\right\|_2^2\varepsilon_1\sigma_r^2-\varepsilon_2\Gamma_u
$$

$$
\triangleq J_1+J_2+J_3,
$$

其中，

$$
J_1=\varepsilon_1\left\|\sigma_1 N_0 H_1\left(X-RN\right)\right\|_2^2,
$$

$$
J_2=\varepsilon_2\left\|\sigma_1 N_0 H_1\left(Y-RM\right)\right\|_2^2,
$$

$$
J_3=\left\|\begin{bmatrix}1\\0\end{bmatrix}+\begin{bmatrix}-N\\\sqrt{\dfrac{\varepsilon_2}{\varepsilon_1}}M_m\end{bmatrix}Q\right\|_2^2\varepsilon_1\sigma_r^2-\varepsilon_2\Gamma_u.
$$

对于 J_1+J_2，我们有

$$
\begin{aligned}
J_1+J_2&=\varepsilon_1\left\|\sigma_1 N_0 H_1\left(X-RN\right)\right\|_2^2+\varepsilon_2\left\|\sigma_1 N_0 H_1\left(Y-RM\right)\right\|_2^2\\
&=\varepsilon_1\left\|\sigma_1 N_0 H_1 XL^{-1}-\sigma_1 N_0 H_1 RN_m\right\|_2^2+\varepsilon_2\left\|\sigma_1 N_0 H_1 YB^{-1}-\sigma_1 N_0 H_1 RM_m\right\|_2^2\\
&=\left(\left\|\hat{\Gamma}_1^{\perp}\right\|_2^2+\left\|\hat{\Gamma}_1-\sqrt{\varepsilon_1}\sigma_1 N_0 H_1 RN_m\right\|_2^2\right)+\left(\left\|\hat{\Gamma}_2^{\perp}\right\|_2^2+\left\|\hat{\Gamma}_2-\sqrt{\varepsilon_2}\sigma_1 N_0 H_1 RM_m\right\|_2^2\right)\\
&=\left\|\hat{\Gamma}_1^{\perp}\right\|_2^2+\left\|\hat{\Gamma}_2^{\perp}\right\|_2^2+\left\|\begin{bmatrix}\hat{\Gamma}_1\\\hat{\Gamma}_2\end{bmatrix}-\begin{bmatrix}\sqrt{\varepsilon_1}N_m\\\sqrt{\varepsilon_2}M_m\end{bmatrix}\sigma_1 N_0 H_1 R\right\|_2^2,
\end{aligned}
$$

其中

$$
\left\|\hat{\Gamma}_1^{\perp}(s)\right\|_2^2=\left\|\sum_{i=1}^{N_z+N_{f1}}\sum_{d=1}^{m_i}\frac{r_{zid}}{(s-z_i)^d}\right\|_2^2=\sum_{i=1}^{N_z+N_{f1}}\sum_{d=1}^{m_i}\frac{r_{zid}}{(d-1)!}\sum_{j=1}^{N_z+N_{f1}}\sum_{d=1}^{m_j}\frac{(-1)^{d-1}\overline{r}_{zjd}}{(s+\overline{z}_j)^d}\Bigg|_{s=z_i},
$$

$$
\left\|\hat{\Gamma}_2^{\perp}(s)\right\|_2^2=\left\|\sum_{i=1}^{N_p}\sum_{d=1}^{n_i}\frac{r_{pid}}{(s-p_i)^d}\right\|_2^2=\sum_{i=1}^{N_p}\sum_{d=1}^{n_i}\frac{r_{pid}}{(d-1)!}\sum_{j=1}^{N_p}\sum_{d=1}^{n_j}\frac{(-1)^{d-1}\overline{r}_{pjd}}{(s+\overline{p}_j)^d}\Bigg|_{s=p_i},
$$

$$
r_{zid}=\frac{\sqrt{\varepsilon_1}\sigma_1}{(m_i-d)!}\frac{d^{m_i-d}}{ds^{m_i-d}}\left((s-z_i)^{m_i}N_0(s)H_1(s)M^{-1}(s)L^{-1}(s)\right)\Big|_{s=z_i},
$$

$$
r_{pid}=\frac{\sqrt{\varepsilon_1}\sigma_1}{(n_i-d)!}\frac{d^{n_i-d}}{ds^{n_i-d}}\left((s-p_i)^{n_i}N_0(s)H_1(s)N^{-1}(s)B^{-1}(s)\right)\Big|_{s=p_i}.
$$

进一步，引入内外分解

$$
\begin{bmatrix}\sqrt{\varepsilon_1}N_m\\\sqrt{\varepsilon_2}M_m\end{bmatrix}=\boldsymbol{\Theta}_i\boldsymbol{\Theta}_0,
$$

这里，$\boldsymbol{\Theta}_i$ 和 $\boldsymbol{\Theta}_0$ 分别是内因子和外因子。定义

$$\boldsymbol{\Psi}_3(s) \triangleq \begin{bmatrix} \boldsymbol{\Theta}_i^{\mathrm{T}}(-s) \\ I-\boldsymbol{\Theta}_i(s)\boldsymbol{\Theta}_i^{\mathrm{T}}(-s) \end{bmatrix}.$$

那么，可以得到

$$\begin{aligned}
\inf_{K\in U}\left(J_1+J_2\right) &= \inf_{K\in U}\left(\left\|\hat{\Gamma}_1^{\perp}\right\|_2^2+\left\|\hat{\Gamma}_2^{\perp}\right\|_2^2+\left\|\boldsymbol{\Psi}_3\left(\begin{bmatrix}\hat{\Gamma}_1\\ \hat{\Gamma}_2\end{bmatrix}-\begin{bmatrix}\sqrt{\varepsilon_1}N_m\\ \sqrt{\varepsilon_2}M_m\end{bmatrix}\sigma_1 N_0 H_1 R\right)\right\|_2^2\right) \\
&=\left\|\hat{\Gamma}_1^{\perp}\right\|_2^2+\left\|\hat{\Gamma}_2^{\perp}\right\|_2^2+\left\|(\boldsymbol{I}-\boldsymbol{\Theta}_i\boldsymbol{\Theta}_i^{\mathrm{H}})\begin{bmatrix}\hat{\Gamma}_1\\ \hat{\Gamma}_2\end{bmatrix}\right\|_2^2+\inf_{K\in U}\left\|\boldsymbol{\Theta}_i^{\mathrm{H}}\begin{bmatrix}\hat{\Gamma}_1\\ \hat{\Gamma}_2\end{bmatrix}-\sigma_1\Theta_0 N_0 H_1 R\right\|_2^2 \\
&=\left\|\hat{\Gamma}_1^{\perp}\right\|_2^2+\left\|\hat{\Gamma}_2^{\perp}\right\|_2^2+\left\|(\boldsymbol{I}-\boldsymbol{\Theta}_i\boldsymbol{\Theta}_i^{\mathrm{H}})\begin{bmatrix}\hat{\Gamma}_1\\ \hat{\Gamma}_2\end{bmatrix}\right\|_2^2.
\end{aligned}$$

类似的，计算 $\inf\limits_{K\in U} J_3$，

$$\begin{aligned}
\inf_{K\in\mathcal{K}} J_3 &= \inf_{K\in U}\left\|\begin{bmatrix}L^{-1}\\ 0\end{bmatrix}-\begin{bmatrix}N_m\\ \sqrt{\dfrac{\varepsilon_2}{\varepsilon_1}}M_m\end{bmatrix}Q\right\|_2^2\varepsilon_1\sigma_r^2-\varepsilon_2\Gamma_u \\
&=2\varepsilon_1\sigma_r^2\left(\sum_{i=1}^{N_z+N_{f1}}\mathrm{Re}\{z_i\}\right)+\varepsilon_2\Gamma_u+\inf_{K\in U}\left\|\begin{bmatrix}1\\ 0\end{bmatrix}+\begin{bmatrix}N_m\\ \sqrt{\dfrac{\varepsilon_2}{\varepsilon_1}}M_m\end{bmatrix}Q\right\|_2^2\varepsilon_1\sigma_r^2 \\
&=2\varepsilon_1\sigma_r^2\left(\sum_{i=1}^{N_z+N_{f1}}\mathrm{Re}\{z_i\}\right)+\varepsilon_2\Gamma_u+\left\|(I-\Theta_i\Theta_i^{\mathrm{H}})\begin{bmatrix}1\\ 0\end{bmatrix}\right\|_2^2\varepsilon_1\sigma_r^2 \\
&=2\varepsilon_1\sigma_r^2\left(\sum_{i=1}^{N_z+N_{f1}}\mathrm{Re}\{z_i\}\right)+\varepsilon_2\Gamma_u+\left\|\begin{matrix}1-\varepsilon_1 N_m\Theta_0\Theta_0^{\mathrm{H}}N_m^{\mathrm{H}}\\ \sqrt{\varepsilon_1\varepsilon_2}M_m\Theta_0\Theta_0^{\mathrm{H}}N_m^{\mathrm{H}}\end{matrix}\right\|_2^2\varepsilon_1\sigma_r^2.
\end{aligned}$$

即可得性能表达式如下：

$$\begin{aligned}
J^* = {} & 2\varepsilon_1\sigma_r^2\sum_{i=1}^{N_z+N_{f1}}\mathrm{Re}\{z_i\}+\sum_{i=1}^{N_z+N_{f1}}\sum_{d=1}^{m_i}\frac{r_{zid}}{(d-1)!}\sum_{j=1}^{N_z+N_{f1}}\sum_{d=1}^{m_j}\left.\frac{(-1)^{d-1}\overline{r}_{zjd}}{(s+\overline{z}_j)^d}\right|_{s=z_i}+\left\|(\boldsymbol{I}-\boldsymbol{\Theta}_i\boldsymbol{\Theta}_i^{\mathrm{H}})\begin{bmatrix}\hat{\Gamma}_1\\ \hat{\Gamma}_2\end{bmatrix}\right\|_2^2 \\
& +\sum_{i=1}^{N_p}\sum_{d=1}^{n_i}\frac{r_{pid}}{(d-1)!}\sum_{j=1}^{N_p}\sum_{d=1}^{n_j}\left.\frac{(-1)^{d-1}\overline{r}_{pjd}}{(s+\overline{p}_j)^d}\right|_{s=p_i}+\Upsilon_2\varepsilon_1\sigma_r^2-\varepsilon_2\Gamma_u.
\end{aligned}$$

证明完毕。

推论 4.3 考虑如图 4.3 所示的简化情况，采用类似于定理 4.1 的方法，可得跟踪性能极限如下：

$$J^* = 2\varepsilon_1\sigma_r^2\sum_{i=1}^{N_z}\mathrm{Re}\{z_i\} + (\varepsilon_1+\varepsilon_3)\sigma_2^2\sum_{i=1}^{N_p}\sum_{d=1}^{n_i}\frac{r_{pid}}{(d-1)!}\sum_{j=1}^{N_p}\sum_{d=1}^{n_j}\frac{(-1)^{d-1}\overline{r}_{pjd}}{(s+\overline{p}_j)^d}\Bigg|_{s=p_i}$$

$$+\varepsilon_1(1-\varepsilon_1)^2+\varepsilon_1^2\varepsilon_3\sigma_r^2-\varepsilon_3\Gamma_y,$$

其中，

$$r_{pid} = \frac{1}{(n_i-d)!}\frac{d^{n_i-d}}{ds^{n_i-d}}\left((s-p_i)^{n_i}N_0(s)H_2(s)N^{-1}(s)B^{-1}(s)\right)\Big|_{s=p_i}.$$

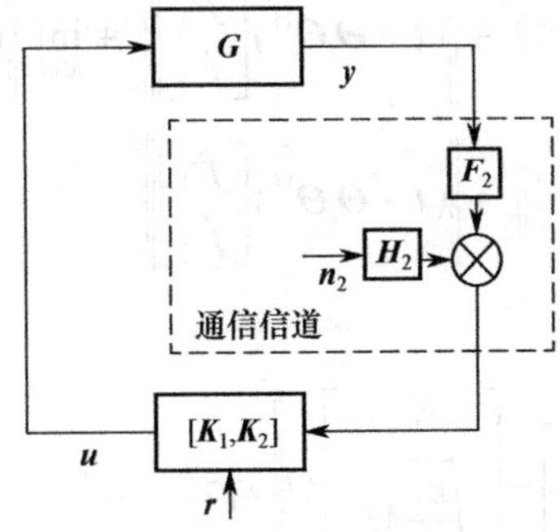

图 4.3　系统结构框图

证明：考虑如下性能指标

$$J \triangleq \varepsilon_1\mathrm{E}\left\{\|\tilde{e}\|_2^2\right\} + \varepsilon_3\mathrm{E}\left\{\|\tilde{y}\|_2^2 - \Gamma_y\right\}.$$

类似的，有

$$\begin{aligned}
J &= \varepsilon_1\mathrm{E}\left(\left\|(1-PK_2F_2)^{-1}PK_2H_2\tilde{n}_2\right\|_2^2 + \left\|\left(1-(1-PK_2F_2)^{-1}PK_1\right)\tilde{r}\right\|_2^2\right) \\
&\quad +\varepsilon_3\mathrm{E}\left(\left\|(1-PK_2F_2)^{-1}PK_2H_2\tilde{n}_2\right\|_2^2 + \left\|(1-PK_2F_2)^{-1}PK_1\tilde{r}\right\|_2^2\right) - \varepsilon_3\Gamma_y \\
&= (\varepsilon_1+\varepsilon_3)\left\|\hat{N}(Y-RM)H_2\sigma_2\right\|_2^2 + \varepsilon_1\left\|(1-\hat{N}Q)\sigma_r\right\|_2^2 + \varepsilon_3\left\|\hat{N}Q\sigma_r\right\|_2^2 - \varepsilon_3\Gamma_y \\
&= (\varepsilon_1+\varepsilon_3)\left\|N_0(Y-RM)H_2\sigma_2\right\|_2^2 + \left\|\begin{bmatrix}\sqrt{\varepsilon_1}\\ 0\end{bmatrix} + \begin{bmatrix}-\sqrt{\varepsilon_1}\hat{N}\\ \sqrt{\varepsilon_3}\hat{N}\end{bmatrix}Q\right\|_2^2\sigma_r^2 - \varepsilon_3\Gamma_y \\
&\triangleq J_1 + J_2,
\end{aligned}$$

其中

$$J_1 = (\varepsilon_1+\varepsilon_3)\left\|N_0(Y-RM)H_2\right\|_2^2\sigma_2^2,$$

$$J_2 = \left\|\begin{bmatrix}\sqrt{\varepsilon_1}\\ 0\end{bmatrix} + \begin{bmatrix}-\sqrt{\varepsilon_1}\\ \sqrt{\varepsilon_3}\end{bmatrix}\hat{N}Q\right\|_2^2\sigma_r^2 - \varepsilon_3\Gamma_y.$$

对于 J_1，有

$$
\begin{aligned}
J_1 &= (\varepsilon_1+\varepsilon_3)\left\|N_0H_2YB^{-1}-N_0RH_2M_m\right\|_2^2\sigma_2^2\\
&=(\varepsilon_1+\varepsilon_3)\left(\left\|\Gamma\tfrac{1}{2}\right\|_2^2+\left\|\Gamma_2-N_0H_2RN_m\right\|_2^2\right)\sigma_2^2,
\end{aligned}
$$

其中，

$$
\left\|\Gamma\tfrac{1}{2}(s)\right\|_2^2=\left\|\sum_{i=1}^{N_p}\sum_{d=1}^{n_i}\frac{r_{pid}}{(s-p_i)^d}\right\|_2^2=\sum_{i=1}^{N_p}\sum_{d=1}^{n_i}\frac{r_{pid}}{(d-1)!}\sum_{j=1}^{N_p}\sum_{d=1}^{n_j}\frac{(-1)^{d-1}\overline{r}_{pjd}}{(s+\overline{p}_j)^d}\Bigg|_{s=p_i},
$$

$$
r_{pid}=\frac{1}{(n_i-d)!}\frac{d^{n_i-d}}{ds^{n_i-d}}\left((s-p_i)^{n_i}N_0(s)H_2(s)N^{-1}(s)B^{-1}(s)\right)\Big|_{s=p_i}.
$$

可以通过设计合适的参数 $R\in\mathrm{RH}_\infty$，得到 J_1 的最优值为

$$
J_1^*=(\varepsilon_1+\varepsilon_3)\left\|\Gamma\tfrac{1}{2}\right\|_2^2\sigma_2^2.
$$

定义

$$
\Psi_3(s)\triangleq\begin{bmatrix}\boldsymbol{\Theta}_i^{\mathrm{T}}(-s)\\ I-\boldsymbol{\Theta}_i(s)\boldsymbol{\Theta}_i^{\mathrm{T}}(-s)\end{bmatrix}.
$$

类似的，$\inf\limits_{K\in\mathcal{K}}J_2$ 可写成：

$$
\begin{aligned}
J_2&=\left\|\begin{bmatrix}\sqrt{\varepsilon_1}(L_g^{-1}-1)\\0\end{bmatrix}+\begin{bmatrix}\sqrt{\varepsilon_1}\\0\end{bmatrix}+\begin{bmatrix}-\sqrt{\varepsilon_1}\\ \sqrt{\varepsilon_3}\end{bmatrix}N_0Q\right\|_2^2\sigma_r^2-\varepsilon_3\Gamma_y\\
&=\left\|\begin{matrix}\sqrt{\varepsilon_1}(L_g^{-1}-1)\\0\end{matrix}\right\|_2^2\sigma_r^2+\left\|\begin{bmatrix}\sqrt{\varepsilon_1}\\0\end{bmatrix}+\begin{bmatrix}-\sqrt{\varepsilon_1}\\ \sqrt{\varepsilon_3}\end{bmatrix}N_0Q\right\|_2^2\sigma_r^2-\varepsilon_3\Gamma_y\\
&=2\varepsilon_1\sigma_r^2\sum_{i=1}^{N_z}\mathrm{Re}\{z_i\}+\hat{J}_2.
\end{aligned}
$$

进一步，通过内外分解

$$
\begin{bmatrix}-\sqrt{\varepsilon_1}\\ \sqrt{\varepsilon_3}\end{bmatrix}N_0=\boldsymbol{\Xi}_i\Xi_0,
$$

其中，$\boldsymbol{\Xi}_i$ 和 Ξ_0 分别为内因子和外因子。因为 N 是最小相位的，于是有

$$
\boldsymbol{\Xi}_i=\begin{bmatrix}-\sqrt{\varepsilon_1}\\ \sqrt{\varepsilon_3}\end{bmatrix},\ \Xi_0=N_0.
$$

定义

$$
\boldsymbol{\Psi}_4(s)\triangleq\begin{bmatrix}\boldsymbol{\Xi}_i^{\mathrm{T}}(-s)\\ I-\boldsymbol{\Xi}_i(s)\boldsymbol{\Xi}_i^{\mathrm{T}}(-s)\end{bmatrix}.
$$

那么性能指标 $\hat{J}_2^*$ 可以写为

$$
\begin{aligned}
\inf_{K\in U}\hat{J}_2 &= \inf_{K\in U}\left\|\begin{bmatrix}\sqrt{\varepsilon_1}\\0\end{bmatrix}+\begin{bmatrix}-\sqrt{\varepsilon_1}\\\sqrt{\varepsilon_3}\end{bmatrix}N_0Q\right\|_2^2\sigma_r^2-\varepsilon_3\Gamma_y\\
&=\inf_{K\in U}\left\|\boldsymbol{\Psi}_4\left(\begin{bmatrix}\sqrt{\varepsilon_1}\\0\end{bmatrix}+\begin{bmatrix}-\sqrt{\varepsilon_1}\\\sqrt{\varepsilon_3}\end{bmatrix}N_0Q\right)\right\|_2^2\sigma_r^2-\varepsilon_3\Gamma_y\\
&=\inf_{K\in U}\left\|\Xi_i^{\mathrm{H}}\begin{bmatrix}\sqrt{\varepsilon_1}\\0\end{bmatrix}+\Xi_0Q\right\|_2^2\sigma_r^2+\left\|(\boldsymbol{I}-\Xi_i\Xi_i^{\mathrm{H}})\begin{bmatrix}\sqrt{\varepsilon_1}\\0\end{bmatrix}\right\|_2^2\sigma_r^2-\varepsilon_3\Gamma_y\\
&=\varepsilon_1(1-\varepsilon_1)^2+\varepsilon_1^2\varepsilon_3\sigma_r^2-\varepsilon_3\Gamma_y,
\end{aligned}
$$

综上所述，可得系统的跟踪性能极限为

$$
J^*=2\varepsilon_1\sigma_r^2\sum_{i=1}^{N_z}\mathrm{Re}\{z_i\}+(\varepsilon_1+\varepsilon_3)\sigma_2^2\sum_{i=1}^{N_p}\sum_{d=1}^{n_i}\frac{r_{pid}}{(d-1)!}\sum_{j=1}^{N_p}\sum_{d=1}^{n_j}\frac{(-1)^{d-1}\overline{r}_{pjd}}{(s+\overline{p}_j)^d}\Bigg|_{s=p_i}
+\varepsilon_1(1-\varepsilon_1)^2+\varepsilon_1^2\varepsilon_3\sigma_r^2-\varepsilon_3\Gamma_y,
$$

证明完毕。

4.4 仿真研究

考虑不稳定非最小相位系统的传递函数为

$$
P(s)=\frac{(s-k)}{(s+1)(s-p)},
$$

其中，p、k 均大于零，分别为系统的不稳定极点和系统的非最小相位零点。此例以系统不稳定极点和输入参考信号变化时，系统的跟踪性能极限的变化情况为例，给出相应的仿真结果。为着重表明系统跟踪性能极限与各因子之间的关系，例中考虑系统仅具有上行信道影响的情形，下行信道影响的情形可做类似的分析。

（1）当取

$$
F_1(s)=\frac{0.1}{s+0.1}, F_2=1.
$$

并且此时有 $\varepsilon_1+\varepsilon_2=1$。可得如下仿真结果。

由图 4.4 可知，不稳定极点和非最小相位零点将恶化系统的跟踪性能极限，并且在此种情况下，非最小相位零点的影响比不稳定极点对跟踪性能极限的影响要弱。此外还能看出带宽越小，性能越差。由图 4.5 可知，参考信号和网络噪声的统计特性将影响系统的跟踪性能极限，并且参考信号的影响更强。图 4.3 还表明，性能的权衡因子能适当地调整系统跟踪性能极限的大小。

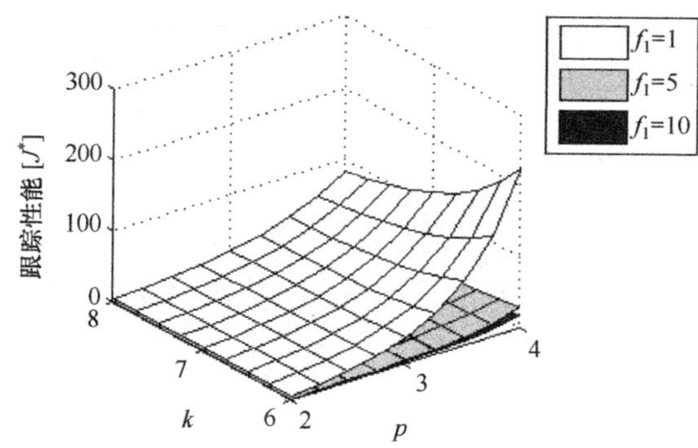

图 4.4　不稳定极点和非最小相位零点与跟踪性能极限关系
$(\varepsilon_1=\varepsilon_2=0.5, \sigma=0.2, \sigma_1=0.3, \Gamma_u=1)$

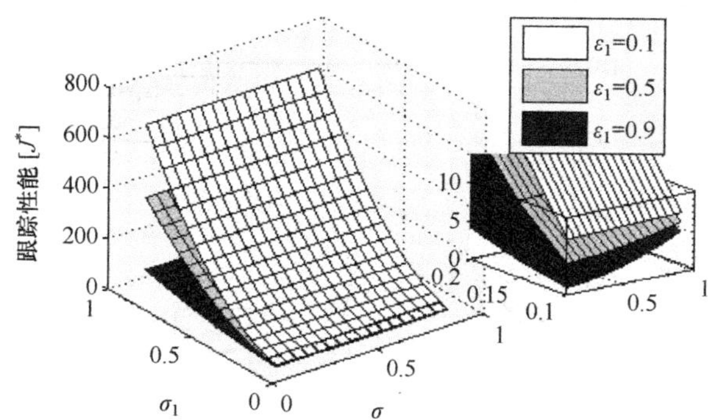

图 4.5　参考信号和网络噪声与跟踪性能极限关系图
$(p=2, k=3, \Gamma_u=1)$

（2）当取

$$F_1(s)=1, F_2(s)=\frac{f_2}{s+f_2}.$$

系统输出信道功率约束为 $\Gamma_y=1$。可得如下仿真结果。

图4.6和图4.7分别反映了系统不稳定极点和非最小相位零点对跟踪性能的影响，并当零极点发生对消时，系统的性能将严重被恶化。图4.8和图4.9分别表明了参考信号和网络噪声都会影响网络化控制系统的跟踪性能，参考信号和信道噪声越大，跟踪性能越差。

例 4.1　考虑一个上行通道的情形，被控对象考虑一个非最小相位且不稳定的系统，该系统具有两个非最小相位零点和两个不稳定极点。如下所示

$$P(s)=\frac{(s-k_1)(s-k_2)}{(s+1)(s-p_1)(s-p_2)},$$

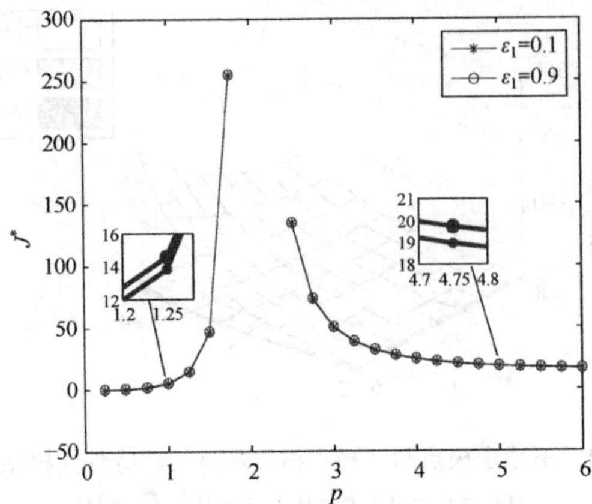

图 4.6　J^* 随 p 和调节因子 ε 的变化图 $(k=2,\sigma=0.1,\sigma_2=0.3,f_2=0.1)$

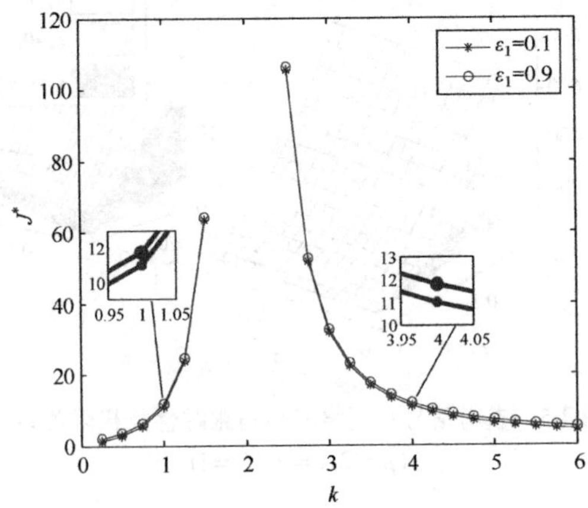

图 4.7　不同 ε 下的 J^* 随 k 的变化曲线 $(p=2,\sigma=0.1,\sigma_2=0.3,f_2=0.1)$

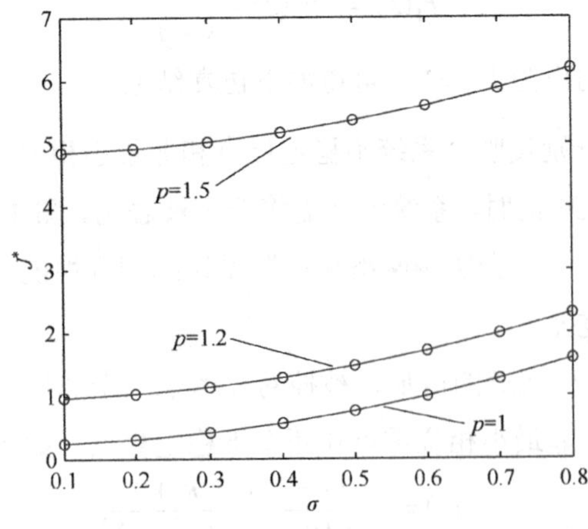

图 4.8　不同 p 下的 J^* 随 σ 的变化曲线 $(k=2,\sigma_2=0.1,f_2=0.1,\varepsilon_1=0.5)$

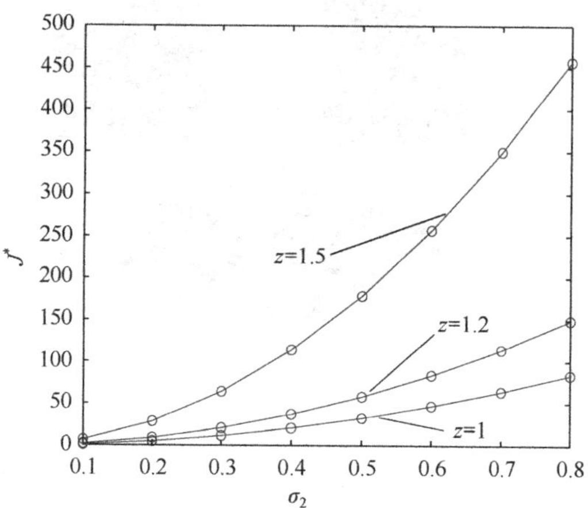

图 4.9　不同 p 下的 J^* 随 σ_2 的变化曲线 ($p=2,\sigma=0.2,f_2=0.1,\varepsilon_1=0.5$)

其中， $p_1>0,p_2>0,k_1>0,k_2>0$ 。且有

$$F_1(s)=\frac{f_1}{s+f_1},F_2(s)=1,H_1(s)=\frac{h_1}{s-h_1},H_2(s)=0,\varGamma_u=1.$$

得到如下仿真关系图。

图 4.10 和图 4.11 分别表明了非最小相位零点和不稳定极点与性能极限之间的关系，由图可知，当有零极点对消发生时，性能将遭到严重恶化，当多个零极点发生对消时，性能恶化将加剧。

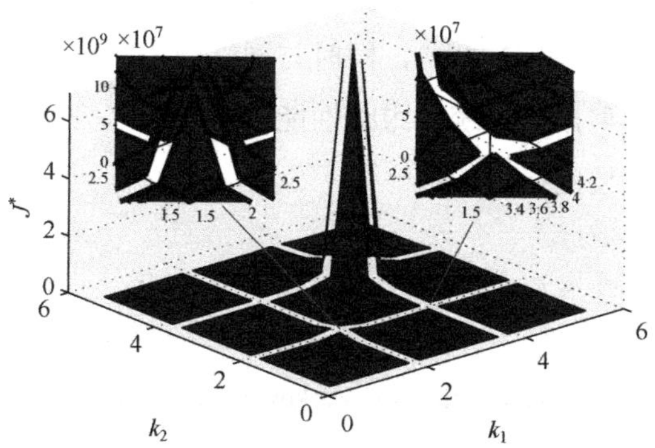

图 4.10　J^* 随非最小相位零点 k_1 和 k_2 的变化图

($p_1=2,p_2=3.8,\sigma=0.5,\sigma_1=0.5,f_1=1,h_1=1,\varepsilon_1=0.5,\varepsilon_2=0.5$)

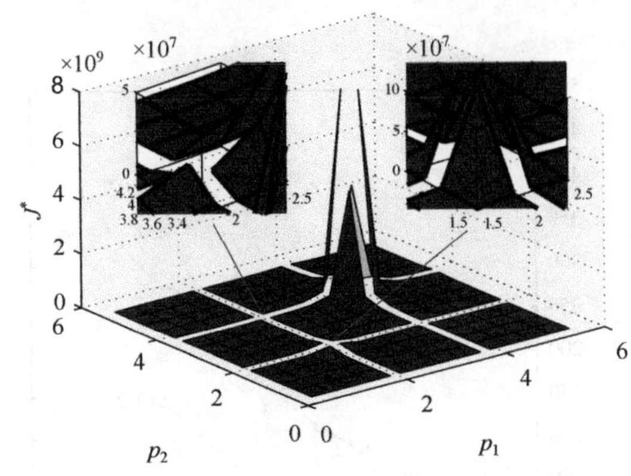

图 4.11 J^* 随不稳定极点 p_1 和 p_2 的变化图

$(k_1 = 2, k_2 = 3.8, \sigma = 0.5, \sigma_1 = 0.5, f_1 = 1, h_1 = 1, \varepsilon_1 = 0.5, \varepsilon_2 = 0.5)$

4.5 本章小结

本章研究了线性时不变连续系统在网络通道带宽受限下，输出反馈和前向通道都受到加性高斯噪声的污染时，系统的跟踪性能极限问题。该问题既考虑了带宽受限和控制能量约束，又考虑了通道中含有高斯噪声的情形。考虑的被控对象为非最小相位、不稳定的，且具有重数零极点。采用二参数控制器，基于尤拉参数化的频域分析方法，性能极限采用常用 L_2 积分表达式，得到了跟踪性能极限指标的下确界形式。结果反映了系统跟踪性能极限不仅依赖于被控对象的内部结构（右半平面的零极点和零极点重数），同时与网络噪声和网络带宽有关。研究结果表明，通信参量是如何限制系统的跟踪性能极限的，这些理论对于实际系统的分析和设计有着十分重要的指导作用。

参考文献

[1] Xiao N, Xie L, Fu M. Stabilization of Markov jump linear systems using quantized state feedback. Automatica. 2010, 46(10): 1696-1702.

[2] Ulusoy A, Gurbuz O, Onat A. Wireless model-based predictive networked control system over cooperative wireless network. IEEE Transactions on Industrial Informatics. 2011, 7(1): 41-51.

[3] Chen W, Qiu L. Stabilization of networked control systems with multirate sampling. Automatica. 2013, 49(6): 1528-1537.

[4] Liu F, Wang H O, Guan Z H. Hopf bifurcation control in the XCP for the Internet congestion

control system. Nonlinear Analysis: Real World Applications. 2012, 13(3): 1466-1479.

[5] Zhao Y, Liu G, Rees D. Modeling and stabilization of continuous-time packet-based networked control systems. IEEE Transactions on Systems, Man, and Cybernetics, Part B: Cybernetics. 2009, 39(6): 1646-1652.

[6] Guan Z H, Yang S H, Yao J. Stability analysis and H∞ control for hybrid complex dynamical networks with coupling delays. International Journal of Robust and Nonlinear Control. 2012, 22(2): 205-222.

[7] Bu X, Yu F, Hou Z et al. Iterative learning control for a class of nonlinear systems with random packet losses. Nonlinear Analysis: Real World Applications. 2013, 14(1): 567-580.

[8] Wu D, Wu J, Chen S. Separation principle for networked control systems with multiple-packet transmission. IET Control Theory & Applications. 2011, 5(3): 507-513.

[9] Bakhtiar T, Hara S. H2 regulation performance limitations for SIMO linear time-invariant feedback control systems. Automatica. 2008, 44(3): 659-670.

[10] Martins N C, Dahleh M A. Feedback control in the presence of noisy channels:"Bode-like" fundamental limitations of performance. IEEE Transactions on Automatic Control. 2008, 53(7): 1604-1615.

[11] Yu S, Mehta P G. Bode-like fundamental performance limitations in control of nonlinear systems. IEEE Transactions on Automatic Control. 2010, 55(6): 1390-1405.

[12] Guan Z, Wang B, Ding L. Modified tracking performance limitations of unstable linear SIMO feedback control systems. Automatica. 2014, 50(1): 262-267.

[13] Shingin H, Ohta Y. Disturbance rejection with information constraints: Performance limitations of a scalar system for bounded and Gaussian disturbances. Automatica. 2012, 48(6): 1111-1116.

[14] Garcıa M A, Silva E I, Salgado M E. On tracking performance limits for tall systems. in: Proceedings of IFAC 18th Triennial World Congress. 2011. 11326-11331.

[15] Qiu L, Davison E J. Performance limitations of non-minimum phase systems in the servomechanism problem. Automatica. 1993, 29(2): 337-349.

[16] Wang W, Chan M, Lee T et al. Adaptive fuzzy control for strict-feedback canonical nonlinear systems with H∞ tracking performance. IEEE Transactions on Systems, Man, and Cybernetics, Part B: Cybernetics. 2000, 30(6): 878-885.

[17] Lian K, Chiu C, Liu P. Semi-decentralized adaptive fuzzy control for cooperative multirobot systems with H∞ motion/internal force tracking performance. IEEE Transactions on Systems, Man, and Cybernetics, Part B: Cybernetics. 2002, 32(3): 269-280.

[18] Kim E, Park C. Fuzzy disturbance observer approach to robust tracking control of nonlinear sampled systems with the guaranteed suboptimal H∞ performance. IEEE Transactions on Systems, Man, and Cybernetics, Part B: Cybernetics. 2004, 34(3): 1574-1581.

[19] Martins N C, Dahleh M A, Doyle J C. Fundamental limitations of disturbance attenuation in the presence of side information. IEEE Transactions on Automatic Control. 2007, 52(1): 56-66.

[20] Heemels W H, Teel A R, van de Wouw N et al. Networked control systems with communication constraints: Tradeoffs between transmission intervals, delays and performance. IEEE Transactions on Automatic Control. 2010, 55(8): 1781-1796.
[21] Wang B X, Guan Z H, Yuan F S. Optimal tracking and two-channel disturbance rejection under control energy constraint. Automatica. 2011, 47(4): 733-738.
[22] Jiang X W, Guan Z H, Feng G et al. Optimal tracking performance of networked control systems with channel input power constraint. IET control theory & applications. 2012, 6(11): 1690-1698.

第 5 章　量化和噪声约束下系统跟踪性能极限

5.1　引言

目前对网络通信约束下的网络化控制系统稳定性的研究已有了大量的成果，如时滞[1]、丢包[2,3]、量化[4,5]、通信噪声[6]等。对于网络化系统性能极限的研究近年来也有了较多的研究，一些有代表性的成果见文献[7-23]。现代数字通信中，一般要通过编码量化将模拟信息转变为数字信息，然后用数字信号通道进行通信，信号接收端再对数字信号进行解码，以此来实现信息的传输。因此，在现代网络化控制系统网络通道中的信号传输不仅在考虑网络噪声和网络带宽的影响，还应考虑量化和编码解码对信号的影响。

目前关于这方面的研究已有一些结果，如，文献[24]研究了单输入单输出线性时不变离散时间反馈控制系统，考虑反馈通过网络的情形，研究了量化对于系统的影响。文献[25]中，考虑了一个信噪比约束通信信道，特别研究了系统反馈镇定情形下的信噪比界限问题。在文献[26]中，网络在加性高斯白噪声的影响下多输入多输出网络化控制系统的跟踪性能极限被探讨。带宽的限制在文献[27]中被考虑，它研究的是反馈通道和前向通道都受到加性有色高斯噪声影响下的系统稳定性问题。然而，目前还没有统一的方法来处理这些问题，大多数现有文献一般重点突出问题的某个方面，并对网络模型进行大量的简化。

基于以往研究的不足，本章研究了带宽量化和网络噪声约束下线性时不变网络化控制系统的跟踪性能极限问题。输出反馈路径是受量化误差，加性高斯白噪声和带宽的限制，并且综合考虑了编码和解码。基于频域的尤拉参数化方法，利用内外分解和互质分解的处理过程，通过设计二参数控制器结构，利用二范数积分形式来描述跟踪性能，达到反馈系统的输出与参考信号之间的最小跟踪误差，即输出达到系统的最大跟踪精度。结果反映了被控对象、网络特性和量化等与性能极限的定量关系。

本章的结构如下：在 5.2 节给出量化模型、问题描述及其相关的预备工作简介。5.3 节基于提出的网络模型，对网络的跟踪性能极限进行分析研究，并得到跟踪性能极限的精确表达形式。数值例子和仿真在 5.4 节中给出，分析网络模型、参考信号和被控制对象对性能极限的影响。

5.2 量化模型及其问题描述

本章考虑的是均匀量化器，如图 5.1 所示，所谓均匀量化器，即量化间隔均匀的量化器。均匀量化器本质上是一个非线性装置，它的输入输出关系成阶梯形式[28]。

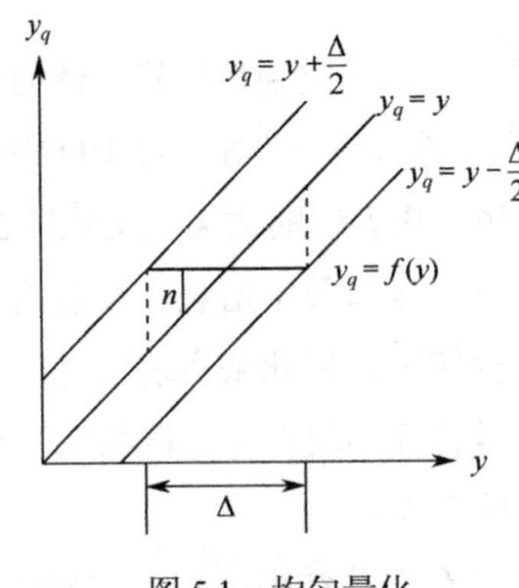

图 5.1 均匀量化

假设 $y(i)$（$i = 0, \pm 1, \pm 2, \cdots$）是一列被输入到均匀量化器中的一个信号，量化输出为

$$Y_q = \left\{ y_q(i) : y_q(i) = i\Delta; i = 0, \pm 1, \pm 2, \cdots \right\},$$

这里，Δ 就是指所谓的“量化间隔”。于是，均匀量化器 Q 可以表示为如下输入输出形式：

$$f(y) = \begin{cases} y_q(i), & \text{若 } y_q(i) - \dfrac{\Delta}{2} < y \leqslant y_q(i) + \dfrac{\Delta}{2}, y > 0, \\ 0, & \text{若 } y = 0, \\ -f(-y), & \text{若 } y < 0, \end{cases}$$

量化器的输出 y_q 可以看作量化器输入信号 y 和加性量化误差 q 之和。而量化误差 q 是一个随机变量，出于简化分析的需要，一般认为它服从于 $[-\Delta/2, \Delta/2]$ 上的均匀分布。进一步我们可以假设量化误差 q 的期望为 0，方差为 σ_q^2。

本章考虑线性时不变、多输入多输出的反馈控制系统，反馈通道包含一个带宽受限的网络通道，并含有网络噪声和量化误差，为了减少网络通道噪声的影响，我们设计一个编码解码装置，具体系统控制框图如图 5.2 所示。

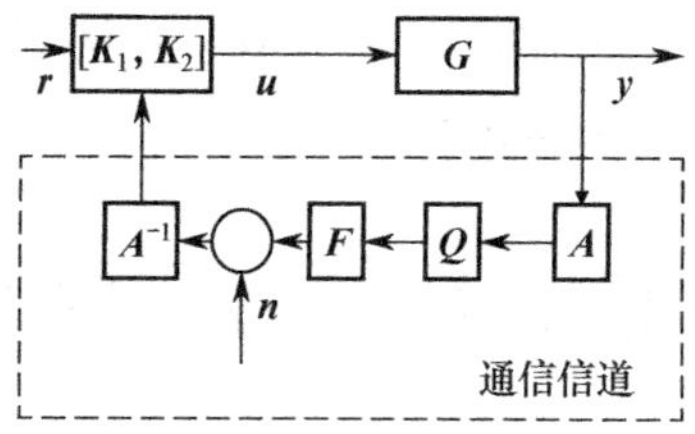

图 5.2　系统结构框图

基于频域分析法，采用的二参数控制器的控制方案，研究了此模型的性能极限问题。图中 $\boldsymbol{G}$ 表示被控制对象，$\boldsymbol{r}$ 表示参考输入信号，$\boldsymbol{u}$ 为系统控制输入，$\boldsymbol{y}$ 为系统输出。$\boldsymbol{A}$ 和 $\boldsymbol{A}^{-1}$ 分别表示网络通道编码器和解码器，类似于文献[7]，假设 $\boldsymbol{A}$ 是稳定和最小相位的传递函数矩阵，$\boldsymbol{Q}$ 表示网络通道量化器。$\boldsymbol{n}$ 表示通信信道噪声，假设 $\boldsymbol{F}$ 是稳定的、非最小相位的传递函数矩阵，并用 $\boldsymbol{F}$ 来模拟通信信道的带宽。

假设参考信号 r 、量化误差 q 和网络噪声 n 是不相关的零均值高斯白噪声，并且

$$\boldsymbol{r}=\left[r_1,r_2,\cdots,r_m\right],\mathrm{E}(r_i)=0,\mathrm{D}(r_i)=\sigma_i^2,$$

$$\boldsymbol{q}=\left[q_1,q_2,\cdots,q_m\right],\mathrm{E}(q_i)=0,\mathrm{D}(r_i)=\gamma_i^2,$$

$$\boldsymbol{n}=\left[n_1,n_2,\cdots,n_m\right],\mathrm{E}(r_i)=0,\mathrm{D}(r_i)=\delta_i^2.$$

这里，$\mathrm{E}\{\cdot\}$ 表示期望算子，$\mathrm{D}\{\cdot\}$ 表示方差算子。令

$$\boldsymbol{U}=\mathrm{diag}\left\{\sigma_1,\sigma_2,\cdots,\sigma_m\right\},$$

$$\boldsymbol{\Gamma}=\mathrm{diag}\left\{\gamma_1,\gamma_2,\cdots,\gamma_m\right\},$$

$$\boldsymbol{V}=\mathrm{diag}\left\{\delta_1,\delta_2,\cdots,\delta_m\right\},$$

$$\boldsymbol{F}=\mathrm{diag}\left\{f_1,f_2,\cdots,f_m\right\},$$

$$\boldsymbol{A}=\mathrm{diag}\left\{\lambda_1,\lambda_2,\cdots,\lambda_m\right\}.$$

这里，$\mathrm{diag}\{\cdot\}$ 表示对角矩阵。

通过平方范数定义，反馈控制系统的跟踪性能指标为

$$J=:\mathrm{E}\left\{\left\|r(s)-y(s)\right\|_2^2\right\},$$

我们的目的是通过使系统稳定的所有控制器集合 $\boldsymbol{\mathcal{K}}$ 中，找出一个控制器，使得控制系统跟踪性能 J 最优，用 J^* 表示：

$$J^*:=\inf_{\boldsymbol{K}\in\boldsymbol{\mathcal{K}}} J.$$

为了使问题更一般化，我们考虑不稳定和非最小相位的系统 $\boldsymbol{G}$ 。下面介绍在本章中使用的一些分解。系统 $\boldsymbol{G}$ 的互质分解表示为

$$G = N_0 M_0^{-1} = \tilde{M}_0^{-1}\tilde{N}_0,\ M_0 = M,$$

进而有

$$FG = NM^{-1} = FN_0 M^{-1} = \tilde{M}^{-1}\tilde{N},$$

这里 $N_0, M_0, \tilde{N}_0, \tilde{M}_0, N, M, \tilde{N}, \tilde{M} \in \mathrm{RH}_\infty$。

5.3 带网络噪声和量化输入的系统跟踪性能极限

本节针对多输入多输出系统，在考虑编码和解码的情况下，输出反馈受到均匀量化、网络噪声和带宽受限影响时的跟踪性能极限问题。

定理 5.1 对于如图 5.2 所示的网络化控制系统。假设参考信号 r、量化噪声 q 和通信信道噪声 n 是都是互不相关的高斯白噪声。F 用于模拟通信信道带宽约束，它是稳定的且带有 N_f 个互不相同的非最小相位零点。p_k（$k=1,\cdots,N_p$）和 z_k（$k=1,\cdots,N_z$）分别表示被控制对象 $P(s)$ 的不稳定极点和非最小相位零点。上述控制系统的跟踪性能极限为

$$\begin{aligned}
J^* = {} & 2\sum_{i=1}^{N_z}\frac{\mathrm{Re}(z_i)}{|z_i|^2}\sum_{j=1}^{m}\sigma_j^2\cos^2\angle(\eta_i, e_j) \\
& + \sum_{i,j=1}^{N_p}\frac{4\mathrm{Re}(p_i)\mathrm{Re}(p_j)}{\bar{p}_i} + p_j \omega_j^{\mathrm{H}} D_j^r(p_j) D_i^{r\,\mathrm{H}}(p_i)\omega_i \\
& \times \omega_i^H D_i^{l\mathrm{H}}(p_i)\Pi_0^{\mathrm{H}}(p_i) A^{-1} N^{-\mathrm{H}}(p_i) N_{0m}^{\mathrm{H}}(p_i) \\
& \times N_{0\mathrm{m}}(p_j) N^{-1}(p_j) A^{-1}\Pi_0(p_j) D_j^l(p_j)\omega_j,
\end{aligned}$$

其中，

$$\begin{aligned}
D_i^l(p_i) &= \tilde{B}_{\Pi 1}^{-1}(p_i)\cdots\tilde{B}_{\Pi i-1}^{-1}(p_i), \\
D_i^r(p_i) &= \tilde{B}_{\Pi i+1}^{-1}(p_i)\cdots\tilde{B}_{\Pi N_z}^{-1}(p_i).
\end{aligned}$$

证明：考虑如图 5.2 所示的反馈系统，容易得到系统输出 y 与参考信号 r、量化误差 q 和网络噪声 n 的关系式如下：

$$\begin{aligned}
y &= GK_1 r + GK_2 A^{-1}\left[n + F(q + Ay)\right] \\
&= (I - GK_2A^{-1}FA)^{-1}GK_1 r + (I - GK_2A^{-1}FA)^{-1}GK_2A^{-1}n \\
&\quad + (I - GK_2A^{-1}FA)^{-1}GK_2A^{-1}Fq \\
&= (I - GK_2F)^{-1}GK_1 r + (I - GK_2F)^{-1}GK_2A^{-1}n \\
&\quad + (I - GK_2F)^{-1}GK_2A^{-1}Fq.
\end{aligned}$$

由系统的互质分解，可以得到

$$\begin{aligned}
y &= GMQr + GM(\tilde{Y} - R\tilde{M})A^{-1}n + GM(\tilde{Y} - R\tilde{M})A^{-1}Fq \\
&= N_0Qr + N_0(\tilde{Y} - R\tilde{M})A^{-1}n + N_0(\tilde{Y} - R\tilde{M})A^{-1}Fq.
\end{aligned}$$

通过二参数尤拉参数化控制器

$$[\boldsymbol{K}_1\ \boldsymbol{K}_2]=(\tilde{\boldsymbol{X}}-\boldsymbol{R}\tilde{\boldsymbol{N}})^{-1}[\boldsymbol{Q}\tilde{\boldsymbol{Y}}-\boldsymbol{R}\tilde{\boldsymbol{M}}],$$

于是，跟踪性能指标可以表示为

$$\begin{aligned}J&=\mathrm{E}\left\{\|\boldsymbol{r}-\boldsymbol{y}\|_2^2\right\}\\&=\mathrm{E}\left\{\left\|(\boldsymbol{I}-\boldsymbol{N}_0\boldsymbol{Q})\boldsymbol{r}-\boldsymbol{N}_0(\tilde{\boldsymbol{Y}}-\boldsymbol{R}\tilde{\boldsymbol{M}})\boldsymbol{A}^{-1}\boldsymbol{n}-\boldsymbol{N}_0(\tilde{\boldsymbol{Y}}-\boldsymbol{R}\tilde{\boldsymbol{M}})\boldsymbol{A}^{-1}\boldsymbol{F}\boldsymbol{q}\right\|_2^2\right\}.\end{aligned}$$

由于参考信号、网络噪声和量化噪声互不相关，因此上式可化为

$$J=\|(\boldsymbol{I}-\boldsymbol{N}_0\boldsymbol{Q})\boldsymbol{U}\|_2^2+\left\|\boldsymbol{N}_0(\tilde{\boldsymbol{Y}}-\boldsymbol{R}\tilde{\boldsymbol{M}})\boldsymbol{A}^{-1}\boldsymbol{V}\right\|_2^2+\left\|\boldsymbol{N}_0(\tilde{\boldsymbol{Y}}-\boldsymbol{R}\tilde{\boldsymbol{M}})\boldsymbol{A}^{-1}\boldsymbol{F}_m\boldsymbol{\Gamma}\right\|_2^2.$$

为便于分析处理，令

$$\begin{aligned}J_1&=\|(\boldsymbol{I}-\boldsymbol{N}_0\boldsymbol{Q})\boldsymbol{U}\|_2^2,\\J_2&=\left\|\boldsymbol{N}_0(\tilde{\boldsymbol{Y}}-\boldsymbol{R}\tilde{\boldsymbol{M}})\boldsymbol{A}^{-1}\boldsymbol{V}\right\|_2^2+\left\|\boldsymbol{N}_0(\tilde{\boldsymbol{Y}}-\boldsymbol{R}\tilde{\boldsymbol{M}})\boldsymbol{A}^{-1}\boldsymbol{F}_m\boldsymbol{\Gamma}\right\|_2^2.\end{aligned}$$

即有 $J=J_1+J_2$。

由于 $\boldsymbol{Q}$ 和 $\boldsymbol{R}$ 是相互独立的参数，显然，下式成立

$$\begin{aligned}J^*&=\inf_{\boldsymbol{K}\in\mathcal{K}}J\\&=\inf_{\boldsymbol{Q}\in\mathrm{RH}_\infty}J_1+\inf_{\boldsymbol{R}\in\mathrm{RH}_\infty}J_2\\&=J_1^*+J_2^*.\end{aligned}$$

现在对于 J 的最优问题转化到对于两个子指标 J_1^* 和 J_2^* 的寻优问题。

首先，通过前面介绍的对于 $\boldsymbol{N}_0$ 的全通分解，J_1^* 为

$$\begin{aligned}J_1^*&=\inf_{\boldsymbol{Q}\in\mathrm{RH}_\infty}\|(\boldsymbol{I}-\boldsymbol{N}_0\boldsymbol{Q})\boldsymbol{U}\|_2^2\\&=\inf_{\boldsymbol{Q}\in\mathrm{RH}_\infty}\left\|\left((\boldsymbol{L}_0^{-1}-\boldsymbol{I})+(\boldsymbol{I}-\boldsymbol{N}_{0m}\boldsymbol{Q})\right)\boldsymbol{U}\right\|_2^2.\end{aligned}$$

由 $\left(\boldsymbol{L}_0^{-1}-\boldsymbol{I}\right)\boldsymbol{U}\in H_2^\perp$，$(\boldsymbol{I}-\boldsymbol{N}_{0m}\boldsymbol{Q})\in H_2$，而子空间 $H_2^\perp$ 和 H_2 是相互正交的，于是有

$$\begin{aligned}J_1^*&=\inf_{\boldsymbol{Q}\in\mathrm{RH}_\infty}\left\|(\boldsymbol{L}_0^{-1}-\boldsymbol{I})\boldsymbol{U}\right\|_2^2+\|(\boldsymbol{I}-\boldsymbol{N}_{0m}\boldsymbol{Q})\boldsymbol{U}\|_2^2\\&=\|(\boldsymbol{I}-\boldsymbol{L}_0)\boldsymbol{U}\|_2^2\\&=2\sum_{i=1}^{N_z}\frac{\mathrm{Re}(z_i)}{|z_i|^2}\sum_{j=1}^{m}\sigma_j^2\cos^2\angle(\boldsymbol{\eta}_i,\boldsymbol{e}_j).\end{aligned}$$

其次，对于 J_2 有

$$\begin{aligned}J_2&=\left\|\boldsymbol{N}_0(\tilde{\boldsymbol{Y}}-\boldsymbol{R}\tilde{\boldsymbol{M}})\boldsymbol{A}^{-1}\boldsymbol{V}\right\|_2^2+\left\|\boldsymbol{N}_0(\tilde{\boldsymbol{Y}}-\boldsymbol{R}\tilde{\boldsymbol{M}})\boldsymbol{A}^{-1}\boldsymbol{F}_m\boldsymbol{\Gamma}\right\|_2^2\\&=\left\|\boldsymbol{N}_{0m}(\tilde{\boldsymbol{Y}}-\boldsymbol{R}\tilde{\boldsymbol{M}})\boldsymbol{A}^{-1}\begin{bmatrix}\boldsymbol{V}\\\boldsymbol{F}_m\boldsymbol{\Gamma}\end{bmatrix}\right\|_2^2.\end{aligned}$$

进一步，我们引入下面的内外分解，

$$\begin{bmatrix} \boldsymbol{V} \\ \boldsymbol{F}_m\boldsymbol{\Gamma} \end{bmatrix} = \boldsymbol{\Pi}_0\boldsymbol{\Pi}_i,$$

和下面的全通分解

$$\tilde{\boldsymbol{M}}\boldsymbol{A}^{-1}\boldsymbol{\Pi}_0 = \tilde{\boldsymbol{M}}_{\Pi m}\tilde{\boldsymbol{B}}_{\Pi}.$$

于是有

$$\begin{aligned} J_2 &= \left\| \boldsymbol{N}_{0m}(\tilde{\boldsymbol{Y}} - \boldsymbol{R}\tilde{\boldsymbol{M}})\boldsymbol{A}^{-1}\boldsymbol{\Pi}_0\boldsymbol{\Pi}_i \right\|_2^2 \\ &= \left\| \boldsymbol{N}_{0m}\tilde{\boldsymbol{Y}}\boldsymbol{A}^{-1}\boldsymbol{\Pi}_0 - \boldsymbol{N}_{0m}\boldsymbol{R}\tilde{\boldsymbol{M}}\boldsymbol{A}^{-1}\boldsymbol{\Pi}_0 \right\|_2^2 \\ &= \left\| \boldsymbol{N}_{0m}\tilde{\boldsymbol{Y}}\boldsymbol{A}^{-1}\boldsymbol{\Pi}_0 - \boldsymbol{N}_{0m}\boldsymbol{R}\tilde{\boldsymbol{M}}_{\Pi m}\tilde{\boldsymbol{B}}_{\Pi} \right\|_2^2 \\ &= \left\| \boldsymbol{N}_{0m}\tilde{\boldsymbol{Y}}\boldsymbol{A}^{-1}\boldsymbol{\Pi}_0\tilde{\boldsymbol{B}}_{\Pi}^{-1} - \boldsymbol{N}_{0m}\boldsymbol{R}\tilde{\boldsymbol{M}}_{\Pi m} \right\|_2^2 \\ &= \left\| \boldsymbol{N}_{0m}\tilde{\boldsymbol{Y}}\boldsymbol{A}^{-1}\boldsymbol{\Pi}_0(\tilde{\boldsymbol{B}}_{\Pi}^{-1} - \tilde{\boldsymbol{B}}_{\Pi}^{-1}(\infty)) + \boldsymbol{N}_{0m}\tilde{\boldsymbol{Y}}\boldsymbol{A}^{-1}\boldsymbol{\Pi}_0\tilde{\boldsymbol{B}}_{\Pi}^{-1}(\infty) - \boldsymbol{N}_{0m}\boldsymbol{R}\tilde{\boldsymbol{M}}_{\Pi m} \right\|_2^2. \end{aligned}$$

由于 $\boldsymbol{\Pi}_0 \in \mathrm{RH}_\infty$ 是外因子，即 $\boldsymbol{\Pi}_0$ 是稳定和最小相位的。利用引理 2.5，可以得到如下等式

$$\begin{aligned} J_2 = \Bigg\| &\boldsymbol{S} + \sum_{i=1}^{N_p} \boldsymbol{N}_{0m}(p_i)\tilde{\boldsymbol{Y}}(p_i)\boldsymbol{A}^{-1}\boldsymbol{\Pi}_0(p_i)\tilde{\boldsymbol{B}}_{\Pi 1}^{-1}(p_i)\cdots\tilde{\boldsymbol{B}}_{\Pi i-1}^{-1}(p_i)(\tilde{\boldsymbol{B}}_{\Pi i}^{-1}(s) - \tilde{\boldsymbol{B}}_{\Pi i}^{-1}(\infty)) \\ &\times\tilde{\boldsymbol{B}}_{\Pi i+1}^{-1}(p_i)\cdots\tilde{\boldsymbol{B}}_{\Pi N_z}^{-1}(p_i) + \sum_{i=1}^{Ns} \boldsymbol{N}_{0m}(p_i)\tilde{\boldsymbol{Y}}(p_i)\boldsymbol{A}^{-1}\boldsymbol{\Pi}_0(p_i)\tilde{\boldsymbol{B}}_{\Pi 1}^{-1}(p_i)\cdots\tilde{\boldsymbol{B}}_{\Pi i-1}^{-1}(p_i)\tilde{\boldsymbol{B}}_{\Pi i}^{-1}(\infty) \\ &\times\tilde{\boldsymbol{B}}_{\Pi i+1}^{-1}(p_i)\cdots\tilde{\boldsymbol{B}}_{\Pi N_z}^{-1}(p_i) - \boldsymbol{N}_m\boldsymbol{R}\tilde{\boldsymbol{M}}_{\Pi m} \Bigg\|_2^2. \end{aligned}$$

记

$$\begin{aligned} \boldsymbol{D}_i^l(p_i) &= \tilde{\boldsymbol{B}}_{\Pi 1}^{-1}(p_i)\cdots\tilde{\boldsymbol{B}}_{\Pi i-1}^{-1}(p_i), \\ \boldsymbol{D}_i^r(p_i) &= \tilde{\boldsymbol{B}}_{\Pi i+1}^{-1}(p_i)\cdots\tilde{\boldsymbol{B}}_{\Pi N_z}^{-1}(p_i). \end{aligned}$$

于是性能指标 J_2 的最优值为

$$\begin{aligned} J_2^* = \inf_{\boldsymbol{R}\in\mathrm{RH}_\infty} \Bigg\| &\boldsymbol{S} + \sum_{i=1}^{N_p} \boldsymbol{N}_{0m}(p_i)\tilde{\boldsymbol{Y}}(p_i)\boldsymbol{A}^{-1}\boldsymbol{\Pi}_0(p_i)\boldsymbol{D}_i^l(p_i)(\tilde{\boldsymbol{B}}_{\Pi i}^{-1}(s) - \tilde{\boldsymbol{B}}_{\Pi i}^{-1}(\infty))\boldsymbol{D}_i^r(p_i) \\ &+ \sum_{i=1}^{N_p} \boldsymbol{N}_{0m}(s_i)\tilde{Y}(p_i)\boldsymbol{A}^{-1}\boldsymbol{\Pi}_0(p_i)\boldsymbol{D}_i^l(p_i)\tilde{\boldsymbol{B}}_{\Pi i}^{-1}(\infty)\boldsymbol{D}_i^r(p_i) - \boldsymbol{N}_{0m}\boldsymbol{R}\tilde{\boldsymbol{M}}_{\Pi m} \Bigg\|_2^2 \\ = &\left\| \sum_{i=1}^{N_p} \boldsymbol{N}_{0m}(p_i)\tilde{\boldsymbol{Y}}(p_i)\boldsymbol{A}^{-1}\boldsymbol{\Pi}_0(p_i)\boldsymbol{D}_i^l(p_i)(\tilde{\boldsymbol{B}}_{\Pi i}^{-1}(s) - \tilde{\boldsymbol{B}}_{\Pi i}^{-1}(\infty))\boldsymbol{D}_i^r(p_i) \right\|_2^2 \\ &+ \inf_{\boldsymbol{R}\in\mathrm{RH}_\infty} \left\| \boldsymbol{S} + \sum_{i=1}^{N_p} \boldsymbol{N}_{0m}(p_i)\tilde{\boldsymbol{Y}}(p_i)\boldsymbol{A}^{-1}\boldsymbol{\Pi}_0(p_i)\boldsymbol{D}_i^l(p_i)\tilde{\boldsymbol{B}}_{\Pi i}^{-1}(\infty)\boldsymbol{D}_i^r(p_i) - \boldsymbol{N}_{0m}\boldsymbol{R}\tilde{\boldsymbol{M}}_{\Pi m} \right\|_2^2. \end{aligned}$$

由于

$$\boldsymbol{S}\in \mathrm{RH}_\infty,\boldsymbol{N}_{0m}\in \mathrm{RH}_\infty,\tilde{\boldsymbol{M}}_{\Pi m}\in \mathrm{RH}_\infty,$$
$$\sum_{i=1}^{N_p}\boldsymbol{N}_{0m}(p_i)\tilde{\boldsymbol{Y}}(p_i)\boldsymbol{A}^{-1}\boldsymbol{\Pi}_0(p_i)\boldsymbol{D}_i^l(p_i)\tilde{\boldsymbol{B}}_{\Pi i}^{-1}(\infty)\boldsymbol{D}_i^r(p_i)\in \mathrm{RH}_\infty.$$

因此，可以通过设计合适的参数 $\boldsymbol{R}$ 使

$$\inf_{R\in \mathrm{RH}_\infty}\left\|\boldsymbol{S}+\sum_{i=1}^{N_p}\boldsymbol{N}_{0m}(p_i)\tilde{\boldsymbol{Y}}(p_i)\boldsymbol{A}^{-1}\boldsymbol{\Pi}_0(p_i)\boldsymbol{D}_i^l(p_i)\tilde{\boldsymbol{B}}_{\Pi i}^{-1}(\infty)\boldsymbol{D}_i^r(p_i)-\boldsymbol{N}_{0m}\boldsymbol{R}\tilde{\boldsymbol{M}}_{\Pi m}\right\|_2^2=0.$$

于是有

$$\begin{aligned}
J^* &=\left\|\sum_{i=1}^{N_p}\boldsymbol{N}_{0m}(p_i)\tilde{\boldsymbol{Y}}(s_i)\boldsymbol{A}^{-1}\boldsymbol{\Pi}_0(p_i)\boldsymbol{D}_i^l(p_i)(\tilde{\boldsymbol{B}}_{\Pi i}^{-1}(s)-\tilde{\boldsymbol{B}}_{\Pi i}^{-1}(\infty))\boldsymbol{D}_i^r(p_i)\right\|_2^2\\
&=\left\|\sum_{i=1}^{N_p}\boldsymbol{N}_{0m}(p_i)\tilde{\boldsymbol{Y}}(p_i)\boldsymbol{A}^{-1}\boldsymbol{\Pi}_0(p_i)\boldsymbol{D}_i^l(p_i)\frac{2\mathrm{Re}(p_i)}{s-p_i}\boldsymbol{\omega}_i\boldsymbol{\omega}_i^{\mathrm{H}}\boldsymbol{D}_i^r(p_i)\right\|_2^2\\
&=\sum_{i,j=1}^{N_p}\frac{4\mathrm{Re}(p_i)\mathrm{Re}(p_j)}{\overline{p}_i+p_j}\boldsymbol{\omega}_j^{\mathrm{H}}\boldsymbol{D}_j^r(p_j)\boldsymbol{D}_i^{r\,\mathrm{H}}(p_i)\boldsymbol{\omega}_i\boldsymbol{\omega}_i^{\mathrm{H}}\boldsymbol{D}_i^{l\,\mathrm{H}}(p_i)\boldsymbol{\Pi}_0^{\mathrm{H}}(p_i)\\
&\quad\times\boldsymbol{A}^{-1}\tilde{\boldsymbol{Y}}^{\mathrm{H}}(p_i)\boldsymbol{N}_{0m}^{\mathrm{H}}(p_i)\boldsymbol{N}_{0m}(p_j)\tilde{\boldsymbol{Y}}(p_j)\boldsymbol{A}^{-1}\boldsymbol{\Pi}_0(p_j)\boldsymbol{D}_j^l(p_j)\boldsymbol{\omega}_j\\
&=\sum_{i,j=1}^{N_p}\frac{4\mathrm{Re}(p_i)\mathrm{Re}(p_j)}{\overline{p}_i+p_j}\boldsymbol{\omega}_j^{\mathrm{H}}\boldsymbol{D}_j^r(p_j)\boldsymbol{D}_i^{r\,\mathrm{H}}(p_i)\boldsymbol{\omega}_i\boldsymbol{\omega}_i^{\mathrm{H}}\boldsymbol{D}_i^{l\,\mathrm{H}}(p_i)\boldsymbol{\Pi}_0^{\mathrm{H}}(p_i)\\
&\quad\times\boldsymbol{A}^{-1}\boldsymbol{N}^{-\mathrm{H}}(p_i)\boldsymbol{N}_{0m}^{\mathrm{H}}(p_i)\boldsymbol{N}_{0m}(p_j)\boldsymbol{N}^{-1}(p_j)\boldsymbol{A}^{-1}\boldsymbol{\Pi}_0(p_j)\boldsymbol{D}_j^l(p_j)\boldsymbol{\omega}_j\\
&=\sum_{i,j=1}^{N_p}\frac{4\mathrm{Re}(p_i)\mathrm{Re}(p_j)}{\overline{p}_i+p_j}\boldsymbol{\omega}_j^{\mathrm{H}}\boldsymbol{D}_j^r(p_j)\boldsymbol{D}_i^{r\,\mathrm{H}}(p_i)\boldsymbol{\omega}_i\boldsymbol{\omega}_i^{\mathrm{H}}\boldsymbol{D}_i^{l\,\mathrm{H}}(p_i)\boldsymbol{\Pi}_0^{\mathrm{H}}(p_i)\\
&\quad\times\boldsymbol{A}^{-1}\tilde{\boldsymbol{Y}}^{\mathrm{H}}(p_i)\boldsymbol{N}_{0m}^{\mathrm{H}}(p_i)\boldsymbol{N}_{0m}(p_j)\tilde{\boldsymbol{Y}}(p_j)\boldsymbol{A}^{-1}\boldsymbol{\Pi}_0(p_j)\boldsymbol{D}_j^l(p_j)\omega_j\\
&=\sum_{i,j=1}^{N_p}\frac{4\mathrm{Re}(p_i)\mathrm{Re}(p_j)}{\overline{p}_i+p_j}\boldsymbol{\omega}_j^{\mathrm{H}}\boldsymbol{D}_j^r(p_j)\boldsymbol{D}_i^{r\,\mathrm{H}}(p_i)\boldsymbol{\omega}_i\boldsymbol{\omega}_i^{\mathrm{H}}\boldsymbol{D}_i^{l\,\mathrm{H}}(p_i)\boldsymbol{\Pi}_0^{\mathrm{H}}(p_i)\\
&\quad\times\boldsymbol{A}^{-1}\boldsymbol{N}^{-\mathrm{H}}(p_i)\boldsymbol{N}_{0m}^{\mathrm{H}}(p_i)\boldsymbol{N}_{0m}(p_j)\boldsymbol{N}^{-1}(p_j)\boldsymbol{A}^{-1}\boldsymbol{\Pi}_0(p_j)\boldsymbol{D}_j^l(p_j)\boldsymbol{\omega}_j.
\end{aligned}$$

综上，可以得到

$$\begin{aligned}
J^* &=J_1^*+J_2^*\\
&=2\sum_{i=1}^{N_z}\frac{\mathrm{Re}(z_i)}{|z_i|^2}\sum_{j=1}^{m}\sigma_j^2\cos^2\angle(\boldsymbol{\eta}_i,\boldsymbol{e}_j)+\sum_{i,j=1}^{N_p}\frac{4\mathrm{Re}(p_i)\mathrm{Re}(p_j)}{\overline{p}_i+p_j}\\
&\quad\times\boldsymbol{\omega}_j^{H}\boldsymbol{D}_j^r(p_j)\boldsymbol{D}_i^{r\,\mathrm{H}}(p_i)\boldsymbol{\omega}_i\boldsymbol{\omega}_i^{\mathrm{H}}\boldsymbol{D}_i^{l\,\mathrm{H}}(p_i)\boldsymbol{\Pi}_0^{\mathrm{H}}(p_i)\\
&\quad\times\boldsymbol{A}^{-1}\boldsymbol{N}^{-\mathrm{H}}(p_i)\boldsymbol{N}_{0m}^{\mathrm{H}}(p_i)\boldsymbol{N}_{0\mathrm{m}}(p_j)\boldsymbol{N}^{-1}(p_j)\boldsymbol{A}^{-1}\boldsymbol{\Pi}_0(p_j)\boldsymbol{D}_j^l(p_j)\boldsymbol{\omega}_j.
\end{aligned}$$

证明完毕。

注释 5.1 在前向通道中，考虑带宽限制 $\boldsymbol{F}$ 和二参数控制器，$\boldsymbol{F}$ 的非最小相位零点会恶化反馈控制系统的性能极限（如文献[9]）。然而，在反馈通道中，带宽限制 $\boldsymbol{F}$ 的非最小相位零点不会影响其性能极限。

假如系统 $\boldsymbol{G}$ 是单输入单输出系统，并且不考虑带宽限制，即 $\boldsymbol{F}=1$，那么，我们可以得到如下推论。

推论 5.1 考虑图 5.3 所示的网络化控制系统结构，其中被控对象 $\boldsymbol{G}$ 为单输入单输出系统。$\boldsymbol{r}$、$\boldsymbol{q}$ 和 $\boldsymbol{n}$ 表示系统的参考信号、量化噪声和网络噪声，它们是带功率谱密度 σ^2、γ^2 和 δ^2 的互不相关的零均值高斯白噪声。编码器和解码器分别为 λ 和 λ^{-1}。假设被控对象的非最小相位零点和不稳定极点分别为 z_k（$k=1,\cdots,N_z$）和 $p_k(k=1,\cdots,N_p)$。那么，该单输入单输出连续系统的平均跟踪性能极限值为

$$J^*=2\sigma^2\sum_{i=1}^{N_z}\frac{\mathrm{Re}(z_i)}{|z_i|^2}+\lambda^{-2}(\delta^2+\gamma^2)\sum_{i,j=1}^{N_p}\frac{4\mathrm{Re}(p_i)\mathrm{Re}(p_j)}{\bar{p}_i}+p_jH(p_i),$$

其中

$$H(p_i)=(N_{0m}(p_i)N^{-1}(p_i)\prod_{j=1,j\neq i}^{N_p}\frac{p_j+\tilde{p}_i}{p_j-p_i})^2.$$

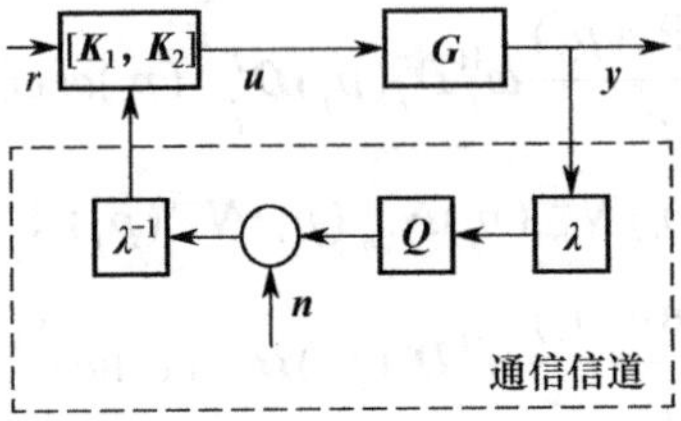

图 5.3 系统结构框图

证明：类似于定理 5.1 的证明，我们有

$$\begin{aligned}J&=\mathrm{E}\left\{\|e\|_2^2\right\}\\&=\|(I-N_0Q)\sigma\|_2^2+\left\|N_0(Y-RM)\lambda^{-1}\delta\right\|_2^2+\left\|N_0(Y-RM)\lambda^{-1}\gamma\right\|_2^2\\&=J_1+J_2,\end{aligned}$$

其中

$$\begin{aligned}J_1&=\|(I-N_0Q)\sigma\|_2^2\\J_2&=\left\|N_0(Y-RM)\lambda^{-1}\delta\right\|_2^2+\left\|N_0(Y-RM)\lambda^{-1}\gamma\right\|_2^2.\end{aligned}$$

由于参数 Q 和 R 相互独立，因此

$$J^*=\inf_{k\in\mathcal{K}}J=\inf_{Q\in\mathrm{RH}_\infty}J_1+\inf_{R\in\mathrm{RH}_\infty}J_2.$$

对于性能指标 J_1，有

$$\begin{aligned}J_1^* &= \inf_{Q\in \mathrm{RH}_\infty} \left\|(I-N_0Q)\sigma\right\|_2^2 \\ &= \inf_{Q\in \mathrm{RH}_\infty} \left\|(I-L_0N_{0m}Q)\sigma\right\|_2^2 \\ &= \inf_{Q\in \mathrm{RH}_\infty} \left\|(L_0^{-1}-N_{0m}Q)\sigma\right\|_2^2 \\ &= \inf_{Q\in \mathrm{RH}_\infty} \left\|(L_0^{-1}-I)\sigma+(I-N_{0m}Q)\sigma\right\|_2^2 \\ &= \left\|(I-L_0)U\right\|_2^2 + \inf_{Q\in \mathrm{RH}_\infty} \left\|(I-N_{0m}Q)U\right\|_2^2 \\ &= 2\sigma^2 \sum_{i=1}^{N_z} \frac{\mathrm{Re}(z_i)}{\left|z_i\right|^2}.\end{aligned}$$

对于性能指标 J_2，有

$$\begin{aligned}J_2 &= \left\|N(Y-RM)\lambda^{-1}\delta\right\|_2^2 + \left\|N(Y-RM)\lambda^{-1}\gamma\right\|_2^2 \\ &= \lambda^{-2}\delta^2\left\|N(Y-RM)\right\|_2^2 + \lambda^{-2}\gamma^2\left\|N(Y-RM)\right\|_2^2 \\ &= \lambda^{-2}(\delta^2+\gamma^2)\left\|N(Y-RM)\right\|_2^2 \\ &= \lambda^{-2}(\delta^2+\gamma^2)\left\|N_m(Y-RM)\right\|_2^2 \\ &= \lambda^{-2}(\delta^2+\gamma^2)\left\|N_m(YB^{-1}-RM_m)\right\|_2^2 \\ &= \lambda^{-2}(\delta^2+\gamma^2)\left\|N_{0m}YB^{-1}-N_{0m}RM_m\right\|_2^2.\end{aligned}$$

通过引理 2.5，可以得到如下形式：

$$\begin{aligned}J_2^* = \inf_{R\in \mathrm{RH}_\infty} \lambda^{-2}(\delta^2+\gamma^2) \Bigg\| & S + \sum_{i=1}^{N_p} N_{0m}(p_i)YB_1^{-1}(p_i)\cdots B_{i-1}^{-1}(p_i) \\ & \times(B_i^{-1}(s)-B_i^{-1}(\infty))B_{i+1}^{-1}(p_i)\cdots B_{N_z}^{-1}(p_i) + \sum_{i=1}^{N_p} N_{0m}(p_i)Y(p_i) \\ & \times B_1^{-1}(p_i)\cdots B_{\Pi i-1}^{-1}(p_i)B_i^{-1}(\infty)B_{i+1}^{-1}(p_i)\cdots B_{N_z}^{-1}(p_i) - N_{0m}RM_m\Bigg\|_2^2 \\ = \lambda^{-2}(\delta^2+\gamma^2) \Bigg\| & \sum_{i=1}^{N_p} N_{0m}(p_i)Y(p_i)B_1^{-1}(p_i)\cdots B_{i-1}^{-1}(p_i) \\ & \times(B_i^{-1}(s)-B_i^{-1}(\infty))B_{i+1}^{-1}(p_i)\cdots B_{N_z}^{-1}(p_i)\Bigg\|_2^2 \\ = \lambda^{-2}(\delta^2+\gamma^2) \Bigg\| & \sum_{i=1}^{N_p} N_{0m}(p_i)Y(p_i)\frac{2\mathrm{Re}(p_i)}{s-p_i} \prod_{j=1,j\neq i}^{N_p} \frac{p_j+\tilde{p}_i}{p_j-p_i}\Bigg\| \\ = \lambda^{-2}(\delta^2+\gamma^2) & \sum_{i,j=1}^{N_p} \frac{4\mathrm{Re}(p_i)\mathrm{Re}(p_j)}{\overline{p}_i} + p_jH(p_i),\end{aligned}$$

其中，

$$H(p_i) = (N_{0m}(p_i)N^{-1}(p_i)\prod_{j=1, j\neq i}^{N_p}\frac{p_j + \tilde{p}_i}{p_j - p_i})^2.$$

因此，

$$J^* = 2\sigma^2\sum_{i=1}^{N_z}\frac{\mathrm{Re}(z_i)}{\left|z_i\right|^2} + \lambda^{-2}(\delta^2 + \gamma^2)\sum_{i,j=1}^{N_p}\frac{4\,\mathrm{Re}(p_i)\mathrm{Re}(p_j)}{\overline{p}_i} + p_j H(p_i),$$

证明完毕。

5.4 数值例子与仿真

考虑如下被控对象

$$P = \frac{s-k}{s^2-1},$$

和编码器 $A = \lambda, (\lambda \geqslant 1)$。显然，$P(s)$ 是具有非最小相位零点 $p = k$（$k \geqslant 2$）和不稳定极点 $z = 1$ 的非最小相位且不稳定系统。网络的有限带宽用 LTI 滤波器来模拟，这里选择低通 1 阶巴特沃斯滤波器，并令 $F = f/(s+f)$，其中 $f > 0$。图 5.4 表明了跟踪性能与参考信号和被控对象非最小相位零点的关系。图 5.5 和图 5.6 表明量化噪声、网络噪声和参考信号将恶化系统的跟踪性能极限。

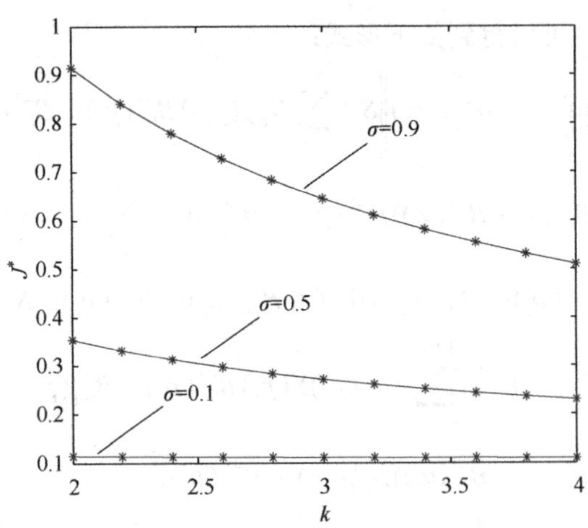

图 5.4 跟踪性能与参考信号和被控制对象非最小相位零点的关系（$f = 2, \gamma = 0.2, \delta = 0.1, \lambda = 1$）

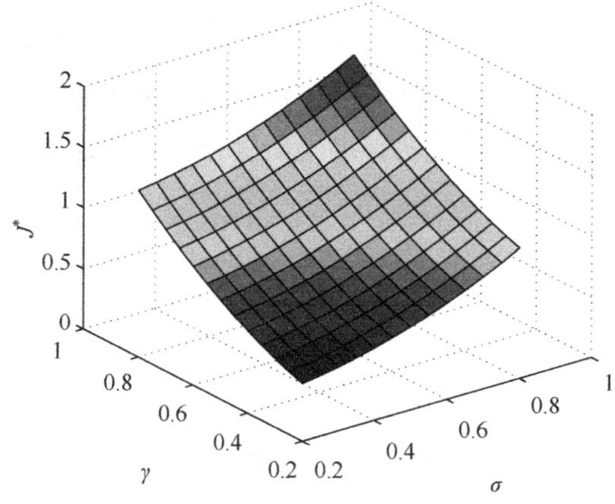

图 5.5 跟踪性能与量化噪声和参考信号的关系
（$k=2, f=2, \delta=0.3, \lambda=1$）

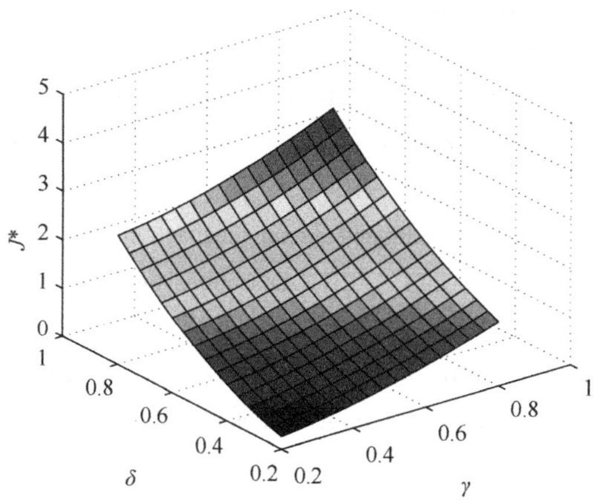

图 5.6 跟踪性能与网络噪声和量化噪声的关系
（$k=2, f=3, \sigma=0.1, \lambda=1$）

5.5 本章小结

本章研究了线性时不变反馈控制系统在网络噪声影响下的问题，同时还考虑了反馈通道受到均匀量化、带宽约束和编码解码时的网络化控制系统跟踪性能极限问题。采用二参数控制器结构，基于尤拉参数化的频域分析方法，性能指标采用常用的二范数积分形式，给出了系统的跟踪性能的求法及其下确界的精确表达式。结果表明，网络化控制系统的跟踪性能极限不仅依赖于系统的内部结构特征（不稳定极点和非最小相位零点），还与网络的信道噪声、量化、编码解码和带宽等网络约束有关。从研究结果的精确表达式，我们还可了解到网络噪声、量化、带宽约束和编码解码是如何影响整个网络化控制系统的跟踪性能极限的，这些理论对于实际系统的控制器、量化器、编码器等分析和设计，都有十分重要的指导作用。

参考文献

[1] Wu Z G, Shi P, Su H, et al. Sampled-data exponential synchronization of complex dynamical networks with time-varying coupling delay. IEEE Transactions on Neural Networks and Learning Systems, 2013, 24(8): 1177-1187.

[2] Zhang L, Gao H, Kaynak O. Network-induced constraints in networked control systems—A survey. IEEE transactions on industrial informatics, 2013, 9(1): 403-416.

[3] Zhang L, Yin X, Ning Z, et al. Robust filtering for a class of networked nonlinear systems with switching communication channels. IEEE transactions on cybernetics, 2017, 47(3): 671-682.

[4] Wen G, Huang T, Yu W, et al. Cooperative tracking of networked agents with a high-dimensional leader: Qualitative analysis and performance evaluation. IEEE transactions on cybernetics, 2018, 48(7): 2060-2073.

[5] Shen H, Dai M, Yan H, et al. Quantized output feedback control for stochastic semi-Markov jump systems with unreliable links. IEEE Transactions on Circuits and Systems II: Express Briefs, 2018, 65(12): 1998-2002.

[6] Shen D. Data-driven learning control for stochastic nonlinear systems: multiple communication constraints and limited storage. IEEE transactions on neural networks and learning systems, 2018, 29(6): 2429-2440.

[7] Goodwin G C, Silva E I, Quevedo D E. Analysis and design of networked control systems using the additive noise model methodology. Asian Journal of Control, 2010, 12(4): 443-459.

[8] Ding L, Wang H N, Guan Z H, et al. Tracking under additive white Gaussian noise effect. IET control theory & applications, 2010, 4(11): 2471-2478.

[9] Guan Z H, Chen C Y, Feng G, et al. Optimal tracking performance limitation of networked control systems with limited bandwidth and additive colored white Gaussian noise. IEEE Transactions on Circuits and Systems I: Regular Papers, 2013, 60(1): 189-198.

[10] Silva E I, Pulgar S N A. Performance limitations for single-input LTI plants controlled over SNR constrained channels with feedback. Automatica, 2013, 49(2): 540-547.

[11] Zhan X S, Guan Z H, Zhang X H, et al. Optimal tracking performance and design of networked control systems with packet dropouts. Journal of the Franklin Institute, 2013, 350(10): 3205-3216.

[12] Latorre I A, Silva E I, Salgado M E. On the effect of additional input channels on the achievable

performance of discrete-time control systems. Automatica, 2014, 50(2): 570-577.

[13] Guan Z H, Wang B, Ding L. Modified tracking performance limitations of unstable linear SIMO feedback control systems. Automatica, 2014, 50(1): 262-267.

[14] Zhan X S, Wu J, Jiang T, et al. Optimal performance of networked control systems under the packet dropouts and channel noise. ISA transactions, 2015, 58: 214-221.

[15] Chi M, Guan Z H, Cheng X M, et al. Performance limitations for networked control systems with plant uncertainty. International Journal of Systems Science, 2016, 47(6): 1358-1365.

[16] Li Y, Chen J, Tuncel E, et al. MIMO control over additive white noise channels: stabilization and tracking by LTI controllers. IEEE Transactions on Automatic Control, 2016, 61(5): 1281-1296.

[17] Wang B, Jiang X, Chen C. Trade-off performance analysis of LTI system with channel energy constraint. ISA transactions, 2016, 65: 88-95.

[18] Jiang X W, Hu B, Guan Z H, et al. The minimal signal-to-noise ratio required for stability of control systems over a noisy channel in the presence of packet dropouts. Information Sciences, 2016, 372: 579-590.

[19] Chen C Y, Hu B, Guan Z H, et al. Optimal tracking performance of control systems with two-channel constraints. Information Sciences, 2016, 374: 85-99.

[20] Chen C Y, Guan Z H, Chi M, et al. Fundamental performance limitations of networked control systems with novel trade-off factors and constraint channels. Journal of the Franklin Institute, 2017, 354(7): 3120-3133.

[21] Chen C Y, Hu B, Guan Z H, et al. Performance analysis of networked control systems over AWGN fading channels. Neurocomputing, 2018, 275: 1946-1953.

[22] Jiang X W, Chen C Y, Yang Q S, et al. Optimal tracking performance for SIMO systems with packet dropouts and control energy constraints. IET Control Theory & Applications, 2018, 12(12): 1714-1721.

[23] Zhan X S, Cheng L L, Wu J, et al. Optimal modified performance of MIMO networked control systems with multi-parameter constraints. ISA transactions, 2019, 84: 111-117.

[24] Guan Z H, Zhan X S, Feng G. Optimal tracking performance of MIMO discrete - time systems with communication constraints. International Journal of Robust and Nonlinear Control. 2012, 22(13): 1429-1439.

[25] Braslavsky J H, Middleton R H, Freudenberg J S. Feedback stabilization over signal-to-noise ratio constrained channels. IEEE Transactions on Automatic Control. 2007, 52(8): 1391-1403.

[26] Jiang X W, Guan Z H, Feng G et al. Optimal tracking performance of networked control systems with channel input power constraint. IET control theory & applications. 2012, 6(11): 1690-1698.

[27] Rojas A J. Signal-to-Noise Ratio Fundamental Limitations in Continuous-Time Linear Output Feedback Control. IEEE Transactions on Automatic Control. 2009, 54(8): 1902-1907.

[28] Widrow B, Kollár I. Quantization noise: roundoff error in digital computation, signal processing, control, and communications. Cambridge University Press, 2008.

第6章　新型权衡性能指标下系统跟踪性能极限

6.1　引言

由于网络化控制系统的广泛应用，网络化控制系统研究引起了越来越多的研究者的兴趣[1-8]。以往对网络化控制系统的研究大多集中在网络的通信约束方面，如量化[10,11]、时滞[12-14]、带宽[15-17]和信噪比约束[18,19]等，对控制系统的性能指标的设计却考虑得较少。然而，对于控制系统的性能极限都是针对所设计的性能指标来展开的，因此设计合理的性能指标，对于网络化控制系统性能极限的研究尤为重要。以往，对于性能指标的设计一般采用两种常用的方式，一种是采用系统输出和参考信号之差的二范数积分作为系统的性能指标，由于这种方式没有考虑网络输入的影响，另一种是在前一种的基础上，考虑把网络输入能量引入系统的性能指标中，结合系统输出与参考信号之差的二范数积分作权衡，设计出更为合理的权衡型性能指标。

本章研究新型权衡指标下带有色高斯带宽受限信道的网络化控制系统跟踪性能极限问题。考虑了一种更合理的性能指标形式，其性能指标不仅考虑了系统网络通道输入能量和系统输出与参考信号之差的二范数积分的权衡，还把被控对象的输入能量引入控制系统的性能指标中，把网络输入能量和被控对象输入能量应用传递函数式的权衡因子作权衡。不同于以往单一的常参量形式的权衡因子，这种权衡因子能有效地对信号的各个频段作权衡。这种性能指标综合了参考信号、系统输出、网络输入和被控制对象控制输入等因素，揭示网络化控制系统更全面的固有本质特性。本章基于频域的思想，利用尤拉参数化的工具，采用内外分解和互质分解的处理方法，在上面提出的性能指标形式基础上，求解带有色高斯带宽受限信道下的网络化控制系统跟踪性能极限，结果反映了网络特性（如信道带宽、有色噪声）与性能极限的定量关系。

6.2 单参数网络化控制系统性能权衡极限

6.2.1 问题描述

本节考虑如图 6.1 所示的单输入单输出（SISO）反馈控制结构框图。图中 $\boldsymbol{G}$ 是 SISO 被控对象，p_i（$i=1,\ \cdots,N_p$）和 z_i（$j=1,\cdots,N_z$）表示被控对象 $\boldsymbol{G}$ 的不稳定极点和非最小相位零点，$\boldsymbol{K}$ 为参数控制器，$\boldsymbol{r}$、$\boldsymbol{y}$、$\boldsymbol{n}$ 分别为参考信号、系统输出和网络噪声。$\boldsymbol{u}$ 和 $\boldsymbol{u}_c$ 分别为网络控制输入和网络输出（也叫被控对象控制输入），W_I 和 W_o 是最小相位和稳定的传递函数。信道传递函数 F 用于模拟网络带宽限制，信道传递函数 H 是高斯白噪声 $\boldsymbol{n}$ 的染色传递函数，并且 F 和 H 均为最小相位和稳定的传递函数。

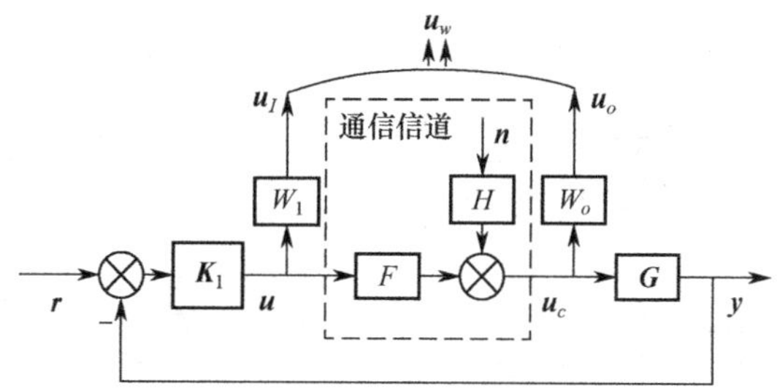

图 6.1　单参数控制系统结构框图

跟踪信号具体定义如下：

$$r(t)=\begin{cases} v, & t\geqslant 0 \\ 0, & t<0 \end{cases}$$

其中，v 是一个布朗运动。假设参考信号和噪声信号互不相关。v 和 n_0 的功率谱密度分别为 σ^2 和 γ^2。系统的跟踪性能指标定义为

$$J=\mathrm{E}\{(1-\epsilon)(\boldsymbol{r}(t)-\boldsymbol{y}(t))^{\mathrm{T}}(\boldsymbol{r}(t)-\boldsymbol{y}(t))+\epsilon\,\boldsymbol{u}_w^{\mathrm{T}}(t)\boldsymbol{u}_w(t)\} \tag{6.1}$$

这里 E{·} 为期望算子，并且有 $u_w=[u_I\quad u_o]^{\mathrm{T}}$。对于传递函数 PF，令其互质分解为

$$\mathrm{PF}=NM^{-1},$$

其中，$N, M\in \mathrm{RH}_\infty$，且满足 Bezout 不等式

$$XM-YN=1.$$

通过尤拉参数化，所有稳定的单参数控制器集合可以表示为

$$\mathcal{K}:=\left\{K:K=-\left(Y-MQ\right)\left(X-NQ\right)^{-1},Q\in \mathrm{RH}_\infty\right\},$$

调节性能极限指标定义如下：

$$J^* := \inf_{K \in \mathcal{K}} J .$$

6.2.2 控制系统性能极限求解

本节针对带宽受限的带有色高斯噪声信道的网络化控制系统，设计带权值的性能指标，基于单参数控制器，利用互质分解、尤位参数化、全通分解和内外分解等方法，求解相应的跟踪性能极限。

定理 6.1 考虑如图 6.1 所示的网络化控制系统模型和式（6.1）的性能指标，参考信号为布朗运动的随机过程，噪声信号 n 为零均值高斯白噪声。参考信号与网络噪声互不相关。F 是稳定的最小相位的传递函数，用于模拟网络带宽限制。权值 W_I 和 W_o 为稳定的最小相位的传递函数。被控对象 P 为不稳定的非最小相位系统，p_i（$i=1,\cdots,N_p$）和 z_i（$i=1,\cdots,N_z$）分别为被控对象的不稳定极点和非最小相位零点，且 p_i 和 z_i 的重数分别是 n_{pi} 和 n_{zi}。则反馈控制系统的性能极限满足

$$\begin{aligned}
J^* \geqslant & \sum_{i=1}^{N_z}\sum_{d=1}^{n_{zi}} \frac{r_{1zid}}{(d-1)!} \sum_{j=1}^{N_z}\sum_{d=1}^{n_{zj}} \frac{(-1)^{d-1}\overline{r}_{1zjd}}{(s+\overline{z}_j)^d}\Bigg|_{s=z_j} + \sum_{i=1}^{N_p}\sum_{d=1}^{n_{pi}} \frac{r_{2pid}}{(d-1)!} \sum_{j=1}^{N_p}\sum_{d=1}^{n_{pj}} \frac{(-1)^{d-1}\overline{r}_{2pjd}}{(s+\overline{p}_j)^d}\Bigg|_{s=p_j} \\
& + \sum_{i=1}^{N_p}\sum_{d=1}^{n_{pi}} \frac{r_{3pid}}{(d-1)!} \sum_{j=1}^{N_p}\sum_{d=1}^{n_{pj}} \frac{(-1)^{d-1}\overline{r}_{3pjd}}{(s+\overline{p}_j)^d}\Bigg|_{s=p_j} + \sum_{i=1}^{N_s}\sum_{d=1}^{n_{si}} \frac{r_{4sid}}{(d-1)!} \sum_{j=1}^{N_s}\sum_{d=1}^{n_{sj}} \frac{(-1)^{d-1}\overline{r}_{4sjd}}{(s+\overline{s}_j)^d}\Bigg|_{s=s_j} \\
& + \sum_{i=1}^{N_z}\sum_{d=1}^{n_{zi}} \frac{r_{5zid}}{(d-1)!} \sum_{j=1}^{N_z}\sum_{d=1}^{n_{zj}} \frac{(-1)^{d-1}\overline{r}_{5zjd}}{(s+\overline{z}_j)^d}\Bigg|_{s=z_j} + \sum_{i=1}^{N_p}\sum_{d=1}^{n_{pi}} \frac{r_{6pid}}{(d-1)!} \sum_{j=1}^{N_p}\sum_{d=1}^{n_{pj}} \frac{(-1)^{d-1}\overline{r}_{6pjd}}{(s+\overline{p}_j)^d}\Bigg|_{s=p_j} \\
& + \sum_{i=1}^{N_z}\sum_{d=1}^{n_{zi}} \frac{r_{7zid}}{(d-1)!} \sum_{j=1}^{N_z}\sum_{d=1}^{n_{zj}} \frac{(-1)^{d-1}\overline{r}_{7zjd}}{(s+\overline{z}_j)^d}\Bigg|_{s=z_j} + \sum_{i=1}^{N_f}\sum_{d=1}^{n_{fi}} \frac{r_{8fid}}{(d-1)!} \sum_{j=1}^{N_f}\sum_{d=1}^{n_{fj}} \frac{(-1)^{d-1}\overline{r}_{8fjd}}{(s+\overline{f}_j)^d}\Bigg|_{s=f_j} .
\end{aligned}$$

其中，

$$r_{1zid} = \frac{1}{(n_i-d)}\frac{d^{m_i-d}}{ds^{n_i-d}}\left(\sqrt{1-\epsilon}L^{-1}XM_mUL^{-1}(s)\frac{1}{s}\right)\Big|_{s=z_i},$$

$$r_{2pid} = \frac{1}{(n_i-d)}\frac{d^{m_i-d}}{ds^{n_i-d}}\left(\sqrt{1-\epsilon}W_IB^{-1}YM_mUB^{-1}(s)\frac{1}{s}\right)\Big|_{s=p_i},$$

$$r_{3pid} = \frac{1}{(n_i-d)}\frac{d^{m_i-d}}{ds^{n_i-d}}\left(\sqrt{\epsilon}W_oFB^{-1}YM_mUB^{-1}(s)\frac{1}{s}\right)\Big|_{s=p_i},$$

$$r_{4sid} = \frac{1}{(n_i-d)}\frac{d^{m_i-d}}{ds^{n_i-d}}\left(\Lambda_i^{-1}(s)\begin{bmatrix}\Gamma_1\\ \Gamma_2\\ \Gamma_3\end{bmatrix}\frac{1}{s}\right)\Big|_{s=s_i},$$

$$r_{5zid}=\frac{1}{(n_i-d)}\frac{d^{m_i-d}}{ds^{n_i-d}}(\sqrt{1-\epsilon}XN_mHVL^{-1}(s))\Big|_{s=z_i},$$

$$r_{6pid}=\frac{1}{(n_i-d)}\frac{d^{m_i-d}}{ds^{n_i-d}}(\sqrt{\epsilon}W_IYN_mHVB^{-1}(s))\Big|_{s=p_i},$$

$$r_{7zid}=\frac{1}{(n_i-d)}\frac{d^{m_i-d}}{ds^{n_i-d}}(\sqrt{\epsilon}W_oM_mXHVL^{-1}(s))\Big|_{s=z_i},$$

$$r_{8fid}=\frac{1}{(n_i-d)}\frac{d^{m_i-d}}{ds^{n_i-d}}\left(\boldsymbol{\Omega}_i^{-1}(s)\begin{bmatrix}\Pi_1\\ \Pi_2\\ \Pi_3\end{bmatrix}\right)\Big|_{s=f_i}.$$

证明：由性能指标式（6.1）可以得到

$$J:=\mathrm{E}\left\{(1-\epsilon)(\|r(t)-y_r(t)\|^2+\|y_n(t)\|^2)+\epsilon(\|u_{wI}(t)\|^2+\|u_{wo}(t)\|^2)\right\},$$

这里$y_r(t)$和$y_n(t)$分别是参考输入r和噪声信号n的输出响应，$u_{wI}(t)$和$u_{wo}(t)$是参考输入r和噪声信号n的控制响应。并且给出e_r和u_w为

$$e_r(t)=r(t)-y_r(t),u_{wI}=\begin{bmatrix}u_{Ir}\\ u_{In}\end{bmatrix},u_{wr}=\begin{bmatrix}u_{or}\\ u_{on}\end{bmatrix}.$$

于是，我们有

$$J:=(1-\epsilon)\mathrm{Tr}\left\{R_{e_r}(0)+R_{y_n}(0)\right\}+\epsilon\mathrm{Tr}\left\{R_{u_{Ir}}(0)+R_{u_{In}}(0)+R_{u_{or}}(0)+R_{u_{on}}(0)\right\},$$

其中，$R_{e_r}(t),R_{y_n}(t),R_{u_{Ir}}(t),R_{u_{In}}(t),R_{u_{or}}(t)$和$R_{u_{on}}(t)$是随机过程$e_r(t),y_n(t),u_{Ir}(t),u_{In}(t),$ $u_{or}(t)$和$u_{on}(t)$的函数。表示r和n的功率谱密度为$S_r(jw)$和$S_n(jw)$。

那么，可以得到

$$\begin{aligned}J&=(1-\epsilon)\frac{1}{2\pi}\left[\int_{-\infty}^{+\infty}\mathrm{Tr}\left(T_{e_rr}S_r(\mathrm{j}\omega)T_{e_rr}^{\mathrm{T}}\right)\mathrm{d}t+\int_{-\infty}^{+\infty}\mathrm{Tr}\left(T_{yn}S_n(\mathrm{j}\omega)T_{yn}^{\mathrm{T}}\right)\mathrm{d}t\right]\\&\quad+\epsilon\frac{1}{2\pi}\left[\int_{-\infty}^{+\infty}\mathrm{Tr}\left(T_{u_Ir}S_r(\mathrm{j}\omega)T_{u_Ir}^{\mathrm{T}}\right)\mathrm{d}t+\int_{-\infty}^{+\infty}\mathrm{Tr}\left(T_{u_In}S_n(\mathrm{j}\omega)T_{u_In}^{\mathrm{T}}\right)\mathrm{d}t\right.\\&\quad\left.+\int_{-\infty}^{+\infty}\mathrm{Tr}\left(T_{u_or}S_r(\mathrm{j}\omega)T_{u_or}^{\mathrm{T}}\right)\mathrm{d}t+\int_{-\infty}^{+\infty}\mathrm{Tr}\left(T_{u_on}S_n(\mathrm{j}\omega)T_{u_on}^{\mathrm{T}}\right)\mathrm{d}t\right]\\&=(1-\epsilon)\left(\left\|T_{e_rr}U\frac{1}{s}\right\|_2^2+\left\|T_{yn}V\right\|_2^2\right)+\epsilon\left(\left\|T_{u_Ir}U\frac{1}{s}\right\|_2^2+\left\|T_{u_In}V\right\|_2^2\right.\\&\quad\left.+\left\|T_{u_or}U\frac{1}{s}\right\|_2^2+\left\|T_{u_on}V\right\|_2^2\right)\\&=\left\|\begin{bmatrix}\sqrt{1-\epsilon}(X-NQ)\\ -\sqrt{\epsilon}W_I(Y-MQ)\\ -\sqrt{\epsilon}W_oF(Y-MQ)\end{bmatrix}\tilde{M}U\frac{1}{s}\right\|_2^2+\left\|\begin{bmatrix}\sqrt{1-\epsilon}(X-NQ)\tilde{M}P\\ \sqrt{\epsilon}W_I(Y-MQ)\tilde{M}P\\ \sqrt{\epsilon}W_oM(\tilde{X}-Q\tilde{N})\end{bmatrix}HV\right\|_2^2.\end{aligned}$$

令

$$J_1=\left\|\begin{bmatrix}\sqrt{1-\epsilon}(X-NQ)\\-\sqrt{\epsilon}W_I(Y-MQ)\\-\sqrt{\epsilon}W_oF(Y-MQ)\end{bmatrix}\tilde{M}U\frac{1}{s}\right\|_2^2,$$

$$J_2=\left\|\begin{bmatrix}\sqrt{1-\epsilon}(X-NQ)\tilde{M}P\\\sqrt{\epsilon}W_I(Y-MQ)\tilde{M}P\\\sqrt{\epsilon}W_oM(\tilde{X}-Q\tilde{N})\end{bmatrix}HV\right\|_2^2.$$

对于 J_1，我们有

$$J_1^*=\inf_{K\in\mathcal{K}}\left\{\begin{bmatrix}\sqrt{1-\epsilon}(X-NQ)\\-\sqrt{\epsilon}W_I(Y-MQ)\\-\sqrt{\epsilon}W_oF(Y-MQ)\end{bmatrix}\tilde{M}U\frac{1}{s}\right\}.$$

类似于文献[10]，下列分解成立

$$\sqrt{1-\epsilon}L^{-1}XM_mU\frac{1}{s}=\Gamma_1^{\perp}+\Gamma_1,$$
$$\sqrt{1-\epsilon}W_IB^{-1}YM_mU\frac{1}{s}=\Gamma_2^{\perp}+\Gamma_2,$$
$$\sqrt{\epsilon}W_oFB^{-1}YM_mU\frac{1}{s}=\Gamma_3^{\perp}+\Gamma_3.$$

其中

$$\Gamma_1^{\perp}=\sum_{i=1}^{N_z}\sum_{d=1}^{n_i}\frac{r_{1zid}}{(s-z_i)^d},\ r_{1zid}=\frac{1}{(n_i-d)}\frac{d^{m_i-d}}{ds^{n_i-d}}\left(\sqrt{1-\epsilon}L^{-1}XM_mUL^{-1}(s)\frac{1}{s}\right)\Big|_{s=z_i},$$
$$\Gamma_2^{\perp}=\sum_{i=1}^{N_p}\sum_{d=1}^{n_i}\frac{r_{2pid}}{(s-p_i)^d},\ r_{2pid}=\frac{1}{(n_i-d)}\frac{d^{m_i-d}}{ds^{n_i-d}}\left(\sqrt{1-\epsilon}W_IB^{-1}YM_mUB^{-1}(s)\frac{1}{s}\right)\Big|_{s=p_i},$$
$$\Gamma_3^{\perp}=\sum_{i=1}^{N_p}\sum_{d=1}^{n_i}\frac{r_{3pid}}{(s-p_i)^d},\ r_{3pid}=\frac{1}{(n_i-d)}\frac{d^{m_i-d}}{ds^{n_i-d}}\left(\sqrt{\epsilon}W_oFB^{-1}YM_mUB^{-1}(s)\frac{1}{s}\right)\Big|_{s=p_i}.$$

因此有

$$\left\|\sqrt{1-\epsilon}(X-NQ)MU\frac{1}{s}\right\|_2^2=\left\|\sqrt{1-\epsilon}(L^{-1}X-N_mQ)M_mU\frac{1}{s}\right\|_2^2$$
$$=\left\|\Gamma_1^{\perp}\right\|_2^2+\left\|\Gamma_1-\sqrt{1-\epsilon}N_mQM_mU\frac{1}{s}\right\|_2^2,$$
$$\left\|-\sqrt{\epsilon}W_I(Y-MQ)\tilde{M}U\frac{1}{s}\right\|_2^2=\left\|\sqrt{1-\epsilon}W_I(B^{-1}Y-M_mQ)M_mU\frac{1}{s}\right\|_2^2$$
$$=\left\|\Gamma_2^{\perp}\right\|_2^2+\left\|\Gamma_2-\sqrt{1-\epsilon}W_IM_mQM_mU\frac{1}{s}\right\|_2^2,$$

$$\left\|-\sqrt{\epsilon}W_oF(Y-MQ)\tilde{M}U\frac{1}{s}\right\|_2^2=\left\|\sqrt{\epsilon}W_oF(B^{-1}Y-M_mQ)M_mU\frac{1}{s}\right\|_2^2$$

$$=\left\|\Gamma_3^{\perp}\right\|_2^2+\left\|\Gamma_3-\sqrt{\epsilon}W_oFM_mQM_mU\frac{1}{s}\right\|_2^2.$$

于是

$$J_1^*=\inf_{K\in\mathcal{K}}\left\{\left\|\begin{bmatrix}\sqrt{1-\epsilon}(X-NQ)\\-\sqrt{\epsilon}W_I(Y-MQ)\\-\sqrt{\epsilon}W_oF(Y-MQ)\end{bmatrix}\tilde{M}U\frac{1}{s}\right\|_2^2\right\}$$

$$=\left\|\Gamma_1^{\perp}\right\|_2^2+\left\|\Gamma_2^{\perp}\right\|_2^2+\left\|\Gamma_3^{\perp}\right\|_2^2+\inf_{K\in\mathcal{K}}\left\{\left\|\begin{matrix}\Gamma_1-\sqrt{1-\epsilon}N_mQM_mU\frac{1}{s}\\\Gamma_2-\sqrt{1-\epsilon}W_IM_mQM_mU\frac{1}{s}\\\Gamma_3-\sqrt{\epsilon}W_oFM_mQM_mU\frac{1}{s}\end{matrix}\right\|_2^2\right\}$$

$$=\left\|\Gamma_1^{\perp}\right\|_2^2+\left\|\Gamma_2^{\perp}\right\|_2^2+\left\|\Gamma_3^{\perp}\right\|_2^2+\inf_{K\in\mathcal{K}}\left\{\left\|\begin{bmatrix}\Gamma_1\\\Gamma_2\\\Gamma_3\end{bmatrix}-\begin{bmatrix}\sqrt{1-\epsilon}N_m\\\sqrt{1-\epsilon}W_IM_m\\\sqrt{\epsilon}W_oFM_m\end{bmatrix}QM_mU\frac{1}{s}\right\|_2^2\right\}.$$

令

$$\begin{bmatrix}\sqrt{1-\epsilon}N_m\\\sqrt{1-\epsilon}W_IM_m\\\sqrt{\epsilon}W_oFM_m\end{bmatrix}=\Lambda_i\Lambda_o,\ \Lambda_i^{-1}\begin{bmatrix}\Gamma_1\\\Gamma_2\\\Gamma_3\end{bmatrix}=\Gamma_4^{\perp}+\Gamma_4,$$

其中

$$\Gamma_4^{\perp}=\sum_{i=1}^{N_s}\sum_{d=1}^{n_i}\frac{r_{4sid}}{(s-s_i)^d},\ r_{4sid}=\frac{1}{(n_i-d)}\frac{d^{m_i-d}}{ds^{n_i-d}}(\Lambda_i^{-1}(s)\begin{bmatrix}\Gamma_1\\\Gamma_2\\\Gamma_3\end{bmatrix}\frac{1}{s})\Big|_{s=s_i}.$$

则 J^* 可以化为

$$J_1^*=\left\|\Gamma_1^{\perp}\right\|_2^2+\left\|\Gamma_2^{\perp}\right\|_2^2+\left\|\Gamma_3^{\perp}\right\|_2^2+\inf_{K\in\mathcal{K}}\left\{\left\|\begin{bmatrix}\Gamma_1\\\Gamma_2\\\Gamma_3\end{bmatrix}-\Lambda_i\Lambda_oQM_mU\frac{1}{s}\right\|_2^2\right\}$$

$$=\left\|\varGamma_1^{\perp}\right\|_2^2+\left\|\varGamma_2^{\perp}\right\|_2^2+\left\|\varGamma_3^{\perp}\right\|_2^2+\inf_{K\in\mathcal{K}}\left\{\left\|\Lambda_i^{-1}\begin{bmatrix}\varGamma_1\\ \varGamma_2\\ \varGamma_3\end{bmatrix}-\Lambda_o QM_m U\frac{1}{s}\right\|_2^2\right\}$$

$$=\left\|\varGamma_1^{\perp}\right\|_2^2+\left\|\varGamma_2^{\perp}\right\|_2^2+\left\|\varGamma_3^{\perp}\right\|_2^2+\left\|\varGamma_4^{\perp}\right\|_2^2+\inf_{K\in\mathcal{K}}\left\|\varGamma_4-\Lambda_o QM_m U\frac{1}{s}\right\|_2^2$$

$$=\left\|\varGamma_1^{\perp}\right\|_2^2+\left\|\varGamma_2^{\perp}\right\|_2^2+\left\|\varGamma_3^{\perp}\right\|_2^2+\left\|\varGamma_4^{\perp}\right\|_2^2$$

$$=\left\|\sum_{i=1}^{N_z}\sum_{d=1}^{n_i}\frac{r_{1zid}}{(s-z_i)^d}\right\|_2^2+\left\|\sum_{i=1}^{N_p}\sum_{d=1}^{n_i}\frac{r_{2pid}}{(s-p_i)^d}\right\|_2^2+\left\|\sum_{i=1}^{N_p}\sum_{d=1}^{n_i}\frac{r_{3pid}}{(s-p_i)^d}\right\|_2^2+\left\|\sum_{i=1}^{N_s}\sum_{d=1}^{n_i}\frac{r_{4sid}}{(s-s_i)^d}\right\|_2^2.$$

现在，对于J_2^*，类似于求解J_1^*的方法，下列分解成立

$$\sqrt{1-\epsilon}L^{-1}XN_mHV=\varPi_1^{\perp}+\varPi_1,$$

$$\sqrt{\epsilon}W_IB^{-1}YN_mHV=\varPi_2^{\perp}+\varPi_2,$$

$$\sqrt{\epsilon}W_oM_mXL^{-1}HV=\varPi_3^{\perp}+\varPi_3.$$

其中

$$\varPi_1^{\perp}=\sum_{i=1}^{N_z}\sum_{d=1}^{n_i}\frac{r_{5zid}}{(s-z_i)^d},\ r_{5zid}=\frac{1}{(n_i-d)}\frac{d^{m_i-d}}{ds^{n_i-d}}(\sqrt{1-\epsilon}XN_mHVL^{-1}(s))\Big|_{s=z_i},$$

$$\varPi_2^{\perp}=\sum_{i=1}^{N_p}\sum_{d=1}^{n_i}\frac{r_{6pid}}{(s-p_i)^d},\ r_{6pid}=\frac{1}{(n_i-d)}\frac{d^{m_i-d}}{ds^{n_i-d}}(\sqrt{\epsilon}W_IYN_mHVB^{-1}(s))\Big|_{s=p_i},$$

$$\varPi_3^{\perp}=\sum_{i=1}^{N_z}\sum_{d=1}^{n_i}\frac{r_{7zid}}{(s-z_i)^d},\ r_{7zid}=\frac{1}{(n_i-d)}\frac{d^{m_i-d}}{ds^{n_i-d}}(\sqrt{\epsilon}W_oM_mXHVL^{-1}(s))\Big|_{s=z_i}.$$

并且有

$$\left\|\sqrt{1-\epsilon}(X-NQ)\tilde{M}PHV\right\|_2^2=\left\|\sqrt{1-\epsilon}(L^{-1}X-N_mQ)N_mHV\right\|_2^2$$
$$=\left\|\varPi_1^{\perp}\right\|_2^2+\left\|\varPi_1-\sqrt{1-\epsilon}N_mQN_mHV\right\|_2^2,$$

$$\left\|\sqrt{\epsilon}W_I(Y-MQ)\tilde{M}P\right\|_2^2=\left\|\sqrt{\epsilon}W_I(B^{-1}Y-M_mQ)N_mHV\right\|_2^2$$
$$=\left\|\varPi_2^{\perp}\right\|_2^2+\left\|\varPi_2-\sqrt{\epsilon}W_IM_mQN_mHV\right\|_2^2,$$

$$\left\|\sqrt{\epsilon}W_oM(\tilde{X}-Q\tilde{N})HV\right\|_2^2=\left\|\sqrt{\epsilon}W_oM_m(XL^{-1}-QN_m)HV\right\|_2^2$$
$$=\left\|\varPi_3^{\perp}\right\|_2^2+\left\|\varPi_3-\sqrt{\epsilon}W_oM_mQN_mHV\right\|_2^2.$$

于是

$$J_2^* = \inf_{K\in\mathcal{K}} \left\| \begin{bmatrix} \sqrt{1-\epsilon}(X-NQ)\tilde{M}P \\ \sqrt{\epsilon}W_I(Y-MQ)\tilde{M}P \\ \sqrt{\epsilon}W_o M(\tilde{X}-Q\tilde{N}) \end{bmatrix} HV \right\|_2^2$$

$$= \left\|\Pi_1^{\perp}\right\|_2^2 + \left\|\Pi_2^{\perp}\right\|_2^2 + \left\|\Pi_3^{\perp}\right\|_2^2 + \inf_{K\in\mathcal{K}} \left\| \begin{bmatrix} \Pi_1 - \sqrt{1-\epsilon}N_m Q N_m HV \\ \Pi_2 - \sqrt{\epsilon}W_I M_m Q N_m HV \\ \Pi_3 - \sqrt{\epsilon}W_o M_m Q N_m HV \end{bmatrix} \right\|_2^2$$

$$= \left\|\Pi_1^{\perp}\right\|_2^2 + \left\|\Pi_2^{\perp}\right\|_2^2 + \left\|\Pi_3^{\perp}\right\|_2^2 + \inf_{K\in\mathcal{K}} \left\| \begin{bmatrix} \Pi_1 \\ \Pi_2 \\ \Pi_3 \end{bmatrix} - \begin{bmatrix} \sqrt{1-\epsilon}N_m \\ \sqrt{\epsilon}W_I M_m \\ \sqrt{\epsilon}W_o M_m \end{bmatrix} Q N_m HV \right\|_2^2 .$$

令

$$\begin{bmatrix} \sqrt{1-\epsilon}N_m \\ \sqrt{1-\epsilon}W_I M_m \\ \sqrt{\epsilon}W_o F M_m \end{bmatrix} = \boldsymbol{\Omega}_i \Omega_o,\ \boldsymbol{\Omega}_i^{-1} \begin{bmatrix} \Pi_1 \\ \Pi_2 \\ \Pi_3 \end{bmatrix} = \Pi_4^{\perp} + \Pi_4 ,$$

其中

$$\Pi_4^{\perp} = \sum_{i=1}^{N_f}\sum_{d=1}^{n_i} \frac{r_{7fid}}{(s-f_i)^d},\ r_{8fid} = \frac{1}{(n_i-d)} \frac{d^{m_i-d}}{ds^{n_i-d}} (\boldsymbol{\Omega}_i^{-1}(s) \begin{bmatrix} \Pi_1 \\ \Pi_2 \\ \Pi_3 \end{bmatrix})\Big|_{s=f_i} .$$

于是

$$J_2^* = \left\|\Pi_1^{\perp}\right\|_2^2 + \left\|\Pi_2^{\perp}\right\|_2^2 + \left\|\Pi_3^{\perp}\right\|_2^2 + \inf_{K\in\mathcal{K}} \left\| \begin{bmatrix} \Pi_1 \\ \Pi_2 \\ \Pi_3 \end{bmatrix} - \begin{bmatrix} \sqrt{1-\epsilon}N_m \\ \sqrt{\epsilon}W_I M_m \\ \sqrt{\epsilon}W_o M_m \end{bmatrix} Q N_m HV \right\|_2^2$$

$$= \left\|\Pi_1^{\perp}\right\|_2^2 + \left\|\Pi_2^{\perp}\right\|_2^2 + \left\|\Pi_3^{\perp}\right\|_2^2 + \inf_{K\in\mathcal{K}} \left\| \Omega_i^{-1} \begin{bmatrix} \Pi_1 \\ \Pi_2 \\ \Pi_3 \end{bmatrix} - \Omega_o Q N_m HV \right\|_2^2$$

$$= \left\|\Pi_1^{\perp}\right\|_2^2 + \left\|\Pi_2^{\perp}\right\|_2^2 + \left\|\Pi_3^{\perp}\right\|_2^2 + \left\|\Pi_4^{\perp}\right\|_2^2 + \inf_{K\in\mathcal{K}} \left\|\Pi_4 - \Omega_o Q N_m HV\right\|_2^2$$

$$= \left\|\Pi_1^{\perp}\right\|_2^2 + \left\|\Pi_2^{\perp}\right\|_2^2 + \left\|\Pi_3^{\perp}\right\|_2^2 + \left\|\Pi_4^{\perp}\right\|_2^2$$

$$= \left\| \sum_{i=1}^{N_z}\sum_{d=1}^{n_i} \frac{r_{5zid}}{(s-z_i)^d} \right\|_2^2 + \left\| \sum_{i=1}^{N_p}\sum_{d=1}^{n_i} \frac{r_{6pid}}{(s-p_i)^d} \right\|_2^2 + \left\| \sum_{i=1}^{N_z}\sum_{d=1}^{n_i} \frac{r_{7zid}}{(s-z_i)^d} \right\|_2^2 + \left\| \sum_{i=1}^{N_f}\sum_{d=1}^{n_i} \frac{r_{7fid}}{(s-f_i)^d} \right\|_2^2 .$$

由于

$$J^* = \inf_{K\in\mathcal{K}} J \geqslant \inf_{K\in\mathcal{K}} J_1 + \inf_{K\in\mathcal{K}} J_2.$$

因此

$$\begin{aligned}
J^* \geqslant & \left\| \sum_{i=1}^{N_z}\sum_{d=1}^{n_{zi}} \frac{r_{1zid}}{(s-z_i)^d} \right\|_2^2 + \left\| \sum_{i=1}^{N_p}\sum_{d=1}^{n_{pi}} \frac{r_{2pid}}{(s-p_i)^d} \right\|_2^2 + \left\| \sum_{i=1}^{N_p}\sum_{d=1}^{n_{pi}} \frac{r_{3pid}}{(s-p_i)^d} \right\|_2^2 + \left\| \sum_{i=1}^{N_s}\sum_{d=1}^{n_{si}} \frac{r_{4sid}}{(s-s_i)^d} \right\|_2^2 \\
& + \left\| \sum_{i=1}^{N_z}\sum_{d=1}^{n_{zi}} \frac{r_{5zid}}{(s-z_i)^d} \right\|_2^2 + \left\| \sum_{i=1}^{N_p}\sum_{d=1}^{n_{pi}} \frac{r_{6pid}}{(s-p_i)^d} \right\|_2^2 + \left\| \sum_{i=1}^{N_z}\sum_{d=1}^{n_{zi}} \frac{r_{7zid}}{(s-z_i)^d} \right\|_2^2 + \left\| \sum_{i=1}^{N_f}\sum_{d=1}^{n_{fi}} \frac{r_{7fid}}{(s-f_i)^d} \right\|_2^2 \\
= & \sum_{i=1}^{N_z}\sum_{d=1}^{n_{zi}} \frac{r_{1zid}}{(d-1)!} \sum_{j=1}^{N_z}\sum_{d=1}^{n_{zj}} \left. \frac{(-1)^{d-1}\overline{r}_{1zjd}}{(s+\overline{z}_j)^d} \right|_{s=z_j} + \sum_{i=1}^{N_p}\sum_{d=1}^{n_{pi}} \frac{r_{2pid}}{(d-1)!} \sum_{j=1}^{N_p}\sum_{d=1}^{n_{pj}} \left. \frac{(-1)^{d-1}\overline{r}_{2pjd}}{(s+\overline{p}_j)^d} \right|_{s=p_j} \\
& + \sum_{i=1}^{N_p}\sum_{d=1}^{n_{pi}} \frac{r_{3pid}}{(d-1)!} \sum_{j=1}^{N_p}\sum_{d=1}^{n_{pj}} \left. \frac{(-1)^{d-1}\overline{r}_{3pjd}}{(s+\overline{p}_j)^d} \right|_{s=p_j} + \sum_{i=1}^{N_s}\sum_{d=1}^{n_{si}} \frac{r_{4sid}}{(d-1)!} \sum_{j=1}^{N_s}\sum_{d=1}^{n_{sj}} \left. \frac{(-1)^{d-1}\overline{r}_{4sjd}}{(s+\overline{s}_j)^d} \right|_{s=s_j} \\
& + \sum_{i=1}^{N_z}\sum_{d=1}^{n_{zi}} \frac{r_{5zid}}{(d-1)!} \sum_{j=1}^{N_z}\sum_{d=1}^{n_{zj}} \left. \frac{(-1)^{d-1}\overline{r}_{5zjd}}{(s+\overline{z}_j)^d} \right|_{s=z_j} + \sum_{i=1}^{N_p}\sum_{d=1}^{n_{pi}} \frac{r_{6pid}}{(d-1)!} \sum_{j=1}^{N_p}\sum_{d=1}^{n_{pj}} \left. \frac{(-1)^{d-1}\overline{r}_{6pjd}}{(s+\overline{p}_j)^d} \right|_{s=p_j} \\
& + \sum_{i=1}^{N_z}\sum_{d=1}^{n_{zi}} \frac{r_{7zid}}{(d-1)!} \sum_{j=1}^{N_z}\sum_{d=1}^{n_{zj}} \left. \frac{(-1)^{d-1}\overline{r}_{7zjd}}{(s+\overline{z}_j)^d} \right|_{s=z_j} + \sum_{i=1}^{N_s}\sum_{d=1}^{n_{fi}} \frac{r_{8fid}}{(d-1)!} \sum_{j=1}^{N_f}\sum_{d=1}^{n_{fj}} \left. \frac{(-1)^{d-1}\overline{r}_{8fjd}}{(s+\overline{f}_j)^d} \right|_{s=f_j}.
\end{aligned}$$

证明完毕。

6.3 双参数网络化控制系统性能权衡极限

6.3.1 问题描述

本节考虑如图 6.2 所示的反馈控制结构框图。采用的控制器$[\boldsymbol{K}_1, \boldsymbol{K}_2]$为双参数控制器。

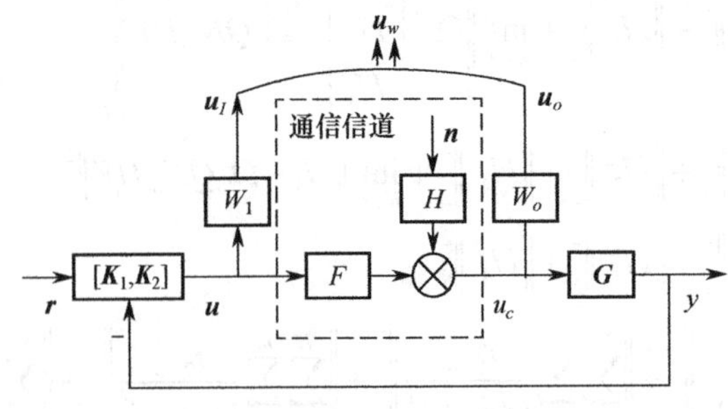

图 6.2　双参数控制系统结构框图

系统的跟踪性能指标定义为

$$J = \mathrm{E}[(1-\epsilon)(\boldsymbol{r}(t)-\boldsymbol{y}(t))^{\mathrm{T}}(\boldsymbol{r}(t)-\boldsymbol{y}(t))+\epsilon\boldsymbol{u}_w^{\mathrm{T}}(t)\boldsymbol{u}_w(t)]. \tag{6.2}$$

利用尤拉参数化，所有稳定的双参数控制器集合可以表示为

$$\mathcal{K} := \left\{K : K = \begin{bmatrix}K_1 & K_2\end{bmatrix} = \left(X - RN\right)^{-1}\begin{bmatrix}Q & Y - RM\end{bmatrix}, Q \in \mathrm{RH}_\infty, R \in \mathrm{RH}_\infty\right\}.$$

调节性能极限指标定义如下：

$$J^* := \inf_{K\in\mathcal{K}} J .$$

6.3.2 控制系统性能极限求解

本节针对带宽受限的带有色高斯噪声信道的网络化控制系统，设计带权值的性能指标，基于双参数控制器，利用互质分解、尤位参数化、全通分解和内外分解等方法，求解相应的跟踪性能极限。

定理 6.2 考虑如图 6.2 所示的网络化控制系统结构模型，性能指标采用式（6.2）所示的权衡性能指标，参考信号 r 为布朗运动的随机过程，噪声信号 n 为零均值高斯白噪声。参考信号与网络噪声互不相关。F 用于模拟网络带宽限制，是稳定的最小相位的传递函数。权值 W_I 和 W_o 为稳定的最小相位的传递函数。被控对象 G 为不稳定的非最小相位系统，p_i（$i=1,\cdots,N_p$）和 z_i（$i=1,\cdots,N_z$）分别为被控对象的不稳定极点和非最小相位零点，且 p_i 和 z_i 的重数分别的 n_{pi} 和 n_{zi}。则双参数结构下的反馈控制系统性能极限满足

$$\begin{aligned}
J^* = &\sum_{i=1}^{N_z}\sum_{d=1}^{n_{zi}}\frac{r_{T1zid}}{(d-1)!}\sum_{j=1}^{N_z}\sum_{d=1}^{n_{zj}}\frac{(-1)^{d-1}\overline{r}_{T1zjd}}{(s+\overline{z}_j)^d}\Bigg|_{s=z_j} + \sum_{i=1}^{N_z}\sum_{d=1}^{n_{zi}}\frac{r_{T2zid}}{(d-1)!}\sum_{j=1}^{N_z}\sum_{d=1}^{n_{zj}}\frac{(-1)^{d-1}\overline{r}_{T2zjd}}{(s+\overline{z}_j)^d}\Bigg|_{s=z_j}\\
&+\sum_{i=1}^{N_p}\sum_{d=1}^{n_{pi}}\frac{r_{T3pid}}{(d-1)!}\sum_{j=1}^{N_p}\sum_{d=1}^{n_{pj}}\frac{(-1)^{d-1}\overline{r}_{T3pjd}}{(s+\overline{p}_j)^d}\Bigg|_{s=p_j} + \sum_{i=1}^{N_z}\sum_{d=1}^{n_{zi}}\frac{r_{T4zid}}{(d-1)!}\sum_{j=1}^{N_z}\sum_{d=1}^{n_{zj}}\frac{(-1)^{d-1}\overline{r}_{T4zjd}}{(s+\overline{z}_j)^d}\Bigg|_{s=z_j}\\
&+\sum_{i=1}^{N_s}\sum_{d=1}^{n_{sTi}}\frac{r_{T5sid}}{(d-1)!}\sum_{j=1}^{N_s}\sum_{d=1}^{n_{sTj}}\frac{(-1)^{d-1}\overline{r}_{T5sjd}}{(s+\overline{s}_j)^d}\Bigg|_{s=s_j} + \sum_{i=1}^{N_s}\sum_{d=1}^{n_{Tfi}}\frac{r_{T6fid}}{(d-1)!}\sum_{j=1}^{N_s}\sum_{d=1}^{n_{Tfj}}\frac{(-1)^{d-1}\overline{r}_{T6fjd}}{(s+\overline{f}_j)^d}\Bigg|_{s=f_j}.
\end{aligned}$$

证明：由性能指标式（6.2）可以得到

$$J := (1-\epsilon)\mathrm{Tr}\left\{R_{e_r}(0)+R_{y_n}(0)\right\}+\epsilon\mathrm{Tr}\left\{R_{u_{Ir}}(0)+R_{u_{In}}(0)+R_{u_{or}}(0)+R_{u_{on}}(0)\right\},$$

其中，$R_{e_r}(t), R_{y_n}(t), R_{u_{Ir}}(t), R_{u_{In}}(t), R_{u_{or}}(t)$ 和 $R_{u_{on}}(t)$ 是 $e_r(t), y_n(t), u_{Ir}(t), u_{In}(t), u_{or}(t)$ 和 $u_{on}(t)$ 的自相关函数。表示 r 和 n 的功率谱密度为 $S_r(jw)$ 和 $S_n(jw)$。

那么，我们有

$$
\begin{aligned}
J &= (1-\epsilon)\frac{1}{2\pi}\left[\int_{-\infty}^{+\infty}\mathrm{Tr}\left(T_{e_r r}S_r(\mathrm{j}\omega)\mathrm{T}_{e_r r}^{\mathrm{T}}\right)\mathrm{d}t+\int_{-\infty}^{+\infty}\mathrm{Tr}\left(T_{yn}S_n(\mathrm{j}\omega)\mathrm{T}_{yn}^{\mathrm{T}}\right)\mathrm{d}t\right] \\
&\quad +\epsilon\frac{1}{2\pi}\left[\int_{-\infty}^{+\infty}\mathrm{Tr}\left(T_{u_I r}S_r(\mathrm{j}\omega)T_{u_I r}^{\mathrm{T}}\right)\mathrm{d}t+\int_{-\infty}^{+\infty}\mathrm{Tr}\left(T_{u_I n}S_n(\mathrm{j}\omega)\mathrm{T}_{u_I n}^{\mathrm{T}}\right)\mathrm{d}t\right. \\
&\quad \left.+\int_{-\infty}^{+\infty}\mathrm{Tr}\left(T_{u_o r}S_r(\mathrm{j}\omega)T_{u_o r}^{\mathrm{T}}\right)\mathrm{d}t+\int_{-\infty}^{+\infty}\mathrm{Tr}\left(T_{u_o n}S_n(\mathrm{j}\omega)T_{u_o n}^{\mathrm{T}}\right)\mathrm{d}t\right] \\
&= (1-\epsilon)\left(\left\|T_{e_r r}U\frac{1}{s}\right\|_2^2+\left\|T_{yn}V\right\|_2^2\right)+\epsilon\left(\left\|T_{u_I r}U\frac{1}{s}\right\|_2^2+\left\|T_{u_I n}V\right\|_2^2\right. \\
&\quad \left.+\left\|T_{u_o r}U\frac{1}{s}\right\|_2^2+\left\|T_{u_o n}V\right\|_2^2\right) \\
&= \left\|\begin{bmatrix}\sqrt{1-\epsilon}(I-NQ) \\ \sqrt{\epsilon}W_I MQ \\ \sqrt{\epsilon}W_o FMQ\end{bmatrix}U\frac{1}{s}\right\|_2^2+\left\|\begin{bmatrix}\sqrt{1-\epsilon}PM(X-RN) \\ \sqrt{\epsilon}W_I M(Y-RM)P \\ \sqrt{\epsilon}W_o M(X-RN)\end{bmatrix}HV\right\|_2^2 .
\end{aligned}
$$

由于

$$
\begin{aligned}
\left\|\sqrt{1-\epsilon}(I-NQ)U\frac{1}{s}\right\|_2^2 &= \left\|\sqrt{1-\epsilon}\left(L^{-1}-N_m Q\right)U\frac{1}{s}\right\|_2^2 \\
&= \left\|\sqrt{1-\epsilon}U\frac{1}{s}L^{-1}-\sqrt{1-\epsilon}N_m QU\frac{1}{s}\right\|_2^2 \\
&= \left\|\Gamma_{T1}^{\perp}\right\|_2^2+\left\|\Gamma_{T1}-\sqrt{1-\epsilon}N_m QU\frac{1}{s}\right\|_2^2 ,
\end{aligned}
$$

$$
\begin{aligned}
\left\|\sqrt{1-\epsilon}PM(X-RN)HV\right\|_2^2 &= \left\|\sqrt{1-\epsilon}N_m(X-RN)HV\right\|_2^2 \\
&= \left\|\sqrt{1-\epsilon}N_m XHVL^{-1}-\sqrt{1-\epsilon}N_m RN_m HV\right\|_2^2 \\
&= \left\|\Gamma_{T2}^{\perp}\right\|_2^2+\left\|\Gamma_{T2}-\sqrt{1-\epsilon}N_m RN_m HV\right\|_2^2 ,
\end{aligned}
$$

$$
\begin{aligned}
\left\|\sqrt{\epsilon}W_I M\left(Y-RM\right)PHV\right\|_2^2 &= \left\|\sqrt{\epsilon}W_I N\left(Y-RM\right)HV\right\|_2^2 \\
&= \left\|\sqrt{\epsilon}W_I N_m\left(Y-RM\right)HV\right\|_2^2 \\
&= \left\|\sqrt{\epsilon}W_I N_m\left(YB^{-1}-RM_m\right)HV\right\|_2^2 \\
&= \left\|\sqrt{\epsilon}W_I N_m YHVB^{-1}-\sqrt{\epsilon}W_I N_m RM_m HV\right\|_2^2 \\
&= \left\|\Gamma_{T3}^{\perp}\right\|_2^2+\left\|\Gamma_{T3}-\sqrt{\epsilon}W_I N_m RM_m HV\right\|_2^2 ,
\end{aligned}
$$

$$\left\|\sqrt{\epsilon}W_o M(X-RN)HV\right\|_2^2=\left\|\sqrt{\epsilon}W_o M_m(X-RN)HV\right\|_2^2$$

$$=\left\|\sqrt{\epsilon}W_o M_m XHVL^{-1}-\sqrt{\epsilon}W_o M_m RN_m HV\right\|_2^2$$

$$=\left\|\Gamma_{T4}^{\perp}\right\|_2^2+\left\|\Gamma_{T4}-\sqrt{\epsilon}W_o M_m RN_m HV\right\|_2^2,$$

其中

$$\Gamma_{T1}^{\perp}=\sum_{i=1}^{N_z}\sum_{d=1}^{n_{zi}}\frac{r_{T1zid}}{(s-z_i)^d},\ r_{T1zid}=\frac{1}{(n_{zi}-d)}\frac{d^{m_i-d}}{ds^{n_i-d}}\left(\sqrt{1-\epsilon}U\frac{1}{s}L^{-1}\right)\Big|_{s=z_i},$$

$$\Gamma_{T2}^{\perp}=\sum_{i=1}^{N_z}\sum_{d=1}^{n_{zi}}\frac{r_{T2zid}}{(s-z_i)^d},\ r_{T2zid}=\frac{1}{(n_{zi}-d)}\frac{d^{m_i-d}}{ds^{n_i-d}}\left(\sqrt{1-\epsilon}N_m XHVL^{-1}\right)\Big|_{s=z_i},$$

$$\Gamma_{T3}^{\perp}=\sum_{i=1}^{N_p}\sum_{d=1}^{n_{pi}}\frac{r_{T3pid}}{(s-p_i)^d},\ r_{T3pid}=\frac{1}{(n_{pi}-d)}\frac{d^{m_i-d}}{ds^{n_i-d}}\left(\sqrt{\epsilon}W_I N_m YHVB^{-1}\right)\Big|_{s=p_i},$$

$$\Gamma_{T4}^{\perp}=\sum_{i=1}^{N_z}\sum_{d=1}^{n_{zi}}\frac{r_{T4zid}}{(s-z_i)^d},\ r_{T4zid}=\frac{1}{(n_{zi}-d)}\frac{d^{m_i-d}}{ds^{n_i-d}}\left(\sqrt{\epsilon}W_o M_m XHVL^{-1}\right)\Big|_{s=z_i}.$$

于是，性能指标 J 可以转化为

$$J=\left\|\Gamma_{T1}^{\perp}\right\|_2^2+\left\|\Gamma_{T2}^{\perp}\right\|_2^2+\left\|\Gamma_{T3}^{\perp}\right\|_2^2+\left\|\Gamma_{T4}^{\perp}\right\|_2^2$$

$$+\left\|\begin{matrix}\Gamma_{T1}-\sqrt{1-\epsilon}N_m QU\dfrac{1}{s}\\ \sqrt{\epsilon}W_I M_m QU\dfrac{1}{s}\\ \sqrt{\epsilon}W_o FM_m QU\dfrac{1}{s}\end{matrix}\right\|_2^2+\left\|\begin{bmatrix}\Gamma_{T2}-\sqrt{1-\epsilon}N_m RN_m HV\\ \Gamma_{T3}-\sqrt{\epsilon}W_I N_m RM_m HV\\ \Gamma_{T4}-\sqrt{\epsilon}W_o M_m RN_m HV\end{bmatrix}\right\|_2^2$$

$$=\left\|\Gamma_{T1}^{\perp}\right\|_2^2+\left\|\Gamma_{T2}^{\perp}\right\|_2^2+\left\|\Gamma_{T3}^{\perp}\right\|_2^2+\left\|\Gamma_{T4}^{\perp}\right\|_2^2$$

$$+\left\|\begin{bmatrix}\Gamma_{T1}\\0\\0\end{bmatrix}-\begin{bmatrix}\sqrt{1-\epsilon}N_m\\-\sqrt{\epsilon}W_I M_m\\-\sqrt{\epsilon}W_o FM_m\end{bmatrix}QU\frac{1}{s}\right\|_2^2+\left\|\begin{bmatrix}\Gamma_{T2}\\\Gamma_{T3}\\\Gamma_{T4}\end{bmatrix}-\begin{bmatrix}\sqrt{1-\epsilon}N_m\\\sqrt{\epsilon}W_I M_m\\\sqrt{\epsilon}W_o M_m\end{bmatrix}RN_m HV\right\|_2^2.$$

令

$$\begin{bmatrix}\sqrt{1-\epsilon}N_m\\-\sqrt{\epsilon}W_I M_m\\-\sqrt{\epsilon}W_o FM_m\end{bmatrix}=\boldsymbol{\Xi}_i\boldsymbol{\Xi}_0,$$

$$\begin{bmatrix}\sqrt{1-\epsilon}N_m\\\sqrt{\epsilon}W_I M_m\\\sqrt{\epsilon}W_o M_m\end{bmatrix}=\boldsymbol{\Omega}_i\boldsymbol{\Omega}_0,$$

于是有

$$J=\left\|\Gamma_{T1}^{\perp}\right\|_2^2+\left\|\Gamma_{T2}^{\perp}\right\|_2^2+\left\|\Gamma_{T3}^{\perp}\right\|_2^2+\left\|\Gamma_{T4}^{\perp}\right\|_2^2 \\ +\left\|\boldsymbol{\Xi}_i^{-1}\begin{bmatrix}\Gamma_{T1}\\0\\0\end{bmatrix}-\Xi_0QU\frac{1}{s}\right\|_2^2+\left\|\boldsymbol{\Omega}_i^{-1}\begin{bmatrix}\Gamma_{T2}\\\Gamma_{T3}\\\Gamma_{T4}\end{bmatrix}-\Omega_0RN_mHV\right\|_2^2.$$

根据

$$\boldsymbol{\Xi}_i^{-1}\begin{bmatrix}\Gamma_{T1}\\0\\0\end{bmatrix}=\Gamma_{T5}^{\perp}+\Gamma_{T5},\ \boldsymbol{\Omega}_i^{-1}\begin{bmatrix}\Gamma_{T2}\\\Gamma_{T3}\\\Gamma_{T4}\end{bmatrix}=\Gamma_{T6}^{\perp}+\Gamma_{T6},$$

其中

$$\Gamma_{T2}^{\perp}=\sum_{i=1}^{N_{sT}}\sum_{d=1}^{n_{sTi}}\frac{r_{T5sid}}{(s-s_i)^d},$$

$$r_{T5sid}=\frac{1}{(n_{sTi}-d)}\frac{d^{m_i-d}}{ds^{n_i-d}}\left(\boldsymbol{\Xi}_i^{-1}\begin{bmatrix}\Gamma_{T1}\\0\\0\end{bmatrix}\right)\Bigg|_{s=s_{Ti}},$$

$$\Gamma_{T3}^{\perp}=\sum_{i=1}^{N_{fT}}\sum_{d=1}^{n_{fTi}}\frac{r_{T6fid}}{(s-f_i)^d},$$

$$r_{T6fid}=\frac{1}{(n_{fTi}-d)}\frac{d^{m_i-d}}{ds^{n_i-d}}\left(\boldsymbol{\Omega}_i^{-1}\begin{bmatrix}\Gamma_{T2}\\\Gamma_{T3}\\\Gamma_{T4}\end{bmatrix}\right)\Bigg|_{s=f_{Ti}}.$$

由此得

$$J^*=\left\|\Gamma_{T1}^{\perp}\right\|_2^2+\left\|\Gamma_{T2}^{\perp}\right\|_2^2+\left\|\Gamma_{T3}^{\perp}\right\|_2^2+\left\|\Gamma_{T4}^{\perp}\right\|_2^2+\left\|\Gamma_{T5}^{\perp}\right\|_2^2+\left\|\Gamma_{T6}^{\perp}\right\|_2^2 \\ +\inf_{K\in\mathcal{K}}\left\{\left\|\Gamma_{T5}-\boldsymbol{\Xi}_0QU\frac{1}{s}\right\|_2^2+\left\|\Gamma_{T6}-\Omega_0RN_mHV\right\|_2^2\right\} \\ =\left\|\Gamma_{T1}^{\perp}\right\|_2^2+\left\|\Gamma_{T2}^{\perp}\right\|_2^2+\left\|\Gamma_{T3}^{\perp}\right\|_2^2+\left\|\Gamma_{T4}^{\perp}\right\|_2^2+\left\|\Gamma_{T5}^{\perp}\right\|_2^2+\left\|\Gamma_{T6}^{\perp}\right\|_2^2 \\ +\inf_{Q\in\mathrm{RH}_\infty}\left\|\Gamma_{T5}-\boldsymbol{\Xi}_0QU\frac{1}{s}\right\|_2^2+\inf_{R\in\mathrm{RH}_\infty}\left\|\Gamma_{T6}-\Omega_0RN_mHV\right\|_2^2.$$

综上，可得跟踪性能极限指标为

$$J^*=\left\|\Gamma_{T1}^{\perp}\right\|_2^2+\left\|\Gamma_{T2}^{\perp}\right\|_2^2+\left\|\Gamma_{T3}^{\perp}\right\|_2^2+\left\|\Gamma_{T4}^{\perp}\right\|_2^2+\left\|\Gamma_{T5}^{\perp}\right\|_2^2+\left\|\Gamma_{T6}^{\perp}\right\|_2^2 \\ =\sum_{i=1}^{N_z}\sum_{d=1}^{n_{zi}}\frac{r_{T1zid}}{(s-z_i)^d}+\sum_{i=1}^{N_z}\sum_{d=1}^{n_{zi}}\frac{r_{T2zid}}{(s-z_i)^d}+\sum_{i=1}^{N_p}\sum_{d=1}^{n_{pi}}\frac{r_{T3pid}}{(s-p_i)^d}+\sum_{i=1}^{N_z}\sum_{d=1}^{n_{zi}}\frac{r_{T4zid}}{(s-z_i)^d}$$

$$+\sum_{i=1}^{N_{sT}}\sum_{d=1}^{n_{sTi}}\frac{r_{T5sid}}{(s-s_i)^d}+\sum_{i=1}^{N_{fT}}\sum_{d=1}^{n_{fTi}}\frac{r_{T6fid}}{(s-f_i)^d}.$$

证明完毕。

6.4 仿真研究

在本章中，给出如下例子对本章理论进行仿真分析与研究。由于本节主要对双自由度控制器下的性能与各个因素之间的关系进行仿真分析，考虑一个不稳定且非最小相位系统如下：

$$P(s)=\frac{s-k}{(s+1)(s-p)},$$

这里，$k>0,p>0$。

网络带宽和有色噪声通过线性时不变滤波器来进行建模，通过选择低通一阶巴特沃斯滤波器 $F(s)$ 和 $G(s)$ 来进行模拟，具体给出如下：

$$F(s)=\frac{f}{s+f},H(s)=\frac{h}{s+h}.$$

性能权衡因子 W_e、W_I 和 W_o 给出如下：

$$W_e(s)=\frac{w_e}{s+w_e},W_i(s)=\frac{w_i}{s+w_i},W_o(s)=\frac{w_o}{s+w_o}.$$

仿真结果如图 6.3 到图 6.9 所示。

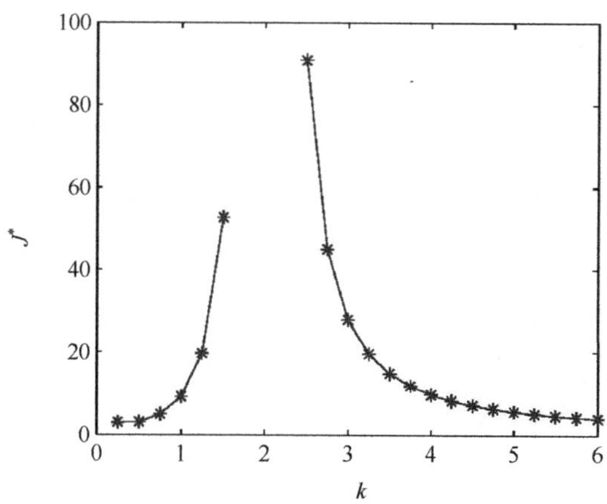

图 6.3 性能极限 J^* 与系统非最小相位零点 k 之间的关系图

($p=2,h=5,f=10,\sigma=0.5,\gamma=0.6,w_e=5,w_i=10,w_o=15$)

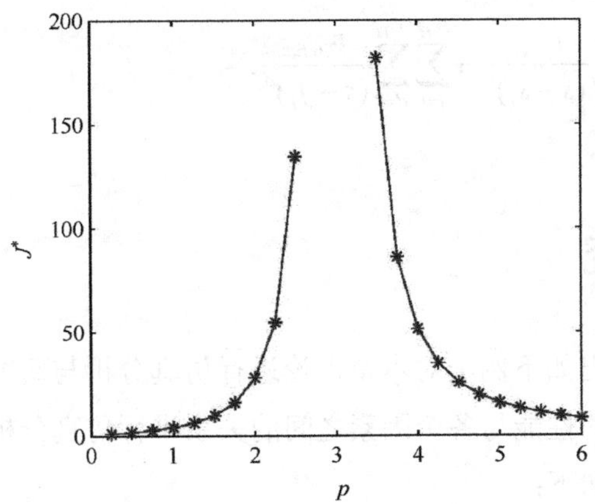

图 6.4　性能极限 J^* 与系统不稳定极点 p 之间的关系图

（$k=2, h=5, f=10, \sigma=0.5, \gamma=0.6, w_e=5, w_i=10, w_o=15$）

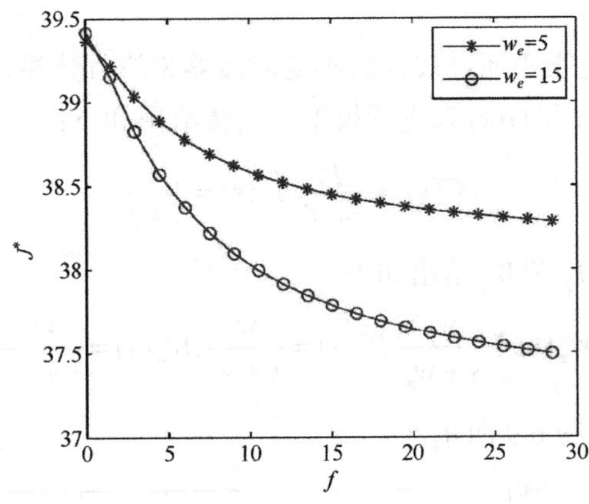

图 6.5　性能极限 J^* 与网络带宽之间的关系图（$p=2, k=3, h=15, \sigma=0.5, \gamma=0.6, w_i=10, w_o=8$）

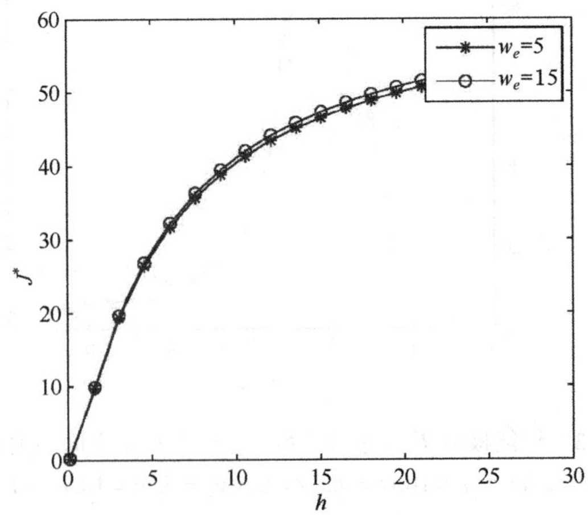

图 6.6　性能极限 J^* 与有色噪声之间的关系图（$p=2, k=3, f=15, \sigma=0.5, \gamma=0.6, w_i=10, w_o=15$）

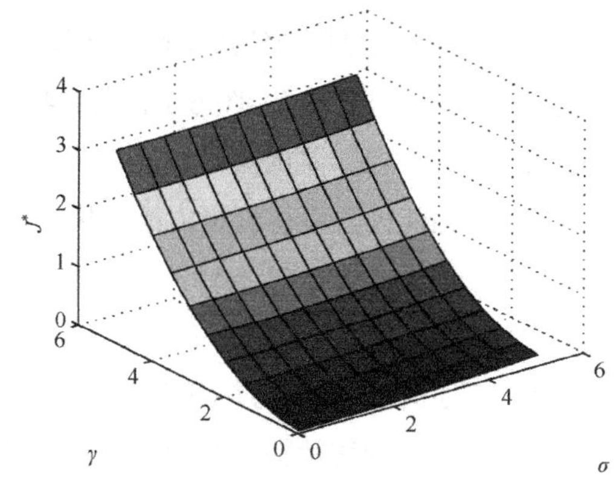

图 6.7　性能极限 J^* 与信道噪声和参考信号之间的关系图

（$p=2,k=3,f=0.5,h=0.6,w_e=0.3,w_i=0.3,w_o=0.3$）

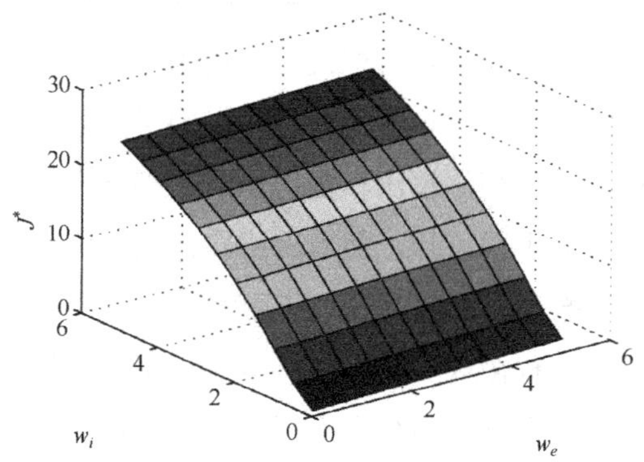

图 6.8　性能极限 J^* 与权衡因子 w_i 和 w_e 之间的关系图

（$p=2,k=3,f=0.5,h=0.6,w_o=0.3,\sigma=2,\gamma=3$）

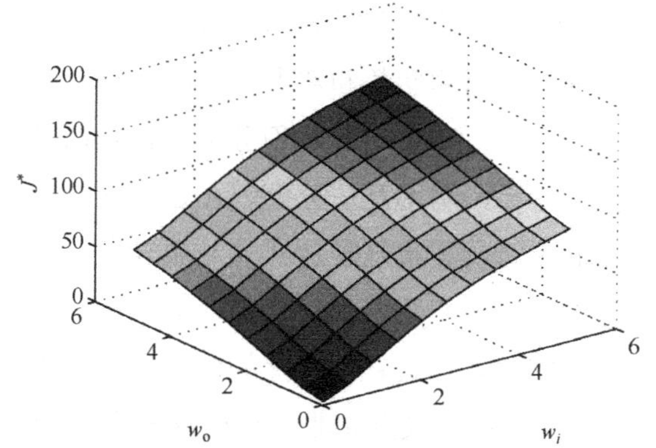

图 6.9　性能极限 J^* 与权衡因子 w_o 和 w_i 之间的关系图

（$p=2,k=3,f=0.5,h=0.6,w_e=0.3,\sigma=2,\gamma=3$）

图 6.3 表明了非最小相位零点位置和最佳跟踪性能之间的关系。图 6.4 表明了不稳定极点位置和最佳跟踪性能之间的关系。图 6.3 和图 6.4 表明系统的跟踪性能极限与系统的不稳定极点和非最小相位零点均相关，并且当非最小相位零点和不稳定极点比较接近时，系统的性能极限将得到极大的恶化，相等时发生零极点对消，此时，系统的性能极限趋于无穷大。图 6.5 表明，随着系统带宽的增加，即随着带宽模拟滤波器的截止频率的增大，系统可获得更好的跟踪性能极限。图 6.6 表明，随着系统的有色噪声低通滤波器截止频率的增加，系统的跟踪性能变差。图 6.7 表明了通信噪声和参考信号的统计特征与跟踪性能极限之间的关系变化，由图可看出，随着通信噪声和参考信号的统计特征的增大，系统的跟踪性能极限变差，并且网络噪声较参考信号对系统跟踪性能极限的影响更强烈。图 6.8 表明，网络输入权衡因子和跟踪误差权衡因子与系统跟踪性能极限之间的关系变化，由图可知，随着网络输入权衡因子和跟踪误差权衡因子的增大，系统的跟踪性能极限变差，并且网络输入权衡因子较跟踪误差权衡因子对系统跟踪性能极限有更强的恶化影响。图 6.9 表明，网络输出权衡因子和网络输入权衡因子与系统跟踪性能极限之间的关系变化，由图可知，随着网络输出权衡因子和网络输入权衡因子的增大，系统的跟踪性能极限变差。由图 6.8 和图 6.9 可知，网络的输入权衡因子、输出权衡因子和跟踪误差权衡因子对系统跟踪性能极限的影响各不相同，也可通过调整三个权衡因子来着重分析网络中不同约束对跟踪性能的影响。

6.5 本章小结

本章研究了线性时不变反馈控制系统在带宽受限和有色高斯噪声影响下的跟踪性能极限问题。分别采用单参数和双参数控制器结构，基于尤拉参数化的频域分析方法，性能指标采用常用二范数积分形式，带新型权值的网络输入输出控制能量被引入性能指标，利用互质分解、全通分解、内外分解等手段，给出了系统的跟踪性能的求法及其精确表达式。结果表明，当采用单参数控制器时，只能得到最优性能指标的一个下界，然而，采用双参数控制器时，系统可以得到最优性能指标的精确表达式。网络化控制系统的跟踪性能极限不仅依赖于系统的内部结构特征（不稳定极点和非最小相位零点），还与网络的信道噪声和带宽约束有关。

参考文献

[1] Dasgupta S. Control over bandlimited communication channels: limitations to stabilizability. in: Proceedings of the 42nd IEEE Conference on Decision and Control. 2003. 176-181.

[2] Rojas A, Braslavsky J H, Middleton R H. Control over a bandwidth limited signal to noise ratio constrained communication channel. in: Proceedings of the 44th IEEE Conference on Decision and Control. 2005. 197-202.

[3] Rojas A J, Braslavsky J H, Middleton R H. Output feedback stabilisation over bandwidth limited, signal to noise ratio constrained communication channels. in: Proceedings of the 2006 American Control Conference. 2006. 2789-2794.

[4] Lu J, Skelton R E. Robust variance control for systems with finite-signal-to-noise uncertainty. Automatica. 2000, 36(4): 511-525.

[5] Elia N, Mitter S K. Stabilization of linear systems with limited information. IEEE Transactions on Automatic Control. 2001, 46(9): 1384-1400.

[6] Ishii H, A Francis B. Quadratic stabilization of sampled-data systems with quantization. Automatica. 2003, 39(10): 1793-1800.

[7] Fu M, Xie L. The sector bound approach to quantized feedback control. IEEE Transactions on Automatic Control. 2005, 50(11): 1698-1711.

[8] Liu Y, Qi T, Su W. Optimal tracking performance of a linear system with a quantized control input. in: Proceedings of the 2007 Chinese Control Conference. 2007. 531-535.

[9] Brockett R W, Liberzon D. Quantized feedback stabilization of linear systems. IEEE Transactions on Automatic Control. 2000, 45(7): 1279-1289.

[10] Chen C Y, Gui W, Zhou S, et al. Optimal tracking performance of discrete-time systems with quantization. Journal of Nonlinear Sciences and Applications, 2017.10(4):1873-1880.

[11] Wu J, Sun X X, Zhan X S, et al. Optimal tracking performance for networked control systems with quantization. Journal of the Franklin Institute, 2017, 354(1): 215-232.

[12] Natori K, Ohnishi K. A design method of communication disturbance observer for time-delay compensation, taking the dynamic property of network disturbance into account. IEEE Transactions on Industrial Electronics. 2008, 55(5): 2152-2168.

[13] Qi T, Zhu J, Chen J. Fundamental limits on uncertain delays: When is a delay system stabilizable by LTI controllers?. IEEE Transactions on Automatic Control, 2017, 62(3): 1314-1328.

[14] Qi T, Qiu L, Chen J. MAS consensus and delay limits under delayed output feedback. IEEE Transactions on Automatic Control, 2017, 62(9): 4660-4666.

[15] Guan Z H, Chen C Y, Feng G et al. Optimal tracking performance limitation of networked control systems with limited bandwidth and additive colored white Gaussian noise. IEEE

Transactions on Circuits and Systems I: Regular Papers. 2013, 60(1): 189-198.

[16] Zhan X S, Sun X X, Li T, et al. Optimal performance of networked control systems with bandwidth and coding constraints. ISA transactions, 2015, 59: 172-179.

[17] Cheng L L, Zhan X S, Wu J, et al. An Optimal Tracking Performance of MIMO NCS with Quantization and Bandwidth Constraints. Asian Journal of Control, 2019, 21(4): 1-12.

[18] Rojas A J. Signal-to-noise ratio performance limitations for input disturbance rejection in output feedback control. Systems & Control Letters, 2009, 58(5): 353-358.

[19] Rojas A J. Infimal SNR for Output Disturbance Rejection. IFAC Proceedings Volumes, 2011, 44(1): 14398-14403.

第 7 章　衰落信道下的系统性能极限

7.1　引言

近年来，网络化控制系统在先进制造业、工业自动化、智能交通、国防等方面的广泛应用，引起了人们的大量关注。与传统的反馈控制系统比较，网络化控制系统有自己独特的优势，如成本低、灵活性强、减少了重量和功耗要求、简单的安装和维护等。然而，网络在带来诸多便利的同时，也给人们带来大量的困难和挑战，如系统的稳定性和性能分析。在以往的研究中，人们大多将注意力放在网络的通信约束情况下的稳定性研究方面，如量化[1-5]、时间延迟[6-10]、数据传输速率的限制[11,12]和数据包丢失[13-16]等约束下的稳定性分析，网络化控制系统的性能仍待进一步研究。本节主要是针对性能分析中的重要组成部分——性能极限来展开研究。传统控制系统的性能极限已经受到控制领域学者的广泛关注[17-25]。与前面几章所采用的方法不同，本章从时域角度，基于状态空间的方法来研究网络化控制系统的性能极限问题，并考虑了一种新的网络约束，即网络的衰落现象，对控制系统性能极限的影响。

在无线通信中，衰落是指一个信号通过一定的传播媒介影响的衰减量的偏差。衰落可能是随时间变化的，由于许多因素的影响，包括地理位置、无线电频率等，并且通常用一个随机过程来表示。衰落也可能只降低信号功率而对噪声功率影响较小，从而导致通信系统的性能较差。由于系统的性能影响控制系统的稳定性，因此，研究带衰落信道的网络化控制系统的性能极限非常必要。本章提出衰落信道模型，这种模型可以以统一的构架形式来描述量化、丢包现象。此外，网络噪声在现实世界的应用中不可避免。因此，本章也同时考虑了网络噪声影响下的网络化控制系统性能问题。对网络的不确定性用统一构架形式来对待已经有少量的文章[26-28]做了研究，它们研究了这类网络化控制系统稳定或镇定问题。然而，据作者所知，有关网络不确定性（量化和丢包）统一处理的网络化控制系统关于性能限制问题的研究，目前仍是一片空白。与以往的文献[29-31]中研究网络的内部结构不同，我们侧重于研究衰落信道对网络化控制系统性能的影响。

在本章中，我们探讨关于多输入多输出反馈控制系统在高斯白噪声衰落（AWGN-F）信道影响下的调节性能极限问题。平均性能指标被引入，输出（或状态）调节性能是通过控制能量和系统的输出（或状态）能量来衡量的。本章考虑两种类型的反馈控制：状态反馈和输出反馈，并得到两种反馈结构下的调节性能极限。目前，大多数现有成果，对于性能极限的研究大多采用频域的方法[32-36]，然而，一方面，基于频域的方法难以处理网络具有衰落现象时的性能问题；另一方面，从现代控制理论的角度来看，基于频域的方法并不是研究的唯一可能方法。由于状态空间法在处理多输入多输出以及更为复杂系统时的优势，本章从时域的角度，基于状态空间方法来研究网络化控制系统的调节性能。最佳可达的调节性能极限可以通过与其相关联的代数黎卡迪（Riccati）方程的稳定状态解来给出。

7.2 问题描述和基本知识

本章考虑如图 7.1 所示的前向通道中带有网络的反馈控制系统。被控对象 $\boldsymbol{G}$ 是一个有理传递函数矩阵。从控制器到被控对象之间的网络是一个不可靠网络模型，其中包含一个衰落信道和一个加性高斯白噪声干扰。

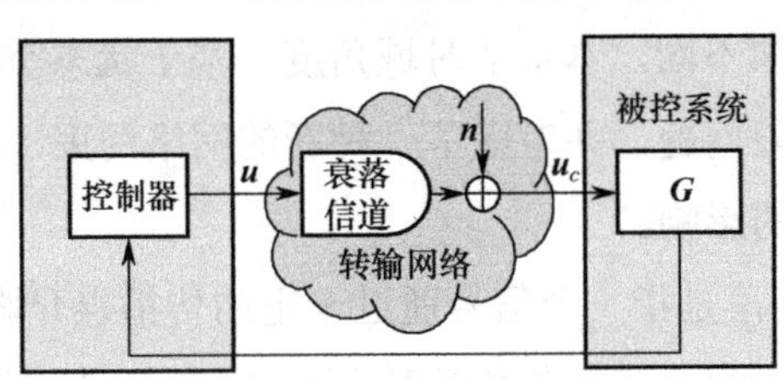

图 7.1　控制框架图

假设系统 $\boldsymbol{G}(s)$ 是严格正则、不稳定的，且其最小实现可由下式给出：

$$\begin{aligned} \boldsymbol{x}(k+1) &= \boldsymbol{A}\boldsymbol{x}(k) + \boldsymbol{B}\boldsymbol{u}_c(k), \\ \boldsymbol{y}(k) &= \boldsymbol{C}\boldsymbol{x}(k), \end{aligned} \tag{7.1}$$

其中 $\boldsymbol{x}(k) \in \boldsymbol{R}^p, \boldsymbol{u}_c(k) \in \boldsymbol{R}^m$ 和 $\boldsymbol{y}(k) \in \boldsymbol{R}^p$ 分别是系统的状态，控制输入和输出。很显然，系统矩阵 $\boldsymbol{A}$ 不稳定，

$$\boldsymbol{B} = [\boldsymbol{B}_1 \boldsymbol{B}_2 \cdots \boldsymbol{B}_m]$$

列满秩，

$$\boldsymbol{C}=[\boldsymbol{C}_1^{\mathrm{T}}\ \boldsymbol{C}_2^{\mathrm{T}}\cdots\boldsymbol{C}_p^{\mathrm{T}}]^{\mathrm{T}}$$

行满秩，并且系统 $(\boldsymbol{A},\boldsymbol{B},\boldsymbol{C})$ 是可镇定和可检测的系统。

高斯白噪声衰落信道的输入和输出关系由下式给出：

$$\boldsymbol{u}_c(k)=\boldsymbol{v}(k)+\boldsymbol{n}(k), \tag{7.2}$$

其中，$\boldsymbol{v}(k)$ 为衰落信道的输出，并且 $\boldsymbol{n}(k)=(n_1(k),\cdots,n_m(k))^{\mathrm{T}}$ 是互不相关的零均值高斯白噪声，它的每个分量的功率谱密度为 $\varPhi_i(k)$，$1\leqslant i\leqslant m$，并且有

$$\boldsymbol{\varPhi}=\begin{bmatrix}\varPhi_1(k) & & & \\ & \varPhi_2(k) & & \\ & & \ddots & \\ & & & \varPhi_m(k)\end{bmatrix}.$$

给出无记忆的乘性误差形式衰落信道模型为

$$\boldsymbol{v}(k)=\boldsymbol{\zeta}(k)\boldsymbol{u}(k), \tag{7.3}$$

其中，$\boldsymbol{u}(k)$ 是网络控制输入，

$$\boldsymbol{\zeta}(k)=\left\{\zeta_1(k)\ \zeta_2(k)\ \cdots\ \zeta_m(k)\right\}$$

是乘性误差，在每个时间步 k，$\left\{\zeta_i(k)\right\}$ 是 m 个相互独立的白噪声过程，且

$$\mu_i\triangleq\mathrm{E}\left\{\zeta_i(z)\right\},$$
$$\sigma_i^2\triangleq\mathrm{E}\left\{(\zeta_i(z)-\mu_i)^2\right\},$$

满足 $\mu_i>0,\sigma_i>0$，$i=1,2,\cdots,m$。记

$$\boldsymbol{\varPi}\triangleq\begin{bmatrix}\mu_1 & & & \\ & \mu_2 & & \\ & & \ddots & \\ & & & \mu_m\end{bmatrix},\boldsymbol{\varLambda}\triangleq\begin{bmatrix}\sigma_1 & & & \\ & \sigma_2 & & \\ & & \ddots & \\ & & & \sigma_m\end{bmatrix}.$$

注释 7.1 除了衰落现象，数字网络中的一些不确定性也可以由模型式（7.3）来描述，如数据包丢失和量化误差[29]，具体的如独立同分布（i.i.d.）的伯努利过程描述的丢包现象，其中 $\boldsymbol{\zeta}(k)$ 通过二进制随机过程来描述。

7.3 基于单参数控制结构的性能极限研究

7.3.1 单参数控制结构的状态反馈调节性能极限

在本节中，我们考虑如图 7.2 所示的反馈系统，网络的控制输入为静态状态反馈：

$$\boldsymbol{u}(i)=-\boldsymbol{K}_i\boldsymbol{x}(i).$$

为了简化形式，记 $\boldsymbol{u}(i)\triangleq\boldsymbol{u}_i$。平均性能指标定义如下：

$$\begin{aligned}J&=\lim_{N\to\infty}\frac{1}{N}\inf_{u_i\in\boldsymbol{U}_{sf}}J\left(\boldsymbol{x}_0,\boldsymbol{u}_0,\boldsymbol{u}_1,\cdots,\boldsymbol{u}_N\right)\\&=\lim_{N\to\infty}\frac{1}{N}\inf_{u_i\in\boldsymbol{U}_{sf}}\mathrm{E}\left\{\sum_{i=0}^{N}\left(\varepsilon\left\|\boldsymbol{y}_i\right\|^2+(1-\varepsilon)\left\|\boldsymbol{u}_i\right\|^2\right)\right\}\\&=\lim_{N\to\infty}\frac{1}{N}\inf_{u_i\in\boldsymbol{U}_{sf}}\sum_{i=0}^{N}\mathrm{Tr}\left\{(\boldsymbol{Q}+\boldsymbol{K}_i^{\mathrm{T}}\boldsymbol{R}_i\boldsymbol{K}_i)\boldsymbol{X}_i+\boldsymbol{Q}_{N+1}\boldsymbol{X}_{N+1}\right\},\end{aligned}\tag{7.4}$$

其中，

$$\boldsymbol{Q}=\varepsilon\boldsymbol{C}^{\mathrm{T}}\boldsymbol{C},$$
$$\boldsymbol{R}=(1-\varepsilon)\boldsymbol{I},$$
$$\boldsymbol{X}_i=\mathrm{E}\{\boldsymbol{x}_i\boldsymbol{x}_i^{\mathrm{T}}\}$$

$\boldsymbol{Q}_{N+1}$ 为合适维数的正定对称矩阵。$\boldsymbol{U}_{sf}$ 是所有静态稳定反馈线性控制器集合。

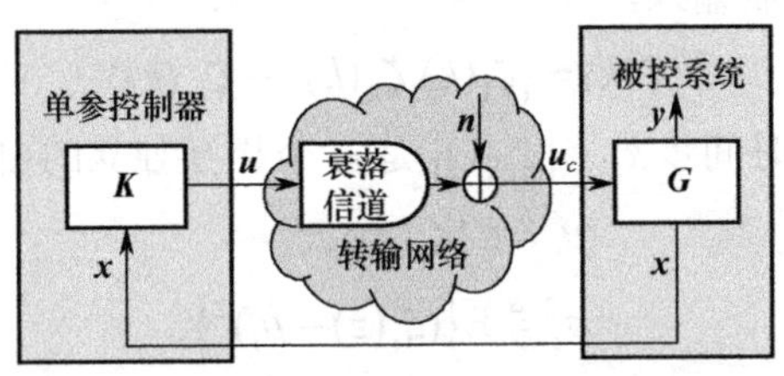

图 7.2　带 AWGN-F 信道的单参数控制器状态反馈控制结构

注释 7.2　为了便于证明，$\boldsymbol{Q}_{N+1}\boldsymbol{X}_{N+1}$ 被引入到式(7.4)中。假如反馈控制系统式(7.1)是稳定，那么有

$$\lim_{N\to\infty}\frac{1}{N}\inf_{u_i\in\boldsymbol{U}_{sf}}\boldsymbol{Q}_{N+1}\boldsymbol{X}_{N+1}=0.$$

本节研究的第一个问题可以描述如下。

问题 7.1　对于图 7.2 所示的离散时间网络化控制系统，寻求网络化控制系统输入 $\boldsymbol{u}\in\boldsymbol{U}_{sf}(\boldsymbol{K}_i)$ 使得性能指标式（7.4）达到最小。

定理 7.1　考虑带有式（7.2）和式（7.3）所示的衰落信道的反馈控制系统，如图 7.2 所示。被控对象 $\boldsymbol{G}(z)$ 是不稳定、非最小相位和严格正则的传递函数矩阵。$(\boldsymbol{A},\boldsymbol{B},\boldsymbol{C})$ 是被控对象 $G(z)$ 的最小状态空间实现，那么反馈控制系统的最小状态调节性能为

$$J_{\mathrm{opt}}=\mathrm{Tr}\left\{\boldsymbol{B}\boldsymbol{\Phi}\boldsymbol{B}^{\mathrm{T}}\boldsymbol{P}\right\},$$

其中，$\boldsymbol{P}$ 是下面黎卡迪方程的唯一解

$$\boldsymbol{P} = \boldsymbol{Q} + \boldsymbol{A}^{\mathrm{T}}\boldsymbol{P}\boldsymbol{A} - \boldsymbol{N}^{\mathrm{T}}\boldsymbol{M}^{\dagger}N,$$

并且最优控制器为

$$\boldsymbol{u}_k^* = -\boldsymbol{M}^{\dagger}\boldsymbol{N}\boldsymbol{x}_k,$$

这里

$$\boldsymbol{M} = \boldsymbol{R} + \boldsymbol{\Pi}\boldsymbol{B}^{\mathrm{T}}\boldsymbol{P}\boldsymbol{B}\boldsymbol{\Pi} + \boldsymbol{\Lambda}\boldsymbol{B}^{\mathrm{T}}\boldsymbol{P}\boldsymbol{B}\boldsymbol{\Lambda},$$
$$\boldsymbol{N} = \boldsymbol{\Pi}\boldsymbol{B}^{\mathrm{T}}\boldsymbol{P}\boldsymbol{A}.$$

证明：最优问题通过构建相应的状态协方差矩阵 $\boldsymbol{X}_i = \mathrm{E}\{\boldsymbol{x}_i\boldsymbol{x}_i^{\mathrm{T}}\}$ 和增益矩阵 $\boldsymbol{K}_i$ 来实现。通过简化计算，原始问题式（7.1）～式（7.3）等价于下面的确定性最优问题：

$$J = \lim_{N\to\infty}\frac{1}{N}\inf_{\boldsymbol{u}_i\in\boldsymbol{U}_{sf}}\sum_{i=0}^{N}\mathrm{Tr}\left\{(\boldsymbol{Q} + \boldsymbol{K}_i^{\mathrm{T}}\boldsymbol{R}_i\boldsymbol{K}_i)\boldsymbol{X}_i + \boldsymbol{Q}_{N+1}\boldsymbol{X}_{N+1}\right\},$$

且满足

$$\boldsymbol{X}_{k+1} = (\boldsymbol{A} + \boldsymbol{B}\boldsymbol{P}\boldsymbol{K}_k)\boldsymbol{X}_k(\boldsymbol{A} + \boldsymbol{B}\boldsymbol{\Pi}\boldsymbol{K}_k)^{\mathrm{T}} + \boldsymbol{B}\boldsymbol{\Lambda}\boldsymbol{K}_k\boldsymbol{X}_k\boldsymbol{K}_k^{\mathrm{T}}\boldsymbol{\Lambda}\boldsymbol{B}^{\mathrm{T}} + \boldsymbol{B}\boldsymbol{\Phi}\boldsymbol{B}^{\mathrm{T}}.$$

考虑以下性能指标：

$$J_N \triangleq \inf_{\boldsymbol{u}_i\in\boldsymbol{U}_{sf}}\sum_{i=0}^{N}\mathrm{Tr}\left\{(\boldsymbol{Q} + \boldsymbol{K}_i^{T}\boldsymbol{R}_i\boldsymbol{K}_i)\boldsymbol{X}_i + \boldsymbol{Q}_{N+1}\boldsymbol{X}_{N+1}\right\}. \tag{7.5}$$

它的拉格朗日函数能被构造如下：

$$\boldsymbol{L} = \sum\nolimits_{i=0}^{N}\boldsymbol{H}_i + \boldsymbol{Q}_{N+1}\boldsymbol{X}_{N+1},$$

这里 H_i 是哈密顿函数。H_i 的具体形式如下

$$\begin{aligned} H_i \triangleq\ & \mathrm{Tr}\left\{\left(\boldsymbol{Q} + \boldsymbol{K}_i^{\mathrm{T}}\boldsymbol{R}\boldsymbol{K}_i\right)\boldsymbol{X}_i\right\} + \mathrm{Tr}\left\{\boldsymbol{P}_{i+1}(\boldsymbol{A}\boldsymbol{X}_i\boldsymbol{A}^{\mathrm{T}}\right. \\ & +\boldsymbol{B}\boldsymbol{\Pi}\boldsymbol{K}_i\boldsymbol{X}_i\boldsymbol{A}^{\mathrm{T}} + \boldsymbol{A}\boldsymbol{X}_i\boldsymbol{K}_i^{\mathrm{T}}\boldsymbol{\Pi}\boldsymbol{B}^{\mathrm{T}} + \boldsymbol{B}\boldsymbol{\Pi}\boldsymbol{K}_i\boldsymbol{X}_i\boldsymbol{K}_i^{\mathrm{T}}\boldsymbol{\Pi}\boldsymbol{B}^{\mathrm{T}} \\ & \left.+\boldsymbol{B}\boldsymbol{\Lambda}\boldsymbol{K}_i\boldsymbol{X}_i\boldsymbol{K}_i^{\mathrm{T}}\boldsymbol{\Lambda}\boldsymbol{B}^{\mathrm{T}} + \boldsymbol{B}\boldsymbol{\Phi}\boldsymbol{B}^{\mathrm{T}} - \boldsymbol{X}_{i+1})\right\}, \end{aligned}$$

其中，$\boldsymbol{P}_{i+1}$ 是拉格朗日乘子的对称矩阵。最优的必要条件是

$$\frac{\partial \boldsymbol{H}_i}{\partial \boldsymbol{K}_i} = 0,$$
$$\boldsymbol{P}_i = \frac{\partial \boldsymbol{H}_i}{\partial \boldsymbol{X}_i},$$
$$\boldsymbol{P}_{N+1} = \boldsymbol{Q}_{N+1}.$$

那么，得到如下的黎卡迪方程

$$\begin{cases} (\boldsymbol{R} + \boldsymbol{\Pi}\boldsymbol{B}^{\mathrm{T}}\boldsymbol{P}_{i+1}\boldsymbol{B}\boldsymbol{\Pi} + \boldsymbol{\Lambda}\boldsymbol{B}^{\mathrm{T}}\boldsymbol{P}_{i+1}\boldsymbol{B}\boldsymbol{\Lambda})\boldsymbol{K}_i + \boldsymbol{\Pi}\boldsymbol{B}^{\mathrm{T}}\boldsymbol{P}_{i+1}\boldsymbol{A} = 0, \\ \boldsymbol{P}_i = \boldsymbol{Q} + \boldsymbol{A}^{\mathrm{T}}\boldsymbol{P}_{i+1}\boldsymbol{A} + \boldsymbol{K}_i^{\mathrm{T}}(\boldsymbol{R} + \boldsymbol{\Pi}\boldsymbol{B}^{\mathrm{T}}\boldsymbol{P}_{i+1}\boldsymbol{B}\boldsymbol{\Pi} \\ \qquad + \boldsymbol{\Lambda}\boldsymbol{B}^{\mathrm{T}}\boldsymbol{P}_{i+1}\boldsymbol{B}\boldsymbol{\Lambda})\boldsymbol{K}_i + \boldsymbol{A}^{\mathrm{T}}\boldsymbol{P}_{i+1}\boldsymbol{B}\boldsymbol{\Pi}\boldsymbol{K}_i + \boldsymbol{K}_i^{\mathrm{T}}\boldsymbol{\Pi}\boldsymbol{B}^{\mathrm{T}}\boldsymbol{P}_{i+1}\boldsymbol{A}, \\ \boldsymbol{P}_{N+1} = \boldsymbol{Q}_{N+1}. \end{cases} \tag{7.6}$$

并且，有如下指标成立

$$J_{N_{\mathrm{opt}}} = \mathrm{Tr}\left\{ \boldsymbol{X}(0)\boldsymbol{P}(0) + \sum_{i=0}^{\mathrm{N}} \boldsymbol{B\Phi B}^{\mathrm{T}} \boldsymbol{P}(i+1) \right\}. \tag{7.7}$$

众所周知，黎卡迪方程有一个唯一解 $\boldsymbol{P}_N(t) > 0,\ t \in \{0,1,2,\cdots,N\}$，并且这里有 $\boldsymbol{P}_N(t) = \boldsymbol{P}_{N-t}(0)$ 成立。如果系统式（7.1）可通过反馈控制 $\boldsymbol{u}_i,\ i \in \{1,2,\cdots,N\cdots,\infty\}$ 达到稳定，那么相应的调节性能极限一定存在，即，方程（7.7）的中 $P(0)$ 存在，进而黎卡迪方程（7.6）的解 $\lim_{N\to\infty} \boldsymbol{P}_N(0)$ 存在。因而有

$$\lim_{N\to\infty} \boldsymbol{P}_N(0) = \lim_{N\to\infty} \boldsymbol{P}_{N-t}(0) = \lim_{N\to\infty} \boldsymbol{P}_N(t) = \boldsymbol{P}. \tag{7.8}$$

于是，方程（7.6）能被写为

$$\begin{cases} (\boldsymbol{R} + \boldsymbol{\Pi B}^{\mathrm{T}} \boldsymbol{PB\Pi} + \boldsymbol{\Lambda B}^{\mathrm{T}} \boldsymbol{PB\Lambda})\boldsymbol{K}_i + \boldsymbol{\Pi B}^{\mathrm{T}} \boldsymbol{PA} = 0, \\ \boldsymbol{P} = \boldsymbol{Q} + \boldsymbol{A}^{\mathrm{T}} \boldsymbol{PA} + \boldsymbol{K}_i^{\mathrm{T}} (\boldsymbol{R} + \boldsymbol{\Pi B}^{\mathrm{T}} \boldsymbol{PB\Pi} \\ \qquad + \boldsymbol{\Lambda B}^{\mathrm{T}} \boldsymbol{PB\Lambda})\boldsymbol{K}_i + \boldsymbol{A}^{\mathrm{T}} \boldsymbol{PB\Pi K}_i + \boldsymbol{K}_i^{\mathrm{T}} \boldsymbol{\Pi B}^{\mathrm{T}} \boldsymbol{PA}. \end{cases} \tag{7.9}$$

现在，通过引理 2.9 得到

$$\boldsymbol{K}_i = -\boldsymbol{M}^{\dagger} \boldsymbol{N} + \boldsymbol{Y} - \boldsymbol{M}^{\dagger} \boldsymbol{MY},$$
$$\boldsymbol{MM}^{\dagger} \boldsymbol{N} = \boldsymbol{N},$$

其中，

$$\boldsymbol{M} = \boldsymbol{R} + \boldsymbol{\Pi B}^{\mathrm{T}} \boldsymbol{PB\Pi} + \boldsymbol{\Lambda B}^{\mathrm{T}} \boldsymbol{PB\Lambda},$$
$$\boldsymbol{N} = \boldsymbol{\Pi B}^{\mathrm{T}} \boldsymbol{PA}.$$

特别的，令 $\boldsymbol{Y} = \boldsymbol{M}^{\dagger} \boldsymbol{N}$，通过方程（7.5）～方程（7.9），那么控制增益、最优性能和相应的黎卡迪方程能写成如下形式：

$$\boldsymbol{K}_i = -\boldsymbol{M}^{\dagger} \boldsymbol{N},$$
$$J_{\mathrm{opt}} = \mathrm{Tr}\left\{ \boldsymbol{B\Phi B}^{\mathrm{T}} \boldsymbol{P} \right\},$$
$$\boldsymbol{P} = \boldsymbol{Q} + \boldsymbol{A}^{\mathrm{T}} \boldsymbol{PA} - \boldsymbol{NM}\ \boldsymbol{N}.$$

注释 7.3 若考虑传统意义下的性能指标

$$J = \inf_{\boldsymbol{u}_i \in \boldsymbol{U}_{sf}} \mathrm{E}\left\{ \sum_{i=0}^{N} \left(\varepsilon \|\boldsymbol{y}_i\|^2 + (1-\varepsilon)\|\boldsymbol{u}_i\|^2 \right) \right\},$$

通过定理 7.1 的证明，得到如下性能极限值

$$J_{\mathrm{opt}} = \mathrm{Tr}\left[\boldsymbol{X}(0)\boldsymbol{P}(0) + \sum_{i=0}^{\infty} \boldsymbol{B\Phi B}^{\mathrm{T}} \boldsymbol{P}(i+1) \right]. \tag{7.10}$$

由方程（7.8），对于 $\boldsymbol{P} > 0$，性能指标式（7.10）将趋向于一个无穷大的值，因此，传统的性能指标不再适应于研究具有衰落现象和噪声干扰的网络化控制系统性能，为此，引入了平均性能指标式（7.4）。

当不可靠网络不包含衰落信道时，即，它仅包含一个高斯白噪声信道，可以得到如下推论。

推论 7.1 考虑如图 7.2 所示的带高斯白噪声信道的反馈系统，并且系统 $\boldsymbol{G}(s)$ 是不稳定和非最小相位的传递函数，那么最小调节性能是

$$J_{\text{opt}} = \text{Tr}\left\{\boldsymbol{B}_u \boldsymbol{\Phi} \boldsymbol{B}_u^{\text{T}} \boldsymbol{P}_u\right\},$$

其中，$\boldsymbol{P}_u$ 满足离散时间黎卡迪方程

$$\boldsymbol{P}_u = \boldsymbol{Q}_u + \boldsymbol{A}_u^{\text{T}} \boldsymbol{P}_u \boldsymbol{A}_u - \boldsymbol{N}_u^{\text{T}} \boldsymbol{M}_u^{\dagger} N_u.$$

并且最优控制器序列为

$$\boldsymbol{u}_k^* = \left[0 - \boldsymbol{M}_u^{\dagger} \boldsymbol{N}_u\right] \boldsymbol{x}_k,$$

这里

$$\boldsymbol{M} = \boldsymbol{R} + \boldsymbol{\Pi} \boldsymbol{B}_u^{\text{T}} \boldsymbol{P}_u \boldsymbol{B}_u \boldsymbol{\Pi} + \boldsymbol{B}_u^{\text{T}} \boldsymbol{P}_u \boldsymbol{B}_u, \boldsymbol{N} = \boldsymbol{B}_u^{\text{T}} \boldsymbol{P}_u \boldsymbol{A}_u.$$

证明：类似于前面的证明，有

$$J_N \triangleq \inf_{\boldsymbol{u}_i \in \boldsymbol{U}_{sf}} \sum_{i=0}^{N} \text{Tr}\left\{(\boldsymbol{Q} + \boldsymbol{C}^{\text{T}} \boldsymbol{K}_i^{\text{T}} \boldsymbol{R}_i \boldsymbol{K}_i \boldsymbol{C}) \boldsymbol{X}_i + \boldsymbol{Q}_{N+1} \boldsymbol{X}_{N+1}\right\},$$

$$L \triangleq \sum_{i=0}^{N} \boldsymbol{H}_i + \boldsymbol{Q}_{N+1} \boldsymbol{X}_{N+1},$$

$$\begin{aligned}\boldsymbol{H}_i \triangleq\ & \text{Tr}\left\{\left(\boldsymbol{Q} + \boldsymbol{K}_i^{\text{T}} \boldsymbol{R} \boldsymbol{K}_i\right) \boldsymbol{X}_i\right\} + \text{Tr}\left\{\boldsymbol{P}_{i+1} (\boldsymbol{A} \boldsymbol{X}_i \boldsymbol{A}^{\text{T}}\right.\\ & + \boldsymbol{A} \boldsymbol{X}_i \boldsymbol{K}_i^{\text{T}} \boldsymbol{B}^{\text{T}} + \boldsymbol{B} \boldsymbol{K}_i \boldsymbol{X}_i \boldsymbol{A}^{\text{T}} + \boldsymbol{B} \boldsymbol{K}_i \boldsymbol{X}_i \boldsymbol{K}_i^{\text{T}} \boldsymbol{B}^{\text{T}}\\ & \left. + \boldsymbol{B} \boldsymbol{\Phi} \boldsymbol{B}^{\text{T}} - \boldsymbol{X}_{i+1})\right\}.\end{aligned}$$

于是有

$$J_{N_{\text{opt}}} = \text{Tr}\left\{\boldsymbol{X}(0) \boldsymbol{P}(0) + \sum\nolimits_{i=0}^{N} \boldsymbol{B} \boldsymbol{\Phi} \boldsymbol{B}^{\text{T}} \boldsymbol{P}(i+1)\right\}.$$

然后，得到如下等式

$$\begin{cases}(\boldsymbol{R} + \boldsymbol{B}^{\text{T}} \boldsymbol{P} \boldsymbol{B}) \boldsymbol{K}_i + \boldsymbol{B}^{\text{T}} \boldsymbol{P} \boldsymbol{A} = 0,\\ \boldsymbol{P} = \boldsymbol{Q} + \boldsymbol{A}^{\text{T}} \boldsymbol{P} \boldsymbol{A} + \boldsymbol{K}_i^{\text{T}} (\boldsymbol{R} + \boldsymbol{B}^{\text{T}} \boldsymbol{P} \boldsymbol{B}) K_i\\ \qquad + \boldsymbol{A}^{\text{T}} \boldsymbol{P} \boldsymbol{B} \boldsymbol{K}_i + \boldsymbol{K}_i^{\text{T}} \boldsymbol{B}^{\text{T}} \boldsymbol{P} \boldsymbol{A}.\end{cases}$$

应用引理 2.7，上述方程转化为

$$\begin{cases}(\boldsymbol{R} + \boldsymbol{B}_u^{\text{T}} \boldsymbol{P} \boldsymbol{B}_u) \boldsymbol{K}_u + \boldsymbol{B}_u^{\text{T}} \boldsymbol{P}_u \boldsymbol{A}_u = 0,\\ \boldsymbol{P}_u = \boldsymbol{Q}_u + \boldsymbol{A}_u^{\text{T}} \boldsymbol{P}_u \boldsymbol{A}_u + \boldsymbol{K}_u^{\text{T}} (\boldsymbol{R} + \boldsymbol{B}_u^{\text{T}} \boldsymbol{P}_u \boldsymbol{B}_u) \boldsymbol{K}_u +\\ \qquad \boldsymbol{A}_u^{\text{T}} \boldsymbol{P}_u \boldsymbol{B}_u \boldsymbol{K}_u + \boldsymbol{K}_u^{\text{T}} \boldsymbol{B}_u^{\text{T}} \boldsymbol{P}_u \boldsymbol{A}_u.\end{cases}$$

因此，有

$$K_i^* = -M_u^{\dagger} N_u,$$
$$P_u = Q_u + A_u^{\mathrm{T}} P_u A_u - N_u^{\mathrm{T}} M_u^{\dagger} N_u,$$
$$J_{\mathrm{opt}} = \mathrm{Tr}\left\{ B_u \Phi B_u^{\mathrm{T}} P_u \right\},$$

其中

$$M = R + \Pi B_u^{\mathrm{T}} P_u B_u \Pi + B_u^{\mathrm{T}} P_u B_u, N = B_u^{\mathrm{T}} P_u A_u.$$

在推论 7.1 的情况下，当系统 G 为单输入单输出系统，并且 $\varepsilon = 0$ 时，J^* 退化为信道的最小输入功率，此时，可以得到如下推论。

推论 7.2 考虑如图 7.1 所示的控制结构，被控系统 $G(s)$ 为单输入单输出反馈控制系统，并且系统满足引理 2.7，是不稳定和非最小相位的传递函数。系统前向通道包含有高斯白噪声信道，假设 A 的特征值 $\lambda_i \in \bar{D}^C, i = 1, 2, \cdots, m$，那么，反馈控制系统的最优状态调节性能是

$$J_{\mathrm{opt}} = \left(\prod_{i=1}^{m} |\lambda|_i^2 - 1 \right) \Phi.$$

证明：通过推论 7.1，当 $\varepsilon = 0$ 时，J_{opt} 是噪声信道的输入功率。因此，有

$$P_u = A_u^{\mathrm{T}} P_u A_u - A_u^{\mathrm{T}} P_u B_u (I + B_u^{\mathrm{T}} P_u B_u)^{-1} B_u^{\mathrm{T}} P_u A_u,$$
$$J_{\mathrm{opt}} = \mathrm{Tr}\left\{ B_u \Phi B_u^{\mathrm{T}} P_u \right\}.$$

由文献[37]，我们知道黎卡迪方程的解 P 能被定为

$$P = \begin{bmatrix} \dfrac{r_1^2}{\lambda_1^2 - 1} & \dfrac{r_1 r_2}{\lambda_1 \lambda_2 - 1} & \cdots & \dfrac{r_1 r_m}{\lambda_1 \lambda_m - 1} \\ \dfrac{r_2 r_1}{\lambda_2 \lambda_1 - 1} & \dfrac{r_2^2}{\lambda_2^2 - 1} & \cdots & \dfrac{r_2 r_m}{\lambda_2 \lambda_m - 1} \\ \vdots & \vdots & \ddots & \vdots \\ \dfrac{r_m r_1}{\lambda_m \lambda_1 - 1} & \dfrac{r_m r_2}{\lambda_m \lambda_2 - 1} & \cdots & \dfrac{r_m^2}{\lambda_m^2 - 1} \end{bmatrix},$$

这里

$$r_i = (1 - \lambda_i^2) \prod_{j=1, j \neq i}^{m} \frac{1 - \lambda_i \lambda_j}{\lambda_i - \lambda_j}, \forall i = 1, \cdots, m.$$

并且

$$A_u = \begin{bmatrix} \lambda_1 & & & \\ & \lambda_2 & & \\ & & \ddots & \\ & & & \lambda_m \end{bmatrix}, B_u = \begin{bmatrix} 1 \\ 1 \\ \vdots \\ 1 \end{bmatrix}.$$

因此，可以得到

$$
\begin{aligned}
J_{\text{opt}} &= \boldsymbol{B}_u^{\mathrm{T}} \boldsymbol{P}_u \boldsymbol{B}_u, \\
&= \Phi \sum_{i=1}^{m} \sum_{j=1}^{m} \frac{r_i r_j}{\lambda_i \lambda_j - 1} \\
&= \left(\prod_{i=1}^{m} |\lambda_i|^2 - 1 \right) \Phi .
\end{aligned}
$$

注释 7.4 假设离散输入信道满足功率约束

$$
\mathrm{E}\left\{ \boldsymbol{u}^{\mathrm{T}}(t) \boldsymbol{u}(t) \right\} < P_{\max},
$$

那么，有

$$
\mathrm{SNR}_a = \frac{P_{\max}}{\Phi} > \prod_{i=1}^{m} |\lambda_i|^2 - 1 .
$$

上式正是文献[11]的结果，因此文献[11]是本章的一种特征情形。

如果考虑如图 7.2 所示的单输入单输出反馈系统，并且有 $\varepsilon = 1$ 时，则原系统可退化到如下形式

$$
\begin{aligned}
\boldsymbol{x}(k+1) &= a\boldsymbol{x}(k) + b\boldsymbol{u}_c(k), \\
\boldsymbol{y}(k) &= c\boldsymbol{x}(k),
\end{aligned}
$$

其中，a、b 和 c 分别是系统的状态、控制输入和系统输出的系数。此时，J^* 表示信道的最小输入功率。在此情况下，我们可以得到如下推论。

推论 7.3 考虑如图 7.2 所示的单输入单输出反馈系统，并且前向通道包含有白噪声信道，系统是不稳定和非最小相位的传递函数，那么最优状态调节性能是

$$
J_{\text{opt}} = \frac{b^2 c^2 \left(\mu^2 + \sigma^2 \right) \Phi}{\mu^2 + \left(1 + a^2 \right) \sigma^2} .
$$

7.3.2 单参数控制结构的输出反馈调节性能极限

如图 7.3 所示的输出反馈控制系统，本节研究网络化控制系统的输出调节性能。

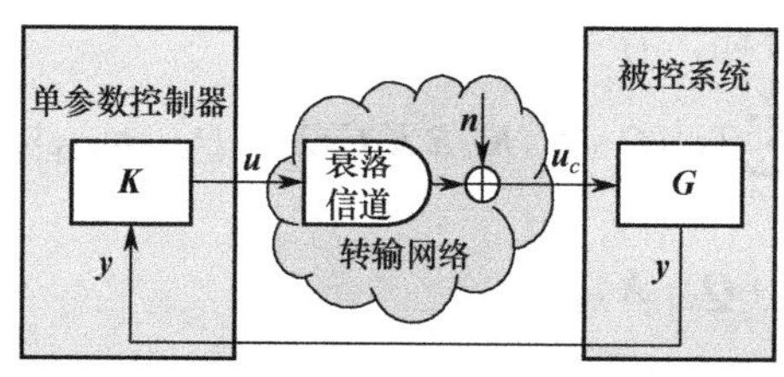

图 7.3 带 AWGN-F 信道的单参数输出反馈控制器

性能指标定义如下：

$$\begin{aligned} J &= \lim_{N\to\infty}\frac{1}{N}\inf_{\boldsymbol{u}_i\in \boldsymbol{U}_{\text{of}}} J\left(\boldsymbol{x}_0,\boldsymbol{u}_0,\boldsymbol{u}_1,\cdots,\boldsymbol{u}_N\right) \\ &= \lim_{N\to\infty}\frac{1}{N}\inf_{\boldsymbol{u}_i\in \boldsymbol{U}_{\text{of}}} \mathrm{E}\left\{\sum_{i=0}^{N}\left(\varepsilon\|\boldsymbol{y}_i\|^2+(1-\varepsilon)\|\boldsymbol{u}_i\|^2\right)\right\} \\ &= \lim_{N\to\infty}\frac{1}{N}\inf_{\boldsymbol{u}_i\in \boldsymbol{U}_{\text{of}}} \sum_{i=0}^{N}\mathrm{Tr}\left\{(\boldsymbol{Q}+\boldsymbol{C}^{\mathrm{T}}\boldsymbol{K}_i^{\mathrm{T}}\boldsymbol{R}_i\boldsymbol{K}_i\boldsymbol{C})\boldsymbol{X}_i+\boldsymbol{Q}_{N+1}\boldsymbol{X}_{N+1}\right\}, \end{aligned} \tag{7.11}$$

其中，

$$\boldsymbol{Q}=\varepsilon\boldsymbol{C}^{\mathrm{T}}\boldsymbol{C},$$
$$\boldsymbol{R}=(1-\varepsilon)\boldsymbol{I},$$
$$\boldsymbol{X}_i=\mathrm{E}\{\boldsymbol{x}_i\boldsymbol{x}_i^{\mathrm{T}}\}$$

并且 $\boldsymbol{Q}_{N+1}$ 是合适维数的对称正定矩阵，$\boldsymbol{U}_{\text{of}}$ 表示所有使系统稳定的线性输出反馈控制器集合。

问题 7.2 对于图 7.3 所示的离散时间网络化控制系统，寻求网络化控制系统输入 $\boldsymbol{u}\in\boldsymbol{U}_{\text{of}}(\boldsymbol{K}_i)$ 使得性能指标式（7.11）达到最小。

定理 7.2 考虑带有式（7.2）和式（7.3）所示的衰落信道的反馈控制系统，如图 7.3 所示。被控对象 $\boldsymbol{G}(z)$ 是不稳定、非最小相位和严格正则的。$(\boldsymbol{A},\boldsymbol{B},\boldsymbol{C})$ 是被控对象 $\boldsymbol{G}(z)$ 的最小状态空间实现，那么反馈控制系统的最小输出调节性能为

$$J_{\text{opt}}=\mathrm{Tr}\left\{\boldsymbol{B}^{\mathrm{T}}\boldsymbol{\Phi}\boldsymbol{B}\boldsymbol{P}\right\},$$

其中，$\boldsymbol{P}$ 是下面黎卡迪方程的唯一解

$$\boldsymbol{P}=\boldsymbol{Q}+\boldsymbol{A}^{\mathrm{T}}\boldsymbol{P}\boldsymbol{A}-\boldsymbol{C}^{\mathrm{T}}\boldsymbol{C}^{\dagger}\boldsymbol{N}^{\mathrm{T}}\boldsymbol{M}^{\dagger}\boldsymbol{N}\boldsymbol{C}^{\dagger}\boldsymbol{C},$$

并且最优控制器为

$$\boldsymbol{u}_k^*=-\boldsymbol{M}^{\dagger}\boldsymbol{N}\boldsymbol{C}^{\dagger}\boldsymbol{x}_k.$$

这里

$$\boldsymbol{M}=\boldsymbol{R}+\boldsymbol{\Pi}\boldsymbol{B}^{\mathrm{T}}\boldsymbol{P}\boldsymbol{B}\boldsymbol{\Pi}+\boldsymbol{\Lambda}\boldsymbol{B}^{\mathrm{T}}\boldsymbol{P}\boldsymbol{B}\boldsymbol{\Lambda},$$
$$\boldsymbol{N}=\boldsymbol{\Pi}\boldsymbol{B}^{\mathrm{T}}\boldsymbol{P}\boldsymbol{A}.$$

证明：类似于前面的证明，有

$$J_N\triangleq\inf_{\boldsymbol{u}_i\in \mathrm{U}_{\text{of}}}\sum_{i=0}^{N}\mathrm{Tr}\left\{(\boldsymbol{Q}+\boldsymbol{C}^{\mathrm{T}}\boldsymbol{K}_i^{\mathrm{T}}\boldsymbol{R}_i\boldsymbol{K}_i\boldsymbol{C})\boldsymbol{X}_i+\boldsymbol{Q}_{N+1}\boldsymbol{X}_{N+1}\right\},$$

$$\boldsymbol{L}\triangleq\sum_{i=0}^{N}\boldsymbol{H}_i+\boldsymbol{Q}_{N+1}\boldsymbol{X}_{N+1},$$

$$\boldsymbol{H}_i\triangleq\mathrm{Tr}\left\{\left(\boldsymbol{Q}+\boldsymbol{C}^{\mathrm{T}}\boldsymbol{K}_i^{\mathrm{T}}\boldsymbol{R}\boldsymbol{K}_i\boldsymbol{C}\right)\boldsymbol{X}_i\right\}+\mathrm{Tr}\left\{\boldsymbol{P}_{i+1}(\boldsymbol{A}\boldsymbol{X}_i\boldsymbol{A}^{\mathrm{T}}+\boldsymbol{B}\boldsymbol{\Pi}\boldsymbol{K}_i\boldsymbol{C}\boldsymbol{X}_i\boldsymbol{A}^{\mathrm{T}}\right.$$

$$+AX_iC^{\mathrm{T}}K_i^{\mathrm{T}}\Pi B^{\mathrm{T}}+B\Pi K_iCX_iC^{\mathrm{T}}K_i^{\mathrm{T}}\Pi B^{\mathrm{T}}$$
$$+B\Lambda K_iCX_iC^{\mathrm{T}}K_i^{\mathrm{T}}\Lambda B^{\mathrm{T}}+B\Phi B^{\mathrm{T}}-X_{i+1})\Big\}.$$

那么

$$J_{N_{\mathrm{opt}}}=\mathrm{Tr}\Big\{X(0)P(0)+\sum_{i=0}^{N}B\Phi B^{\mathrm{T}}P(i+1)\Big\}.$$

于是有

$$\begin{cases}(R+\Pi B^{\mathrm{T}}PB\Pi+\Lambda B^{\mathrm{T}}PB\Lambda)K_iC+\Pi B^{\mathrm{T}}PA=0,\\ P=Q+A^{\mathrm{T}}PA+C^{\mathrm{T}}K_i^{\mathrm{T}}(R+\Pi B^{\mathrm{T}}PB\Pi\\ \quad +\Lambda B^{\mathrm{T}}PB\Lambda)K_iC+A^{\mathrm{T}}PB\Pi K_iC+C^{\mathrm{T}}K_i^{\mathrm{T}}\Pi B^{\mathrm{T}}PA.\end{cases}$$

现在，得到

$$K_i=-M^{\dagger}NC^{\dagger}+Y-M^{\dagger}MYCC^{\dagger},$$
$$MM^{\dagger}NC^{\dagger}C=N,$$

这里

$$M=R+\Pi B^{\mathrm{T}}PB\Pi+\Lambda B^{\mathrm{T}}PB\Lambda,$$
$$N=\Pi B^{\mathrm{T}}PA.$$

特别的，令$Y=M^{\dagger}NC^{\dagger}$，那么控制增益$K_i$、最优性能和离散时间黎卡迪方程为

$$K_i^*=-M^{\dagger}NC^{\dagger},$$
$$J_{\mathrm{opt}}=\mathrm{Tr}\Big\{B\Phi B^{\mathrm{T}}P\Big\},$$
$$P=Q+A^{\mathrm{T}}PA-C^{\mathrm{T}}C^{\dagger\mathrm{T}}N^{\mathrm{T}}M^{\dagger}NC^{\dagger}C.$$

如果网络通道中没有衰落现象，仅仅受到网络噪声的影响。那么，我们能得到如下推论。

推论 7.4 考虑如图 7.3 所示的反馈控制系统，网络通道受到高斯白噪声的影响，并且被控制对象$G(z)$是不稳定、非最小相位的传递函数，且满足引理 2.6 和引理 2.8，那么，我们可以得到系统的最小输出调节性能如下

$$J_{\mathrm{opt}}=\mathrm{Tr}\Big\{B_u\Phi B_u^{\mathrm{T}}P_u\Big\},$$

其中，P_u是如下离散黎卡迪方程的唯一解，

$$P_u=Q_u+A_u^{\mathrm{T}}P_uA_u-C_u^{\mathrm{T}}C_u^{\dagger\mathrm{T}}N_u^{\mathrm{T}}M_u^{\dagger}N_uC_u^{\dagger}C_u,$$

并且，最优控制序列为

$$u_k^*=\begin{bmatrix}0 & -M_u^{\dagger}N_uC_u^{\dagger}\end{bmatrix}x_k,$$

这里

$$M=R+B_u^{\mathrm{T}}P_uB_u,\ N=B_u^{\mathrm{T}}P_uA_u.$$

类似的，J_N、L和H_i被定义如下

$$J_N \triangleq \inf_{u_i \in U_{of}} \sum_{i=0}^{N} \mathrm{Tr}\left\{(\boldsymbol{Q}+\boldsymbol{C}^{\mathrm{T}}\boldsymbol{K}_i^{\mathrm{T}}\boldsymbol{R}_i\boldsymbol{K}_i\boldsymbol{C})\boldsymbol{X}_i+\boldsymbol{Q}_{N+1}\boldsymbol{X}_{N+1}\right\},$$

$$L \triangleq \sum_{i=0}^{N} \boldsymbol{H}_i+\boldsymbol{Q}_{N+1}\boldsymbol{X}_{N+1},$$

$$\begin{aligned} H_i \triangleq & \mathrm{Tr}\left\{\left(\boldsymbol{Q}+\boldsymbol{C}^{\mathrm{T}}\boldsymbol{K}_i^{\mathrm{T}}\boldsymbol{R}\boldsymbol{K}_i\boldsymbol{C}\right)\boldsymbol{X}_i\right\}+\mathrm{Tr}\left\{\boldsymbol{P}_{i+1}(\boldsymbol{A}\boldsymbol{X}_i\boldsymbol{A}^{\mathrm{T}}\right. \\ & +\boldsymbol{B}\boldsymbol{K}_i\boldsymbol{C}\boldsymbol{X}_i\boldsymbol{A}^{\mathrm{T}}+\boldsymbol{A}\boldsymbol{X}_i\boldsymbol{C}^{\mathrm{T}}\boldsymbol{K}_i^{\mathrm{T}}\boldsymbol{B}^{\mathrm{T}}+\boldsymbol{B}\boldsymbol{\Phi}\boldsymbol{B}^{\mathrm{T}} \\ & \left.+\boldsymbol{B}\boldsymbol{K}_i\boldsymbol{C}\boldsymbol{X}_i\boldsymbol{C}^{\mathrm{T}}\boldsymbol{K}_i^{\mathrm{T}}\boldsymbol{B}^{\mathrm{T}}-\boldsymbol{X}_{i+1})\right\}. \end{aligned}$$

那么，我们可以得到

$$J_{N_{\mathrm{opt}}}=\mathrm{Tr}\{\boldsymbol{X}(0)\boldsymbol{P}(0)+\sum_{i=0}^{N}\boldsymbol{B}\boldsymbol{\Phi}\boldsymbol{B}^{\mathrm{T}}\boldsymbol{P}(i+1)\}.$$

进一步有

$$\begin{cases} (\boldsymbol{R}+\boldsymbol{B}^{\mathrm{T}}\boldsymbol{P}\boldsymbol{B})\boldsymbol{K}_i\boldsymbol{C}+\boldsymbol{B}^{\mathrm{T}}\boldsymbol{P}\boldsymbol{A}=0, \\ \boldsymbol{P}=\boldsymbol{Q}+\boldsymbol{A}^{\mathrm{T}}\boldsymbol{P}\boldsymbol{A}+\boldsymbol{C}^{\mathrm{T}}\boldsymbol{K}_i^{\mathrm{T}}(\boldsymbol{R}+\boldsymbol{B}^{\mathrm{T}}\boldsymbol{P}\boldsymbol{B})\boldsymbol{K}_i\boldsymbol{C} \\ \qquad +\boldsymbol{A}^{\mathrm{T}}\boldsymbol{P}\boldsymbol{B}\boldsymbol{K}_i\boldsymbol{C}+\boldsymbol{C}^{\mathrm{T}}\boldsymbol{K}_i^{\mathrm{T}}\boldsymbol{B}^{T}\boldsymbol{P}\boldsymbol{A}. \end{cases}$$

应用引理 2.8 和文献[38]中的引理 6，上式可以转化为

$$\begin{cases} (\boldsymbol{R}+\boldsymbol{B}_u^{\mathrm{T}}\boldsymbol{P}_u\boldsymbol{B}_u)\boldsymbol{K}_u\boldsymbol{C}_u+\boldsymbol{B}_u^{\mathrm{T}}\boldsymbol{P}_u\boldsymbol{A}_u=0, \\ \boldsymbol{P}_u=\boldsymbol{Q}_u+\boldsymbol{A}_u^{\mathrm{T}}\boldsymbol{P}_u\boldsymbol{A}_u+\boldsymbol{A}_u^{\mathrm{T}}\boldsymbol{P}_u\boldsymbol{B}_u\boldsymbol{K}_{iu}\boldsymbol{C}_u. \end{cases}$$

因此，我们有

$$\begin{aligned} & \boldsymbol{K}_i^{*}=-\boldsymbol{M}_u^{\dagger}\boldsymbol{N}_u\boldsymbol{C}^{\dagger}, \\ & \boldsymbol{P}_u=\boldsymbol{Q}_u+\boldsymbol{A}_u^{\mathrm{T}}\boldsymbol{P}_u\boldsymbol{A}_u-\boldsymbol{C}_u^{\mathrm{T}}\boldsymbol{C}_u^{\dagger\mathrm{T}}\boldsymbol{N}_u^{\mathrm{T}}\boldsymbol{M}_u^{\dagger}\boldsymbol{N}_u\boldsymbol{C}_u^{\dagger}\boldsymbol{C}_u, \\ & J_{\mathrm{opt}}=\mathrm{Tr}\left\{\boldsymbol{B}_u\boldsymbol{\Phi}\boldsymbol{B}_u^{\mathrm{T}}\boldsymbol{P}_u\right\}, \end{aligned}$$

这里

$$\boldsymbol{M}=\boldsymbol{R}+\boldsymbol{B}_u^{\mathrm{T}}\boldsymbol{P}_u\boldsymbol{B}_u,\quad \boldsymbol{N}=\boldsymbol{B}_u^{\mathrm{T}}\boldsymbol{P}_u\boldsymbol{A}_u.$$

7.4 基于双参数控制结构的性能极限研究

二参数（或称二自由度）被认为是在线性控制中最一般的反馈结构之一[17]。本节研究状态反馈和输出反馈下的性能极限，如图 7.4 所示的反馈控制系统结构。

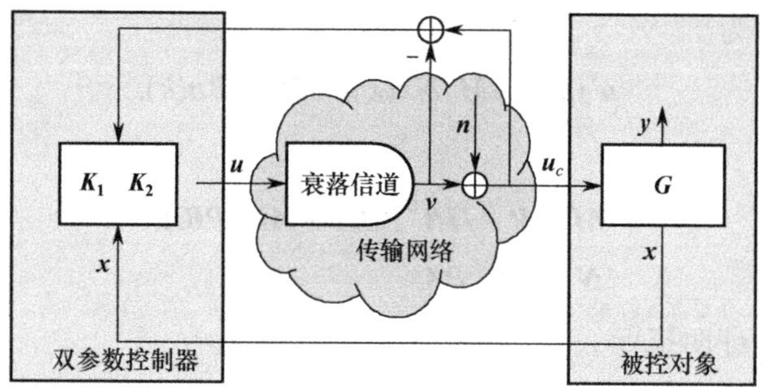

图 7.4 双参数控制器的状态反馈网络化控制系统结构

7.4.1 双参数状态反馈调节性能极限

在本节中，类似于文献[17]，我们考虑双参数控制器$[\boldsymbol{K}_1 \;\; \boldsymbol{K}_2]$，如图 7.4 所示的反馈控制系统，其信道输入是静态反馈结构，我们引入如下的平均性能指标：

$$
\begin{aligned}
J &= \lim_{N\to\infty}\frac{1}{N}\inf_{\boldsymbol{u}_i\in \boldsymbol{U}_{sf}} J\left(\boldsymbol{x}_0,\boldsymbol{u}_0,\boldsymbol{u}_1,\cdots,\boldsymbol{u}_N\right) \\
&= \lim_{N\to\infty}\frac{1}{N}\inf_{\boldsymbol{u}_i\in \boldsymbol{U}_{sf}} \mathrm{E}\left\{\sum_{i=0}^{N}\left(\varepsilon\left\|\boldsymbol{y}_i\right\|^2+(1-\varepsilon)\left\|\boldsymbol{u}_i\right\|^2\right)\right\} \\
&= \lim_{N\to\infty}\frac{1}{N}\inf_{\boldsymbol{u}_i\in \boldsymbol{U}_{sf}} \sum_{i=0}^{N}\mathrm{Tr}\left\{(\boldsymbol{Q}+\boldsymbol{K}_i^{\mathrm{T}}\boldsymbol{R}_i\boldsymbol{K}_i)\boldsymbol{X}_i+\boldsymbol{Q}_{N+1}\boldsymbol{X}_{N+1}\right\},
\end{aligned}
\tag{7.12}
$$

其中，

$$
\begin{aligned}
\boldsymbol{Q} &= \varepsilon \boldsymbol{C}^{\mathrm{T}}\boldsymbol{C}, \\
\boldsymbol{R} &= (1-\varepsilon)\boldsymbol{I}, \\
\boldsymbol{X}_i &= \mathrm{E}\left\{\boldsymbol{x}_i\boldsymbol{x}_i^{\mathrm{T}}\right\}
\end{aligned}
$$

和 Q_{N+1} 合适维数的正定对称矩阵。U_{sf} 是是所有静态稳定反馈线性控制器集合。

问题 7.3 对于如图 7.3 所示的离散时间网络化控制系统，通过设计一个合适的 $u\in \boldsymbol{U}_{sf}(\boldsymbol{K}_{1i},\boldsymbol{K}_{2i})$ 使得性能指标式（7.12）最小。

定理 7.3 考虑带有式（7.2）和式（7.3）所示的衰落信道的反馈控制系统，如图 7.4 所示。被控对象 $G(z)$ 是不稳定、非最小相位和严格正则的。$(\boldsymbol{A},\boldsymbol{B},\boldsymbol{C})$ 是被控对象 $G(z)$ 的最小状态空间实现，那么反馈控制系统的最小状态调节性能为

$$
J_{\mathrm{opt}} = \mathrm{Tr}\left\{\boldsymbol{B\Phi B}^{\mathrm{T}}\boldsymbol{P}+\boldsymbol{\Pi B}^{\mathrm{T}}\boldsymbol{PB\Phi B}^{\mathrm{T}}\boldsymbol{PB\Pi}\right\},
$$

其中，$\boldsymbol{P}$ 是下面黎卡迪方程的唯一解

$$
\boldsymbol{P} = \boldsymbol{Q}+\boldsymbol{A}^{\mathrm{T}}\boldsymbol{PA}-\boldsymbol{N}^{\mathrm{T}}\boldsymbol{M}^{\dagger}\boldsymbol{N},
$$

并且最优控制器为

$$\boldsymbol{u}^*(k) = -\boldsymbol{M}^{\dagger}\boldsymbol{N}\boldsymbol{x}(k) - \boldsymbol{\Pi}\boldsymbol{B}^{\mathrm{T}}\boldsymbol{P}\boldsymbol{B}\boldsymbol{n}(k),$$

这里

$$\begin{aligned}\boldsymbol{M} &= \boldsymbol{R} + \boldsymbol{\Pi}\boldsymbol{B}^{\mathrm{T}}\boldsymbol{P}\boldsymbol{B}\boldsymbol{\Pi} + \boldsymbol{\Lambda}\boldsymbol{B}^{\mathrm{T}}\boldsymbol{P}\boldsymbol{B}\boldsymbol{\Lambda},\\ \boldsymbol{N} &= \boldsymbol{\Pi}\boldsymbol{B}^{\mathrm{T}}\boldsymbol{P}\boldsymbol{A}.\end{aligned}$$

证明：定义如下证明指标

$$\begin{aligned}J &= \lim_{N\to\infty}\frac{1}{N}\inf_{\boldsymbol{u}_i\in\boldsymbol{U}_{sf}} J\left(x_0,u_0,u_1,\cdots,u_N\right)\\ &= \lim_{N\to\infty}\frac{1}{N}\inf_{\boldsymbol{u}_i\in\boldsymbol{U}_{sf}} \mathrm{E}\left\{\sum_{i=0}^{N}\left(\varepsilon\|\boldsymbol{y}_i\|^2+(1-\varepsilon)\|\boldsymbol{u}_i\|^2\right)\right\}\\ &= \lim_{N\to\infty}\frac{1}{N}\inf_{\boldsymbol{u}_i\in\boldsymbol{U}_{sf}} \sum_{i=0}^{N}\mathrm{Tr}\left\{\left(\boldsymbol{Q}+\boldsymbol{K}_{1i}^{\mathrm{T}}\boldsymbol{R}_i\boldsymbol{K}_{1i}\right)\boldsymbol{X}_i+\boldsymbol{K}_{2i}\boldsymbol{\Phi}\boldsymbol{K}_{2i}^{\mathrm{T}}+\boldsymbol{Q}_{N+1}\boldsymbol{X}_{N+1}\right\},\end{aligned}$$

其中

$$\begin{aligned}\boldsymbol{Q} &= \varepsilon\boldsymbol{C}^{\mathrm{T}}\boldsymbol{C},\\ \boldsymbol{R} &= (1-\varepsilon)\boldsymbol{I},\\ \boldsymbol{X}_i &= \mathrm{E}\left\{\boldsymbol{x}_i\boldsymbol{x}_i^{\mathrm{T}}\right\}\end{aligned}$$

并且，$\boldsymbol{Q}_{N+1}$ 是合适维数的正定对称。$\boldsymbol{U}_{sf}$ 是所有稳定的状态反馈控制器集合。类似于第 5 章，J_N、L 和 H_i 可以由下式给出

$$\begin{aligned}&J_N \triangleq \inf_{\boldsymbol{u}_i\in\boldsymbol{U}_{sf}}\sum_{i=0}^{N}\mathrm{Tr}\left\{(\boldsymbol{Q}+\boldsymbol{K}_{1i}^{\mathrm{T}}\boldsymbol{R}_i\boldsymbol{K}_{1i})\boldsymbol{X}_i+\boldsymbol{K}_{2i}\boldsymbol{\Phi}\boldsymbol{K}_{2i}^{\mathrm{T}}+\boldsymbol{Q}_{N+1}\boldsymbol{X}_{N+1}\right\},\\ &L \triangleq \sum_{i=0}^{N}\boldsymbol{H}_i+\boldsymbol{Q}_{N+1}\boldsymbol{X}_{N+1},\\ &H_i \triangleq \mathrm{Tr}\left\{\left(\boldsymbol{Q}+\boldsymbol{K}_{1i}^{\mathrm{T}}\boldsymbol{R}\boldsymbol{K}_{1i}\right)\boldsymbol{X}_i\right\}+\mathrm{Tr}\left\{\boldsymbol{K}_{2i}\boldsymbol{\Phi}\boldsymbol{K}_{2i}^{\mathrm{T}}\right\}\\ &\quad+\mathrm{Tr}\left\{\boldsymbol{P}_{i+1}(\boldsymbol{A}\boldsymbol{X}_i\boldsymbol{A}^{\mathrm{T}}+\boldsymbol{A}\boldsymbol{X}_i\boldsymbol{K}_{1i}^{\mathrm{T}}\boldsymbol{\Pi}\boldsymbol{B}^{\mathrm{T}}+\boldsymbol{B}\boldsymbol{\Pi}\boldsymbol{K}_{1i}\boldsymbol{X}_i\boldsymbol{A}^{\mathrm{T}}\right.\\ &\quad+\boldsymbol{B}\boldsymbol{\Pi}\boldsymbol{K}_{1i}\boldsymbol{X}_i\boldsymbol{K}_{1i}^{\mathrm{T}}\boldsymbol{\Pi}\boldsymbol{B}^{\mathrm{T}}+\boldsymbol{B}\boldsymbol{\Lambda}\boldsymbol{K}_{1i}\boldsymbol{X}_i\boldsymbol{K}_{1i}^{\mathrm{T}}\boldsymbol{\Lambda}\boldsymbol{B}^{\mathrm{T}}\\ &\quad\left.+\boldsymbol{B}\boldsymbol{\Pi}\boldsymbol{K}_{2i}\boldsymbol{\Phi}\boldsymbol{B}^{\mathrm{T}}+\boldsymbol{B}\boldsymbol{\Phi}\boldsymbol{K}_{2i}^{\mathrm{T}}\boldsymbol{\Pi}\boldsymbol{B}^{\mathrm{T}}+\boldsymbol{B}\boldsymbol{\Phi}\boldsymbol{B}^{\mathrm{T}}-\boldsymbol{X}_{i+1})\right\}.\end{aligned}$$

那么，可以得到

$$\begin{aligned}J_{N_{\mathrm{opt}}} = \mathrm{Tr}\Bigg\{&\boldsymbol{X}(0)\boldsymbol{P}(0)+\sum_{i=0}^{N}(\boldsymbol{B}\boldsymbol{\Phi}\boldsymbol{B}^{\mathrm{T}}\boldsymbol{P}(i+1)\\ &+\boldsymbol{\Pi}\boldsymbol{B}^{\mathrm{T}}\boldsymbol{P}(i+1)\boldsymbol{B}\boldsymbol{\Phi}\boldsymbol{B}^{\mathrm{T}}\boldsymbol{P}(i+1)\boldsymbol{B}\boldsymbol{\Pi})\Bigg\}.\end{aligned}$$

进一步有

$$
\begin{cases}
(\boldsymbol{R}+\boldsymbol{\Pi}\boldsymbol{B}^{\mathrm{T}}\boldsymbol{P}\boldsymbol{B}\boldsymbol{\Pi}+\boldsymbol{\Lambda}\boldsymbol{B}^{\mathrm{T}}\boldsymbol{P}\boldsymbol{B}\boldsymbol{\Lambda})\boldsymbol{K}_{1i}+\boldsymbol{\Pi}\boldsymbol{B}^{\mathrm{T}}\boldsymbol{P}\boldsymbol{A}=0 \\
\boldsymbol{K}_{2i}\boldsymbol{\Phi}+\boldsymbol{\Pi}\boldsymbol{B}^{\mathrm{T}}\boldsymbol{P}\boldsymbol{B}\boldsymbol{\Phi}=0, \\
\boldsymbol{P}=\boldsymbol{Q}+\boldsymbol{A}^{\mathrm{T}}\boldsymbol{P}\boldsymbol{A}+\boldsymbol{K}_{1i}^{\mathrm{T}}(\boldsymbol{R}+\boldsymbol{\Pi}\boldsymbol{B}^{\mathrm{T}}\boldsymbol{P}\boldsymbol{B}\boldsymbol{\Pi} \\
\quad +\boldsymbol{\Lambda}\boldsymbol{B}^{\mathrm{T}}\boldsymbol{P}\boldsymbol{B}\boldsymbol{\Lambda})\boldsymbol{K}_{1i}+\boldsymbol{A}^{\mathrm{T}}\boldsymbol{P}\boldsymbol{B}\boldsymbol{\Pi}\boldsymbol{K}_{1i}+\boldsymbol{K}_{1i}^{\mathrm{T}}\boldsymbol{\Pi}\boldsymbol{B}^{\mathrm{T}}\boldsymbol{P}\boldsymbol{A}.
\end{cases}
$$

于是

$$
\begin{aligned}
&\boldsymbol{K}_{1i}^{*}=-\boldsymbol{M}^{\dagger}\boldsymbol{N}, \\
&\boldsymbol{K}_{2i}^{*}=-\boldsymbol{\Pi}\boldsymbol{B}^{\mathrm{T}}\boldsymbol{P}\boldsymbol{B}, \\
&J_{\mathrm{opt}}=\mathrm{Tr}\left\{\boldsymbol{B}\boldsymbol{\Phi}\boldsymbol{B}^{\mathrm{T}}\boldsymbol{P}+\boldsymbol{\Pi}\boldsymbol{B}^{\mathrm{T}}\boldsymbol{P}\boldsymbol{B}\boldsymbol{\Phi}\boldsymbol{B}^{\mathrm{T}}\boldsymbol{P}\boldsymbol{B}\boldsymbol{\Pi}\right\}, \\
&\boldsymbol{P}=\boldsymbol{Q}+\boldsymbol{A}^{\mathrm{T}}\boldsymbol{P}\boldsymbol{A}-\boldsymbol{N}^{\mathrm{T}}\boldsymbol{M}^{\dagger}\boldsymbol{N},
\end{aligned}
$$

其中

$$
\begin{aligned}
&\boldsymbol{M}=\boldsymbol{R}+\boldsymbol{\Pi}\boldsymbol{B}^{\mathrm{T}}\boldsymbol{P}\boldsymbol{B}\boldsymbol{\Pi}+\boldsymbol{\Lambda}\boldsymbol{B}^{\mathrm{T}}\boldsymbol{P}\boldsymbol{B}\boldsymbol{\Lambda}, \\
&\boldsymbol{N}=\boldsymbol{\Pi}\boldsymbol{B}^{\mathrm{T}}\boldsymbol{P}\boldsymbol{A}.
\end{aligned}
$$

证明完毕。

7.4.2 双参数输出反馈调节性能极限

现在考虑如图 7.5 所示的反馈系统，其中的信道输入是静态输出反馈。

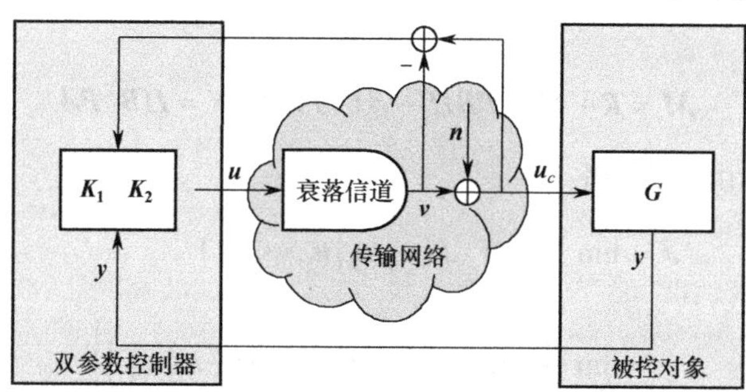

图 7.5 双参数控制器的输出反馈网络化控制系统结构

控制系统的调节性能指标定义如下：

$$
\begin{aligned}
J&=\lim_{N\to\infty}\frac{1}{N}\inf_{\boldsymbol{u}_i\in\boldsymbol{U}_{\mathrm{of}}}J\left(\boldsymbol{x}_0,\boldsymbol{u}_0,\boldsymbol{u}_1,\cdots,\boldsymbol{u}_N\right) \\
&=\lim_{N\to\infty}\frac{1}{N}\inf_{\boldsymbol{u}_i\in\boldsymbol{U}_{\mathrm{of}}}\mathrm{E}\left\{\sum_{i=0}^{N}\left(\varepsilon\left\|\boldsymbol{y}_i\right\|^2+(1-\varepsilon)\left\|\boldsymbol{u}_i\right\|^2\right)\right\} \\
&=\lim_{N\to\infty}\frac{1}{N}\inf_{\boldsymbol{u}_i\in\boldsymbol{U}_{\mathrm{of}}}\sum_{i=0}^{N}\mathrm{Tr}\left\{(\boldsymbol{Q}+\boldsymbol{C}^{\mathrm{T}}\boldsymbol{K}_i^{\mathrm{T}}\boldsymbol{R}_i\boldsymbol{K}_i\boldsymbol{C})\boldsymbol{X}_i+\boldsymbol{Q}_{N+1}\boldsymbol{X}_{N+1}\right\},
\end{aligned}
\tag{7.13}
$$

其中，

$$\boldsymbol{Q}=\varepsilon\boldsymbol{C}^{\mathrm{T}}\boldsymbol{C},$$
$$\boldsymbol{R}=(1-\varepsilon)\boldsymbol{I},$$
$$\boldsymbol{X}_i=\mathrm{E}\left\{\boldsymbol{x}_i\boldsymbol{x}_i^{\mathrm{T}}\right\}.$$

并且，$\boldsymbol{Q}_{N+1}$ 是合适维数的正定对称矩阵，$\boldsymbol{U}_{\mathrm{of}}$ 是所有稳定的输出反馈控制器集合。

问题 7.4 对于图 7.5 所描述的离散时间网络化控制系统，设计合适的网络控制输入 $\boldsymbol{u}\in\boldsymbol{U}_{of}(\boldsymbol{K}_{1i},\boldsymbol{K}_{2i})$，从而使得性能指标（2）取得最优。

定理 7.5 考虑带有式（7.2）和式（7.3）所示的衰落信道的反馈控制系统，如图 7.5 所示。被控对象 $G(z)$ 是不稳定、非最小相位和严格正则的。$(\boldsymbol{A},\boldsymbol{B},\boldsymbol{C})$ 是被控对象 $G(z)$ 的最小状态空间实现，那么反馈控制系统的最小输出调节性能为

$$J_{\mathrm{opt}}=\mathrm{Tr}\left\{\boldsymbol{B\Phi B}^{\mathrm{T}}\boldsymbol{P}+\boldsymbol{\Pi B}^{\mathrm{T}}\boldsymbol{PB\Phi B}^{\mathrm{T}}\boldsymbol{PB\Pi}\right\},$$

其中，$\boldsymbol{P}$ 是下面黎卡迪方程的唯一解

$$\boldsymbol{P}=\boldsymbol{Q}+\boldsymbol{A}^{\mathrm{T}}\boldsymbol{PA}-\boldsymbol{C}^{\mathrm{T}}\boldsymbol{C}^{\dagger\mathrm{T}}\boldsymbol{N}^{\mathrm{T}}\boldsymbol{M}^{\dagger}\boldsymbol{NC}^{\dagger}\boldsymbol{C},$$

并且最优控制器为

$$\boldsymbol{u}^{*}(k)=-\boldsymbol{M}^{\dagger}\boldsymbol{NC}^{\dagger}\boldsymbol{Cx}(k)-\boldsymbol{\Pi B}^{\mathrm{T}}\boldsymbol{PBn}(k),$$

这里

$$\boldsymbol{M}=\boldsymbol{R}+\boldsymbol{\Pi B}^{\mathrm{T}}\boldsymbol{PB\Pi}+\boldsymbol{\Lambda B}^{\mathrm{T}}\boldsymbol{PB\Lambda},\ \boldsymbol{N}=\boldsymbol{\Pi B}^{\mathrm{T}}\boldsymbol{PA}.$$

证明：性能指标由下式给出

$$\begin{aligned}J&=\lim_{N\to\infty}\frac{1}{N}\inf_{\boldsymbol{u}_i\in\boldsymbol{U}_{sf}}J\left(\boldsymbol{x}_0,\boldsymbol{u}_0,\boldsymbol{u}_1,\cdots,\boldsymbol{u}_N\right)\\&=\lim_{N\to\infty}\frac{1}{N}\inf_{\boldsymbol{u}_i\in\boldsymbol{U}_{sf}}\mathrm{E}\left\{\sum_{i=0}^{N}\left(\varepsilon\|\boldsymbol{y}_i\|^2+(1-\varepsilon)\|\boldsymbol{u}_i\|^2\right)\right\}\\&=\lim_{N\to\infty}\frac{1}{N}\inf_{\boldsymbol{u}_i\in\boldsymbol{U}_{sf}}\sum_{i=0}^{N}\mathrm{Tr}\left\{(\boldsymbol{Q}+\boldsymbol{C}^{\mathrm{T}}\boldsymbol{K}_{1i}^{\mathrm{T}}\boldsymbol{R}_i\boldsymbol{K}_{1i}\boldsymbol{C})\boldsymbol{X}_i\right.\\&\quad\left.+\boldsymbol{K}_{2i}\boldsymbol{\Phi K}_{2i}^{\mathrm{T}}+\boldsymbol{Q}_{N+1}\boldsymbol{X}_{N+1}\right\},\end{aligned}$$

其中，

$$\boldsymbol{Q}=\varepsilon\boldsymbol{C}^{\mathrm{T}}\boldsymbol{C},\ \boldsymbol{R}=(1-\varepsilon)\boldsymbol{I},\boldsymbol{X}_i=\mathrm{E}\left\{\boldsymbol{x}_i\boldsymbol{x}_i^{\mathrm{T}}\right\},$$

并且，$\boldsymbol{Q}_{N+1}$ 是合适维数的正定矩阵，$\boldsymbol{U}_{sf}$ 是一类稳定的控制器集合。于是有，

$$J_N \triangleq \inf_{u_i\in U_{sf}} \sum_{i=0}^{N} \mathrm{Tr}\left\{(\boldsymbol{Q}+\boldsymbol{C}^{\mathrm{T}}\boldsymbol{K}_{1i}^{\mathrm{T}}\boldsymbol{R}_i\boldsymbol{K}_{1i})\boldsymbol{X}_i+\boldsymbol{K}_{2i}\boldsymbol{\Phi}\boldsymbol{K}_{2i}^{\mathrm{T}}+\boldsymbol{Q}_{N+1}\boldsymbol{X}_{N+1}\right\},$$

$$L \triangleq \sum_{i=0}^{N} H_i + \boldsymbol{Q}_{N+1}\boldsymbol{X}_{N+1},$$

$$\begin{aligned}H_i \triangleq\ & \mathrm{Tr}\left\{\left(\boldsymbol{Q}+\boldsymbol{C}^{\mathrm{T}}\boldsymbol{K}_{1i}^{\mathrm{T}}\boldsymbol{R}\boldsymbol{K}_{1i}\boldsymbol{C}\right)\boldsymbol{X}_i\right\}+\boldsymbol{K}_{2i}\boldsymbol{\Phi}\boldsymbol{K}_{2i}^{\mathrm{T}}\\ &+\mathrm{Tr}\{P_{i+1}(\boldsymbol{A}\boldsymbol{X}_i\boldsymbol{A}^{\mathrm{T}}+\boldsymbol{A}\boldsymbol{X}_i\boldsymbol{C}^{\mathrm{T}}\boldsymbol{K}_{1i}^{\mathrm{T}}\boldsymbol{\Pi}\boldsymbol{B}^{\mathrm{T}}\\ &+\boldsymbol{B}\boldsymbol{\Pi}\boldsymbol{K}_{1i}\boldsymbol{C}\boldsymbol{X}_i\boldsymbol{A}^{\mathrm{T}}+\boldsymbol{B}\boldsymbol{\Pi}\boldsymbol{K}_{1i}\boldsymbol{C}\boldsymbol{X}_i\boldsymbol{C}^{\mathrm{T}}\boldsymbol{K}_{1i}^{\mathrm{T}}\boldsymbol{\Pi}\boldsymbol{B}^{\mathrm{T}}\\ &+\boldsymbol{B}\boldsymbol{\Lambda}\boldsymbol{K}_{1i}\boldsymbol{C}\boldsymbol{X}_i\boldsymbol{C}^{\mathrm{T}}\boldsymbol{K}_{1i}^{\mathrm{T}}\boldsymbol{\Lambda}\boldsymbol{B}^{\mathrm{T}}+\boldsymbol{B}\boldsymbol{\Pi}\boldsymbol{K}_{2i}\boldsymbol{\Phi}\boldsymbol{B}^{\mathrm{T}}\\ &+\boldsymbol{B}\boldsymbol{\Phi}\boldsymbol{K}_{2i}^{\mathrm{T}}\boldsymbol{\Pi}\boldsymbol{B}^{\mathrm{T}}+\boldsymbol{B}\boldsymbol{\Phi}\boldsymbol{B}^{\mathrm{T}}-\boldsymbol{X}_{i+1})\}.\end{aligned}$$

因此

$$J_{N_{\mathrm{opt}}}=\mathrm{Tr}\left\{\boldsymbol{X}(0)\boldsymbol{P}(0)+\sum\nolimits_{i=0}^{N}(\boldsymbol{B}\boldsymbol{\Phi}\boldsymbol{B}^{\mathrm{T}}\boldsymbol{P}(i+1)+\boldsymbol{\Pi}\boldsymbol{B}^{\mathrm{T}}\boldsymbol{P}(i+1)\boldsymbol{B}\boldsymbol{\Phi}\boldsymbol{B}^{T}\boldsymbol{P}(i+1)\boldsymbol{B}\boldsymbol{\Pi})\right\}.$$

进一步的，我们可以得到

$$\begin{cases}(\boldsymbol{R}+\boldsymbol{\Pi}\boldsymbol{B}^{\mathrm{T}}\boldsymbol{P}\boldsymbol{B}\boldsymbol{\Pi}+\boldsymbol{\Lambda}\boldsymbol{B}^{\mathrm{T}}\boldsymbol{P}\boldsymbol{B}\boldsymbol{\Lambda})\boldsymbol{K}_{1i}\boldsymbol{C}+\boldsymbol{\Pi}\boldsymbol{B}^{\mathrm{T}}\boldsymbol{P}\boldsymbol{A}=0,\\ \boldsymbol{K}_{2i}\boldsymbol{\Phi}+\boldsymbol{\Pi}\boldsymbol{B}^{\mathrm{T}}\boldsymbol{P}\boldsymbol{B}\boldsymbol{\Phi}=0,\\ \boldsymbol{P}=\boldsymbol{Q}+\boldsymbol{A}^{\mathrm{T}}\boldsymbol{P}\boldsymbol{A}+\boldsymbol{C}^{\mathrm{T}}\boldsymbol{K}_{1i}^{\mathrm{T}}(\boldsymbol{R}+\boldsymbol{\Pi}\boldsymbol{B}^{\mathrm{T}}\boldsymbol{P}\boldsymbol{B}\boldsymbol{\Pi}+\\ \quad \boldsymbol{\Lambda}\boldsymbol{B}^{\mathrm{T}}\boldsymbol{P}\boldsymbol{B}\boldsymbol{\Lambda})\boldsymbol{K}_{1i}\boldsymbol{C}+\boldsymbol{A}^{\mathrm{T}}\boldsymbol{P}\boldsymbol{B}\boldsymbol{\Pi}\boldsymbol{K}_{1i}\boldsymbol{C}+\boldsymbol{C}^{\mathrm{T}}\boldsymbol{K}_{1i}^{\mathrm{T}}\boldsymbol{\Pi}\boldsymbol{B}^{\mathrm{T}}\boldsymbol{P}\boldsymbol{A}.\end{cases}$$

类似于前面的证明，可以得到如下等式

$$\begin{aligned}&\boldsymbol{K}_{1i}^{*}=-\boldsymbol{M}^{\dagger}\boldsymbol{N}\boldsymbol{C}^{\dagger}\boldsymbol{C},\\ &\boldsymbol{K}_{2i}^{*}=-\boldsymbol{\Pi}\boldsymbol{B}^{\mathrm{T}}\boldsymbol{P}\boldsymbol{B},\\ &J_{opt}=\mathrm{Tr}\left\{\boldsymbol{B}\boldsymbol{\Phi}\boldsymbol{B}^{\mathrm{T}}\boldsymbol{P}+\boldsymbol{\Pi}\boldsymbol{B}^{\mathrm{T}}\boldsymbol{P}\boldsymbol{B}\boldsymbol{\Phi}\boldsymbol{B}^{\mathrm{T}}\boldsymbol{P}\boldsymbol{B}\boldsymbol{\Pi}\right\},\\ &\quad \boldsymbol{P}=\boldsymbol{Q}+\boldsymbol{A}^{\mathrm{T}}\boldsymbol{P}\boldsymbol{A}-\boldsymbol{C}^{\mathrm{T}}\boldsymbol{C}^{\dagger\mathrm{T}}\boldsymbol{N}^{\mathrm{T}}\boldsymbol{M}^{\dagger}\boldsymbol{N}\boldsymbol{C}^{\dagger}\boldsymbol{C},\end{aligned}$$

这里

$$\boldsymbol{M}=\boldsymbol{R}+\boldsymbol{\Pi}\boldsymbol{B}^{\mathrm{T}}\boldsymbol{P}\boldsymbol{B}\boldsymbol{\Pi}+\boldsymbol{\Lambda}\boldsymbol{B}^{\mathrm{T}}\boldsymbol{P}\boldsymbol{B}\boldsymbol{\Lambda},\ \boldsymbol{N}=\boldsymbol{\Pi}\boldsymbol{B}^{\mathrm{T}}\boldsymbol{P}\boldsymbol{A}.$$

证明完毕。

7.5 仿真研究

现在，我们用一个例子来对定理 7.1 的结果进行验证分析。考虑系统

$$G(z)=\frac{z-p}{(z-1.5)(z-q)},$$

其中，$|p|\geqslant 2$，$|q|\geqslant 1.5$。由上面的表达式我们知道，被控对象 $G(z)$ 是非最小相位和不稳定的传递函数。

图 7.6 显示了被控对象非最小相位零点对于系统调节性能极限的影响。图 7.7 显示了被控对象不稳定极点对于系统调节性能极限的影响。图 7.6 和图 7.7 还表明，权值对系统调节性能极限的影响并不仅呈线性关系，还与相应的非最小相位零点和不稳定极点的大小有关系。图 7.8 表明了被控对象的不稳定极点和非最小相位零点同时变化下的系统调节性能的变化情况。

图 7.9 显示了衰落信道的期望和方差矩阵对于系统调节性能的影响，衰落信道的期望和方差矩阵越大，系统的调节性能越差。图 7.10 表明了衰落信道与网络噪声同时变化下的系统性能的变化图，图中表明，网络噪声将恶化系统的调节性能。

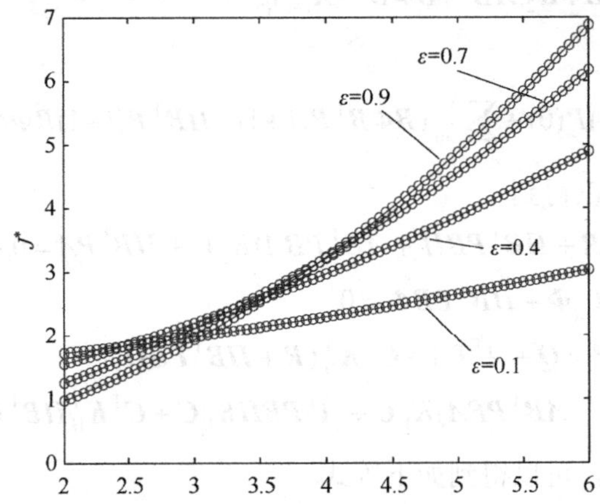

图 7.6 调节性能极限与被控对象非最小相位零点和性能权值的关系

$(q=1.8, \Phi=0.2, \Pi=0.6, \Lambda=0.6)$

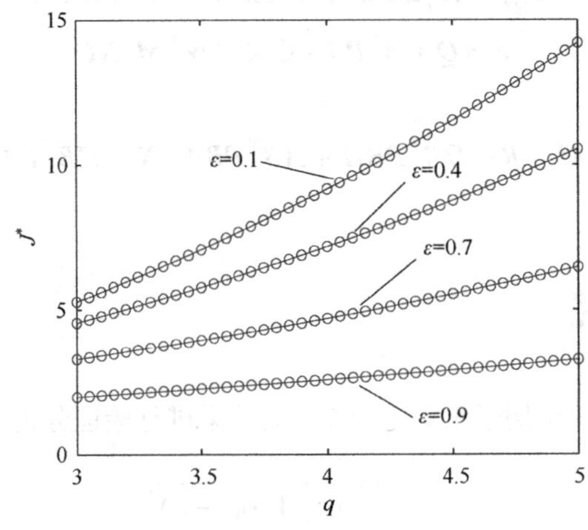

图 7.7 调节性能极限与被控对象不稳定极点和性能权值的关系

$(p=-2, \Phi=0.2, \Pi=0.6, \Lambda=0.6)$

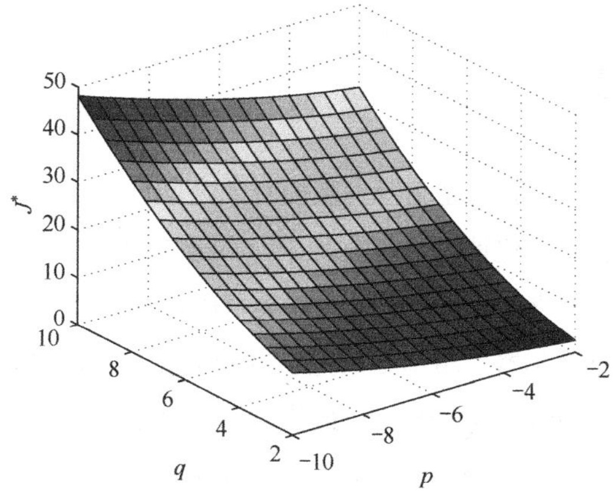

图 7.8　调节性能极限与被控对象不稳定极点和非最小相位零点的关系
($\epsilon = 0.5, \Phi = 0.2, \Lambda = 0.6, \Pi = 0.6$)

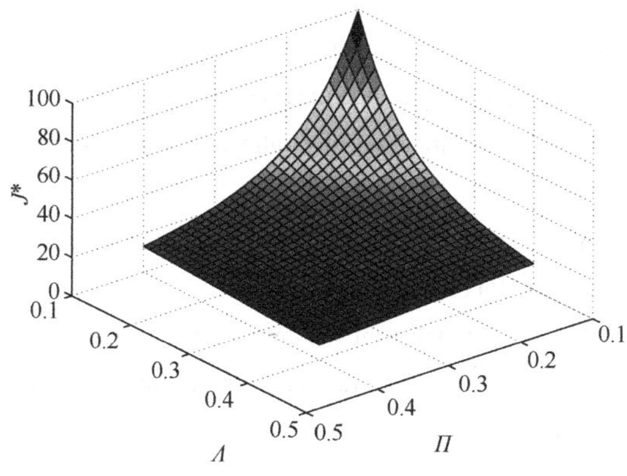

图 7.9　调节性能极限与衰落信道的 Π 和 Λ 的关系 ($\epsilon = 0.5, p = -2, q = 3, \Phi = 0.2$)

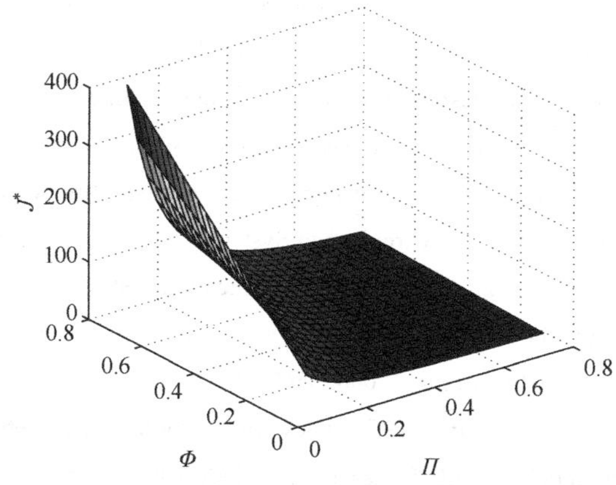

图 7.10　调节性能极限与衰落信道的 Π 和网络噪声 Φ 的关系 ($\epsilon = 0.5, p = -2, q = 3, \Lambda = 0.1$)

7.6 本章小结

在本章中，我们研究了从控制器到被控对象之间存在一个不可靠网络的多输入多输出反馈控制系统的优化调节性能。其中，不可靠的网络综合考虑了衰落和加性高斯白噪声两种网络因素。我们考虑了两种类型的反馈控制：状态反馈和输出反馈，并且分别基于不同的控制器，即单参数控制器和双参数控制器，得到了两种控制策略在不同控制结构下的调节性能极限。最优的调节性能是通过与之相关联的代数黎卡迪方程稳态解来给出的。最后，仿真结果验证和分析了所得的结果。

参考文献

[1] Qi T, Su W. Optimal tracking design for a linear system with a quantized control input. in: Proceedings of the 2008 Chinese Control Conference. 2008. 437-441.

[2] Azuma S, Sugie T. Dynamic quantization of nonlinear control systems. IEEE Transactions on Automatic Control. 2012, 57(4): 875-888.

[3] Xiao N, Xie L, Fu M. Stabilization of Markov jump linear systems using quantized state feedback. Automatica. 2010, 46(10): 1696-1702.

[4] You K, Su W, Fu M et al. Optimality of the logarithmic quantizer for stabilization of linear systems: Achieving the minimum data rate. in: Proceedings of the 2009 Chinese Control Conference. 2009. 4075-4080.

[5] Liu Y, Qi T, Su W. Optimal tracking performance of a linear system with a quantized control input. in: Proceedings of the 2007 Chinese Control Conference. 2007. 531-535.

[6] Luan X, Shi P, Liu C. Stabilization of networked control systems with random delays. IEEE Transactions on Industrial Electronics. 2011, 58(9): 4323-4330.

[7] Liu G P. Predictive controller design of networked systems with communication delays and data loss. IEEE Transactions on Circuits and Systems II: Express Briefs. 2010, 57(6): 481-485.

[8] Wei G, Wang Z, He X et al. Filtering for networked stochastic time-delay systems with sector nonlinearity. IEEE Transactions on Circuits and Systems II: Express Briefs. 2009, 56(1): 71-75.

[9] Natori K, Ohnishi K. A design method of communication disturbance observer for time-delay compensation, taking the dynamic property of network disturbance into account. IEEE Transactions on Industrial Electronics. 2008, 55(5): 2152-2168.

[10] Huang C, Bai Y, Liu X. H-infinity state feedback control for a class of networked cascade control systems with uncertain delay. IEEE Transactions on Industrial Informatics. 2010, 6(1): 62-72.

[11] Braslavsky J H, Middleton R H, Freudenberg J S. Feedback stabilization over signal-to-noise

ratio constrained channels. IEEE Transactions on Automatic Control. 2007, 52(8): 1391-1403.

[12] Rojas A J. Signal-to-Noise Ratio Fundamental Limitations in Continuous-Time Linear Output Feedback Control. IEEE Transactions on Automatic Control. 2009, 54(8): 1902-1907.

[13] Trivellato M, Benvenuto N. State control in networked control systems under packet drops and limited transmission bandwidth. IEEE Transactions on Communications. 2010, 58(2): 611-622.

[14] Sun S, Xie L, Xiao W. Optimal full-order and reduced-order estimators for discrete-time systems with multiple packet dropouts. IEEE Transactions on Signal Processing. 2008, 56(8): 4031-4038.

[15] Shi L, Xie L. Optimal sensor power scheduling for state estimation of Gauss-Markov systems over a packet-dropping network. IEEE Transactions on Signal Processing. 2012, 60(5): 2701-2705.

[16] Xu H, Jagannathan S, Lewis F L. Stochastic optimal control of unknown linear networked control system in the presence of random delays and packet losses. Automatica. 2012, 48(6): 1017-1030.

[17] Chen J, Hara S, Chen G. Best tracking and regulation performance under control energy constraint. IEEE Transactions on Automatic Control. 2003, 48(8): 1320-1336.

[18] Guan Z H, Chen C Y, Feng G et al. Optimal tracking performance limitation of networked control systems with limited bandwidth and additive colored white Gaussian noise. IEEE Transactions on Circuits and Systems I: Regular Papers. 2013, 60(1): 189-198.

[19] Martins N C, Dahleh M A, Doyle J C. Fundamental limitations of disturbance attenuation in the presence of side information. IEEE Transactions on Automatic Control. 2007, 52(1): 56-66.

[20] Wang B X, Guan Z H, Yuan F S. Optimal tracking and two-channel disturbance rejection under control energy constraint. Automatica. 2011, 47(4): 733-738.

[21] Lian F, Yook J K, Tilbury D M et al. Network architecture and communication modules for guaranteeing acceptable control and communication performance for networked multi-agent systems. IEEE Transactions on Industrial Informatics. 2006, 2(1): 12-24.

[22] Kashima K. A new expression for the H2 performance limit based on state-space representation. Automatica. 2009, 45(1): 283-290.

[23] Freudenberg J S, Middleton R H, Braslavsky J H. Minimum variance control over a Gaussian communication channel. IEEE Transactions on Automatic Control. 2011, 56(8): 1751-1765.

[24] Zeng W, Chow M. Optimal tradeoff between performance and security in networked control systems based on coevolutionary algorithms. IEEE Transactions on Industrial Electronics. 2012, 59(7): 3016-3025.

[25] Silva E I, Pulgar S A. Performance limitations for single-input LTI plants controlled over SNR constrained channels with feedback. Automatica. 2013, 49(2): 540-547.

[26] Xiao N, Xie L, Qiu L. Feedback stabilization of discrete-time networked systems over fading channels. IEEE Transactions on Automatic Control. 2012, 57(9): 2176-2189.

[27] Gu G, Qiu L. Networked stabilization of multi-input systems with channel resource allocation. in:

Proceedings of the 17th IFAC World Congress. 2008. 625-630.

[28] Elia N. Remote stabilization over fading channels. Systems & Control Letters. 2005, 54(3): 237-249.

[29] Zhong C, Wong K, Jin S. Capacity bounds for MIMO Nakagami-fading channels. IEEE Transactions on Signal Processing. 2009, 57(9): 3613-3623.

[30] Banavar M K, Tepedelenlioglu C, Spanias A. Estimation over fading channels with limited feedback using distributed sensing. IEEE Transactions on Signal Processing. 2010, 58(1): 414-425.

[31] Matthaiou M, Chatzidiamantis N D, Karagiannidis G K et al. On the capacity of generalized-fading MIMO channels. IEEE Transactions on Signal Processing. 2010, 58(11): 5939-5944.

[32] Guan Z H, Zhan X S, Feng G. Optimal tracking performance of MIMO discrete - time systems with communication constraints. International Journal of Robust and Nonlinear Control. 2012, 22(13): 1429-1439.

[33] Ding L, Wang H N, Guan Z H et al. Tracking under additive white Gaussian noise effect. IET control theory & applications. 2010, 4(11): 2471-2478.

[34] Shingin H, Ohta Y. Disturbance rejection with information constraints: Performance limitations of a scalar system for bounded and Gaussian disturbances. Automatica. 2012, 48(6): 1111-1116.

[35] Martins N C, Dahleh M A. Feedback control in the presence of noisy channels:"Bode-like" fundamental limitations of performance. IEEE Transactions on Automatic Control. 2008, 53(7): 1604-1615.

[36] Jiang X W, Guan Z H, Feng G et al. Optimal tracking performance of networked control systems with channel input power constraint. IET control theory & applications. 2012, 6(11): 1690-1698.

[37] Rojas A J. Explicit solution for a class of discrete-time algebraic Riccati equations. Asian Journal of Control. 2013, 15(1): 132-141.

[38] Qiu L, Davison E J. Performance limitations of non-minimum phase systems in the servomechanism problem. Automatica. 1993, 29(2): 337-349.

第 8 章　双通道量化的离散系统跟踪性能极限

8.1　引言

近年来，对带有通信噪声[1-4]、性噪比约束[5-6]、丢包[7-9]、带宽约束[10-12]和时滞[13-15]的网络化控制系统性能极限的研究，已有了一些结果。例如，在文献[16]中，研究了离散时间单输入单输出网络化控制系统的性噪比基本极限。通过线性时间不变输出反馈镇定，获得了通信信噪比的一个紧密的条件。文献[17]研究了对于在反馈路径带有网络诱导时延的通信信道的单输入单输出离散时间系统的最优跟踪问题。在文献[18]中，对带有数据丢包和信道噪声的单输入单输出离散时间网络化控制系统的跟踪性能极限进行了研究。文献[10]将其推广至多输入多输出网络化控制系统的情形，研究了通信信道同时受两类基本网络参量（带宽和网络噪声）影响下的网络化控制系统性能极限。在文献[19]中，研究了带附加高斯白噪声信道的多输入多输出控制系统的镇定和跟踪性能问题。

在本章中，探讨上下通道同时受量化影响下的线性时不变离散时间系统的跟踪性能极限。这里主要集中关注通过反馈控制所能得到的固有跟踪性能极限值。跟踪性能指标定义为均方意义下的跟踪性能极限，参考信号考虑为阶跃信号。上下行通道量化均考虑为对数量化方式。通过使用动态规划目标，得到相应的离散时间黎卡迪方程。基于被给系统的状态空间实现和所得的离散黎卡迪方程，通过输出反馈获得系统的跟踪性能极限。

8.2　双通道量化模型及问题描述

本章考虑如图 8.1 所示的通信控制结构，这里控制器和被控对象之间采用网络进行连接通信，由于量化是数字通信必不可少的过程，为集中研究量化对系统性能的影响，本章考虑的通信参量仅考虑量化作用。

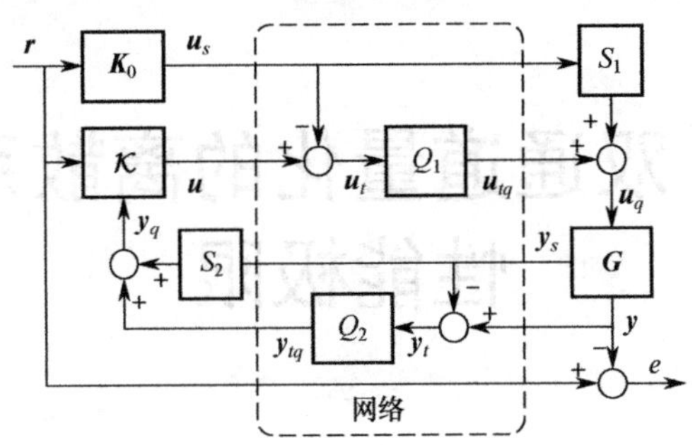

图 8.1　系统结构框图

在图 8.1 中，$\boldsymbol{G}(z)$ 表示 SISO 被控对象，Q 表示量化器，$\mathcal{K}$ 表示控制器，$\boldsymbol{K}_0$ 表示控制器 $\mathcal{K}$ 的稳态部分。稳态控制信号和稳态系统输出信号分别通过网络传输到被控对象 $\boldsymbol{G}$ 和控制器 $\mathcal{K}$，其传输信号在初始时间内具有足够的精度，并分别由存储器 S_1 和 S_2 保存。$\boldsymbol{u}$ 和 $\boldsymbol{y}$ 分别表示控制器和被控对象的输出信号。$\boldsymbol{u}_s$ 和 $\boldsymbol{y}_s$ 分别表示控制信号 $\boldsymbol{u}$ 和系统输出 $\boldsymbol{y}$ 的稳态部分。$\boldsymbol{u}_t$ 和 $\boldsymbol{y}_t$ 是控制信号 $\boldsymbol{u}$ 和系统输出 $\boldsymbol{y}$ 的瞬态部分，它们分别通过量化器 Q_1 和 Q_2。$\boldsymbol{u}_q$ 和 $\boldsymbol{y}_q$ 分别是系统量化控制信号和系统量化输出信号。

本章考虑的参考信号为如下阶跃信号

$$r(k)=\begin{cases} r_0, & k=0,1,2,\cdots \\ 0, & k<0, \end{cases}$$

这里参考信号量 r_0 是零均值方差为 σ_r 的参考信号。类似文献[20]，量化器 Q_1 和 Q_2 考虑的对数量化律，如下所示

$$\begin{cases} u_{tq}(k)=Q_1\left(u_t(k)\right)=u_t(k)+u_t(k)w_1(k) \\ y_{tq(k)}=Q_2\left(y_t(k)\right)=y_t(k)+y_t(k)w_2(k) \end{cases}$$

其中 u_t，y_t 和 u_{tq}，y_{tq} 是量化器 Q_1 和 Q_2 的输入和输出，$w_1(k)$ 和 $w_2(k)$ 是量化误差，并且有

$$\delta_1=\left(1-\rho_1\right)/\left(1+\rho_1\right)$$
$$\delta_2=\left(1-\rho_2\right)/\left(1+\rho_2\right)$$

这里，$\rho_i, i=1,2,$（$0<\rho_1,\rho_2<1$）是量化密度。不失一般性，假设量化误差过程 $w_1(k)$ 和 $w_2(k)$ 对于任何 $k_1\neq k_2$ 不相关。对于量化误差过程 $w_2(k)$ 有同样类似的假定，且 $w_1(k)$ 和 $w_2(k)$ 同样互不相关。此外，对于任何 k_1 和 k_2，有

$$\mathrm{E}\{w_1(k_1)w_1(k_2)\}=\begin{cases}\sigma_1^2, & k_1=k_2\\ 0, & k_1\neq k_2\end{cases}$$

$$\mathrm{E}\{w_2(k_1)w_2(k_2)\}=\begin{cases}\sigma_2^2, & k_1=k_2\\ 0, & k_1\neq k_2\end{cases}$$

这里σ_1和σ_2是w_1和w_2的方差。此外，参考信号$r(k_1)$和量化误差$w_1(k_2)$和$w_2(k_3)$对于任何的k_1、k_2和k_3不相关。

假设系统为严格正则，且有如下状态空间实现：

$$\begin{cases}\boldsymbol{x}(k+1)=\boldsymbol{A}x(k)+\boldsymbol{B}u_q(k)\\ y(k)=\boldsymbol{C}\boldsymbol{x}(k)+\boldsymbol{D}u_q(k)\end{cases}$$

这里$\boldsymbol{x}(\cdot)$是带初始值$\boldsymbol{x}(0)=0$的状态向量，$u(\cdot)$是控制输入，$y(\cdot)$是系统输出，且假设$(\boldsymbol{A},\boldsymbol{B})$正定，$(\boldsymbol{A},\boldsymbol{C})$可观。参考图 8.1，可得

$$\begin{aligned}u_q(k)&=u_s(k)+u_{tq}(k)\\ &=u_s(k)+u_t(k)+u_t(k)\omega(k)\\ &=u(k)+u_t(k)\omega(k)\end{aligned}$$

因此，跟踪性能问题的被控系统为

$$\begin{cases}x(k+1)=\boldsymbol{A}\boldsymbol{x}(k)+\boldsymbol{B}u(k)+\boldsymbol{B}u_t\omega_1(k)\\ y(k)=\boldsymbol{C}\boldsymbol{x}(k)+\boldsymbol{D}u(k)+\boldsymbol{D}u_t\omega_1(k)\end{cases}\tag{8.1}$$

记u_s、y_s和x_s分别是系统输入、输出和状态的稳态值。u_t、y_t和x_t分别表示系统输入、系统输出和系统状态的瞬态部分，其定义如下：

$$u_t:=u-u_s$$

$$x_t:=x-x_s$$

$$y_t:=y-y_s$$

$\omega_1(k),\omega_2(k)$是定义在概率空间$(\boldsymbol{\Omega},F,p)$上的随机变量。由于，

$$y(k)=y_s+y_t(k)$$

当系统达到渐近跟踪目标时，系统的输出达到稳定输出值$y_s=y(\infty)$，并且系统输出变量的瞬态部分等于$y_t(\infty)=0$。因此，此时系统输出稳态值等于参考输入量。稳态控制u_s和稳定状态x_s满足方程

$$\begin{cases}x_s=\boldsymbol{A}\boldsymbol{x}_s+\boldsymbol{B}u_s\\ y_s=\boldsymbol{C}\boldsymbol{x}_s+\boldsymbol{D}u_s\end{cases}$$

所以，我们有

$$\begin{cases} x_s = \dfrac{(\boldsymbol{I}-\boldsymbol{A})^{-1}\boldsymbol{B}r}{\boldsymbol{C}(\boldsymbol{I}-\boldsymbol{A})^{-1}\boldsymbol{B}+\boldsymbol{D}} \\ u_s = \dfrac{r}{\boldsymbol{C}(\boldsymbol{I}-\boldsymbol{A})^{-1}\boldsymbol{B}+\boldsymbol{D}} \end{cases} \tag{8.2}$$

从方程（8.1）得到如下方程：

$$\begin{cases} x_t(k+1) = \boldsymbol{A}_t x(k) + \boldsymbol{B}u_t(k) + \boldsymbol{B}u_t(k)\omega_1(k) \\ y_t(k) = \boldsymbol{C}\boldsymbol{x}_t(k) + \boldsymbol{D}u_t(k) + \boldsymbol{D}u_t(k)\omega_1(k) \end{cases} \tag{8.3}$$

8.3 带量化的离散时间系统的跟踪性能极限

离散时间网络化控制系统的性能指标定义如下：

$$\begin{aligned} J &= \lim_{N\to\infty} \inf_{u_i\in \boldsymbol{U}_{ad}} J\left(u_0,u_1,\cdots,u_{N-1}\right) \\ &= \inf_{u_i\in \boldsymbol{U}_{ad}} \mathrm{E}\left\{\sum_{k=0}^{\infty}[r-y(k)]\right\}^2 \end{aligned} \tag{8.4}$$

其中，$\boldsymbol{U}_{ad}$ 为所有可允许的控制器集合。本章考虑的跟踪问题是在控制器集合 $\boldsymbol{U}_{ad}$ 中找一控制器序列 $\left(u_0,u_1,\cdots,u_\infty\right)$ 使性能指标 J 最小化。控制序列 $u_0,u_1,\cdots,u_\infty,\left(u_i\in \boldsymbol{R}^n\right)$ 定义于概率空间 $(\boldsymbol{\Omega},F,p)$。

由系统式（8.3），性能指标式（8.4）可转换为如下形式

$$J = \inf_{u_i\in \boldsymbol{U}_{ad}} \mathrm{E}\left\{\sum_{k=0}^{\infty}\left[\boldsymbol{C}x_t(k)+\boldsymbol{D}u_t(k)+\boldsymbol{D}u_t(k)\omega_1(k)\right]^2\right\}.$$

定理 8.1 给出了系统的跟踪性能极限。

定理 8.1 如图 8.1 所示的上行和下行通信信道均考虑量化影响的离散时间网络化控制系统，被控系统考虑如式（8.3）所示，那么系统的最优控制器为

$$\begin{aligned} \boldsymbol{u}^* = &-\frac{1}{1+\sigma_1^2}\left[\boldsymbol{B}^{\mathrm{T}}\boldsymbol{P}\boldsymbol{B}+\boldsymbol{D}\boldsymbol{D}^{\mathrm{T}}\right]^{-1}\left[\boldsymbol{B}^{\mathrm{T}}\boldsymbol{P}\boldsymbol{A}+\boldsymbol{C}\boldsymbol{D}^{\mathrm{T}}\right]\boldsymbol{C}^{\dagger}y_q \\ &\frac{1}{1+\sigma_1^2}\left[\boldsymbol{B}^{\mathrm{T}}\boldsymbol{P}\boldsymbol{B}+\boldsymbol{D}\boldsymbol{D}^{\mathrm{T}}\right]^{-1}\left[\boldsymbol{B}^{\mathrm{T}}\boldsymbol{P}\boldsymbol{A}+\boldsymbol{C}\boldsymbol{D}^{\mathrm{T}}\right]\boldsymbol{C}^{\dagger}r \\ &+\frac{r}{\boldsymbol{C}(\boldsymbol{I}-\boldsymbol{A})^{-1}\boldsymbol{B}+\boldsymbol{D}} \end{aligned}$$

系统的跟踪性能极限为

$$J^* = \frac{\boldsymbol{B}^{\mathrm{T}}\left(\boldsymbol{I}-\boldsymbol{A}^{\mathrm{T}}\right)^{-1}}{\boldsymbol{B}^{\mathrm{T}}\left(\boldsymbol{I}-\boldsymbol{A}^{\mathrm{T}}\right)^{-1}\boldsymbol{C}^{\mathrm{T}}}\boldsymbol{P}\frac{(\boldsymbol{I}-\boldsymbol{A})^{-1}\boldsymbol{B}}{\boldsymbol{C}(\boldsymbol{I}-\boldsymbol{A})^{-1}\boldsymbol{B}}\sigma_r^2$$

这里，$\boldsymbol{P}$ 是如下离散时间黎卡迪方程的唯一解

$$\boldsymbol{P}=\boldsymbol{C}^{\mathrm{T}}\boldsymbol{C}+\boldsymbol{A}^{\mathrm{T}}\boldsymbol{P}\boldsymbol{A}-\frac{\left(1+\sigma_2^2\right)}{\left(1+\sigma_1^2\right)}\left[\boldsymbol{A}^{\mathrm{T}}\boldsymbol{P}\boldsymbol{B}+\boldsymbol{D}\boldsymbol{C}^{\mathrm{T}}\right]\left(\boldsymbol{B}^{\mathrm{T}}\boldsymbol{P}\boldsymbol{B}+\boldsymbol{D}\boldsymbol{D}^{\mathrm{T}}\right)^{-1}\left[\boldsymbol{B}^{\mathrm{T}}\boldsymbol{P}\boldsymbol{A}+\boldsymbol{C}\boldsymbol{D}^{\mathrm{T}}\right].$$

证明：考虑如下性能指标：

$$J_N=\mathrm{E}\left\{\sum_{k=0}^{N}\left[\boldsymbol{C}x_t(k)+\boldsymbol{D}u_t(k)+\boldsymbol{D}u_t(k)\omega_1(k)\right]^2\right\},$$

令

$$V_j=J_N-J_{j-1},(j\in 1,\cdots,N).$$

那么

$$\begin{aligned}V_N&=J_N-J_{N-1}\\&=\mathrm{E}\left\{\left[\boldsymbol{C}x_t(N)+\boldsymbol{D}u_t(N)+\boldsymbol{D}u_t(N)\omega_1(N)\right]^2\right\}\\&=\mathrm{E}\left\{\boldsymbol{x}_t^{\mathrm{T}}(N)\boldsymbol{C}^{\mathrm{T}}\boldsymbol{C}x_t(N)+x_t(N)\boldsymbol{C}^{\mathrm{T}}\boldsymbol{D}u_t(N)+u_t(N)\boldsymbol{D}^{\mathrm{T}}\boldsymbol{C}x_t(N)\right.\\&\quad\left.+\left(1+\sigma_1^2\right)u_t(N)^{\mathrm{T}}\boldsymbol{D}^{\mathrm{T}}\boldsymbol{D}u_t(N)\right\}\end{aligned}$$

由引理 2.10，可得

$$\inf_{u\in\boldsymbol{U}_{ad}}V_N=\mathrm{E}\left\{\boldsymbol{x}_t^{\mathrm{T}}(N)\boldsymbol{P}_N(N)x_t(N)\right\},\tag{8.5}$$

这里 $\boldsymbol{P}_N(N)$ 是一对称矩阵。由方程（8.1）和方程（8.5），可得

$$\begin{aligned}\inf_{u_i(N)\in\mathbf{U}_{ad}}V_N&=\mathrm{E}\left\{\boldsymbol{x}_t^{\mathrm{T}}(N)\boldsymbol{P}_N(N)x_t(N)\right\}\\&=\boldsymbol{x}_t^{\mathrm{T}}(N-1)\boldsymbol{A}^{\mathrm{T}}\boldsymbol{P}_N(N-1)\boldsymbol{A}x(N-1)+u_t^{\mathrm{T}}(N-1)\boldsymbol{B}^{\mathrm{T}}\boldsymbol{P}_N(N-1)\boldsymbol{A}x(N-1)\\&\quad+\boldsymbol{x}_t^{\mathrm{T}}(N-1)\boldsymbol{A}^{\mathrm{T}}\boldsymbol{P}_N(N-1)\boldsymbol{B}u_t(N-1)+\boldsymbol{x}_t^{\mathrm{T}}(N-1)\boldsymbol{A}^{\mathrm{T}}\boldsymbol{P}_N(N-1)\boldsymbol{B}u_t(N-1)\\&\quad+\left(1+\sigma_1^2\right)u_t^{\mathrm{T}}(N-1)\boldsymbol{B}^{\mathrm{T}}\boldsymbol{P}_N(N-1)\boldsymbol{B}u_t(N-1)\end{aligned}$$

进而可得

$$\begin{aligned}V_{N-1}&=J_N-J_{N-2}\\&=\left(J_N-J_{N-1}\right)+\left(J_{N-1}-J_{N-2}\right)\\&=V_N+\left(J_{N-1}-J_{N-2}\right)\\&=\mathrm{E}\left\{\left[\boldsymbol{C}x_t(N-1)+\boldsymbol{D}u_t(N-1)+\boldsymbol{D}u_t(N-1)\omega_1(N-1)\right]^2\right\}+V_N\\&=\mathrm{E}\left\{\boldsymbol{x}_t^{\mathrm{T}}(N-1)\left[\boldsymbol{C}^{\mathrm{T}}\boldsymbol{C}^{\mathrm{T}}+\boldsymbol{A}^{\mathrm{T}}\boldsymbol{P}_N(N-1)\boldsymbol{A}\right]x_t(N-1)\right.\\&\quad+\boldsymbol{x}_t^{\mathrm{T}}(N-1)\left[\boldsymbol{A}^{\mathrm{T}}\boldsymbol{P}_N(N-1)\boldsymbol{B}+\boldsymbol{C}\boldsymbol{D}^{\mathrm{T}}\right]u_t(N-1)\\&\quad+u_t^{\mathrm{T}}(N-1)\left[\boldsymbol{B}^{\mathrm{T}}\boldsymbol{P}_N(N-1)\boldsymbol{A}+\boldsymbol{D}^{\mathrm{T}}\boldsymbol{C}\right]x_t(N-1)\\&\quad+\left(1+\sigma_1^2\right)u_t^{\mathrm{T}}(N-1)\left[\boldsymbol{B}^{\mathrm{T}}\boldsymbol{P}_N(N-1)\boldsymbol{B}\right.\end{aligned}$$

$$
\begin{aligned}
&+\boldsymbol{D}^{\mathrm{T}}\boldsymbol{D}]u_t(N-1)\}+V_N-\inf_{u_i\in\boldsymbol{U}_{ad}}V_N\\
&=\mathrm{E}\Big\{\boldsymbol{x}_t^{\mathrm{T}}(N-1)\boldsymbol{P}_N(N-1)\boldsymbol{x}_t(N-1)\\
&\quad+\left(1+\sigma_1^2\right)\left[u_t(N-1)+K_t(N-1)y_{tq}(N-1)\right]^{\mathrm{T}}\\
&\times\left[\boldsymbol{B}^{\mathrm{T}}\boldsymbol{P}_N(N)\boldsymbol{B}+\boldsymbol{D}\boldsymbol{D}^{\mathrm{T}}\right][u_t(N-1)\\
&\quad+K_t(N-1)y_{tq}(N-1)]\}+V_N-\inf_{u_1\in\boldsymbol{U}_{ad}}V_N
\end{aligned}
$$

这里

$$
\begin{aligned}
\boldsymbol{P}_N(N-1)=\boldsymbol{C}^{\mathrm{T}}\boldsymbol{C}+\boldsymbol{A}^{\mathrm{T}}\boldsymbol{P}_N(N)\boldsymbol{A}-\frac{1+\sigma_2^2}{1+\sigma_1^2}\boldsymbol{C}^{\mathrm{T}}K_t^{\mathrm{T}}(N-1)\Big[\boldsymbol{B}^{\mathrm{T}}\boldsymbol{P}_N(N)\boldsymbol{B}\\
+\boldsymbol{D}\boldsymbol{D}^{\mathrm{T}}]K_t(N-1)\boldsymbol{C}
\end{aligned}
\tag{8.6}
$$

$$
K_t(N-1)=\frac{1}{1+\sigma_1^2}\left[\boldsymbol{B}^{\mathrm{T}}\boldsymbol{P}_N(N)\boldsymbol{B}+\boldsymbol{D}\boldsymbol{D}^{\mathrm{T}}\right]^{-1}\left[\boldsymbol{B}^{\mathrm{T}}\boldsymbol{P}_N(N)\boldsymbol{A}+\boldsymbol{C}\boldsymbol{D}^{\mathrm{T}}\right]\boldsymbol{C}^{\dagger},\tag{8.7}
$$

于是，可得如下结果

$$
\begin{aligned}
\inf_{u\in\boldsymbol{U}_{\alpha d}}V_{N-1}=\mathrm{E}\Big\{&\boldsymbol{x}_t^{\mathrm{T}}(N-1)\boldsymbol{P}_N(N-1)\boldsymbol{x}_t(N-1)+\left(1+\sigma^2\right)[u_t(N-1)\\
&+K_t(N-1)y_{tq}(N-1)]^{\mathrm{T}}\left[\boldsymbol{B}^{\mathrm{T}}\boldsymbol{P}_N(N)\boldsymbol{B}+\boldsymbol{D}\boldsymbol{D}^{\mathrm{T}}\right]\\
&\times\left[u_t(N-1)+K_t(N-1)y_{tq}(N-1)\right]\Big\}
\end{aligned}
$$

因此，当方程（8.6）和方程（8.7）满足时可得如下等式

$$
\inf_{u_i\in\boldsymbol{U}_{ad}}V_{N-1}=\mathbf{E}\left\{\boldsymbol{x}^{\mathrm{T}}(N-1)\boldsymbol{P}_N(N-1)\boldsymbol{x}(N-1)\right\}
$$

利用同样的处理方式，可得如下等式

$$
\begin{aligned}
\boldsymbol{P}_N(j-1)=&\boldsymbol{C}^{\mathrm{T}}\boldsymbol{C}+\boldsymbol{A}^{\mathrm{T}}\boldsymbol{P}_N(j)\boldsymbol{A}\\
&-\left(1+\sigma_1^2\right)\left(1+\sigma_2^2\right)\boldsymbol{C}^{\mathrm{T}}K_t^{\mathrm{T}}(j-1)\left[\boldsymbol{B}^{\mathrm{T}}\boldsymbol{P}_N(N)\boldsymbol{B}+\boldsymbol{D}\boldsymbol{D}^{\mathrm{T}}\right]K_t(j-1)\boldsymbol{C},
\end{aligned}
$$

$$
K_t(j-1)=\frac{1}{1+\sigma_1^2}\left[\boldsymbol{B}^{\mathrm{T}}\boldsymbol{P}_N(j)\boldsymbol{B}+\boldsymbol{D}\boldsymbol{D}^{\mathrm{T}}\right]^{-1}\left[\boldsymbol{B}^{\mathrm{T}}\boldsymbol{P}_N(j)\boldsymbol{A}+\boldsymbol{C}\boldsymbol{D}^{\mathrm{T}}\right]\boldsymbol{C}^{\dagger}.
$$

由此可得

$$
\inf_{u_\xi\in\boldsymbol{U}_{ad}}V_{j-1}=\mathrm{E}\left\{\boldsymbol{x}^{\mathrm{T}}(j-1)\boldsymbol{P}_N(j-1)\boldsymbol{x}(j-1)\right\}
$$

这里 $j=2,\cdots,N-1$。这隐含了，当

$$
u_t(j)=-K_t(j)y_{tq}(j)
$$

时，系统性能达到极小值。因此，此时系统式（8.3）的跟踪性能极限为

$$
J_N^*=\inf_{u_i\in\boldsymbol{U}_{ad}}V_1=\mathrm{E}\left\{\boldsymbol{x}_t^{\mathrm{T}}(0)\boldsymbol{P}_N(0)\boldsymbol{x}_t(0)\right\}\tag{8.8}
$$

这里，$\boldsymbol{P}_N(0)>0$ 为如下离散时间黎卡迪方程的解：

$$\boldsymbol{P}_N(j-1)=\boldsymbol{C}^{\mathrm{T}}\boldsymbol{C}+\boldsymbol{A}^{\mathrm{T}}\boldsymbol{P}_N(j)\boldsymbol{A}-\frac{\left(1+\sigma_2^2\right)}{\left(1+\sigma_1^2\right)}\left[\boldsymbol{A}^{\mathrm{T}}\boldsymbol{P}_N(j)\boldsymbol{B}+\boldsymbol{D}\boldsymbol{C}^{\mathrm{T}}\right]\left(\boldsymbol{B}^{\mathrm{T}}\boldsymbol{P}_N(j)\boldsymbol{B}\right.$$
$$\left.+\boldsymbol{D}\boldsymbol{D}^{\mathrm{T}}\right)^{-1}\left[\boldsymbol{B}^{\mathrm{T}}\boldsymbol{P}_N(j)\boldsymbol{A}+\boldsymbol{C}\boldsymbol{D}^{\mathrm{T}}\right],$$

因此，可得到离散时间无限黎卡迪方程：

$$\boldsymbol{P}_M(j-1)=\boldsymbol{C}^{\mathrm{T}}\boldsymbol{C}+\boldsymbol{A}^{\mathrm{T}}\boldsymbol{P}_M(j)\boldsymbol{A}-\frac{\left(1+\sigma_2^2\right)}{\left(1+\sigma_1^2\right)}\left[\boldsymbol{A}^{\mathrm{T}}\boldsymbol{P}_M(j)\boldsymbol{B}+\boldsymbol{D}\boldsymbol{C}^{\mathrm{T}}\right]\left(\boldsymbol{B}^{\mathrm{T}}\boldsymbol{P}_M(j)\boldsymbol{B}\right.$$
$$\left.+\boldsymbol{D}\boldsymbol{D}^{\mathrm{T}}\right)^{-1}\left[\boldsymbol{B}^{\mathrm{T}}\boldsymbol{P}_M(j)\boldsymbol{A}+\boldsymbol{C}\boldsymbol{D}^{\mathrm{T}}\right] \tag{8.9}$$

有唯一解 $\boldsymbol{P}_M(k)>0$，$k\in\{0,1,\cdots,M,\cdots\}$。很明显，有

$$\boldsymbol{P}_M(k)=\boldsymbol{P}_{M-k}(0).$$

假如系统方程（8.1）的输出渐近跟踪参考信号，那么相应的跟踪性能极限一定存在，即方程（8.9）的解 $\boldsymbol{P}_M(0)$ 一定存在，并且

$$\lim_{M\to\infty}\boldsymbol{P}_M(0)=\lim_{M\to\infty}\boldsymbol{P}_{M-k}(0)=\lim_{M\to\infty}\boldsymbol{P}_M(k)=\boldsymbol{P}$$

存在，并且

$$\begin{aligned}\lim_{j\to\infty}K_t(j-1)&=\frac{1}{1+\sigma_1^2}\left[\boldsymbol{B}^{\mathrm{T}}\boldsymbol{P}\boldsymbol{B}+\boldsymbol{D}\boldsymbol{D}^{\mathrm{T}}\right]^{-1}\left[\boldsymbol{B}^{\mathrm{T}}\boldsymbol{P}\boldsymbol{A}+\boldsymbol{C}\boldsymbol{D}^{\mathrm{T}}\right]\boldsymbol{C}^{\dagger}\\&=K_t^*.\end{aligned}$$

因此，离散时间黎卡迪议程能轮换为如下黎卡迪方程：

$$\boldsymbol{P}=\boldsymbol{C}^{\mathrm{T}}\boldsymbol{C}+\boldsymbol{A}^{\mathrm{T}}\boldsymbol{P}\boldsymbol{A}-\frac{\left(1+\sigma_2^2\right)}{\left(1+\sigma_1^2\right)}\left[\boldsymbol{A}^{\mathrm{T}}\boldsymbol{P}\boldsymbol{B}+\boldsymbol{D}\boldsymbol{C}^{\mathrm{T}}\right]\left(\boldsymbol{B}^{\mathrm{T}}\boldsymbol{P}\boldsymbol{B}+\boldsymbol{D}\boldsymbol{D}^{\mathrm{T}}\right)^{-1}\left[\boldsymbol{B}^{\mathrm{T}}\boldsymbol{P}\boldsymbol{A}+\boldsymbol{C}\boldsymbol{D}^{\mathrm{T}}\right]$$

注意到方程（8.8）和 $\boldsymbol{x}(0)=0$，有

$$\boldsymbol{x}_t(0)=\boldsymbol{x}(0)-\boldsymbol{x}_s=-\boldsymbol{x}_s.$$

因此

$$J^*=\lim_{N\to\infty}J_N^*=\mathrm{E}\left\{\boldsymbol{x}_s^{\mathrm{T}}\boldsymbol{P}\boldsymbol{x}_s\right\}$$

由方程（8.2），可得系统方程（8.3）的跟踪性能极限为

$$J^*=\frac{\boldsymbol{B}^{\mathrm{T}}\left(\boldsymbol{I}-\boldsymbol{A}^{\mathrm{T}}\right)^{-1}}{\boldsymbol{B}^{\mathrm{T}}\left(\boldsymbol{I}-\boldsymbol{A}^{\mathrm{T}}\right)^{-1}\boldsymbol{C}^{\mathrm{T}}}\boldsymbol{P}\frac{(\boldsymbol{I}-\boldsymbol{A})^{-1}B}{\boldsymbol{C}(\boldsymbol{I}-\boldsymbol{A})^{-1}\boldsymbol{B}}\sigma_r^2.$$

此外，我们有

$$
\begin{aligned}
\boldsymbol{u}^* &= \boldsymbol{u}_t^* + \boldsymbol{u}_s \\
&= -\frac{1}{1+\sigma_1^2}\left[\boldsymbol{B}^{\mathrm{T}}\boldsymbol{PB}+\boldsymbol{DD}^{\mathrm{T}}\right]^{-1}\left[\boldsymbol{B}^{\mathrm{T}}\boldsymbol{PA}+\boldsymbol{CD}^{\mathrm{T}}\right]\boldsymbol{C}^{\dagger}y_q \\
&\quad +\frac{1}{1+\sigma_1^2}\left[\boldsymbol{B}^{\mathrm{T}}\boldsymbol{PB}+\boldsymbol{DD}^{\mathrm{T}}\right]^{-1}\left[\boldsymbol{B}^{\mathrm{T}}\boldsymbol{PA}+\boldsymbol{CD}^{\mathrm{T}}\right]\boldsymbol{C}^{\dagger}r \\
&\quad +\frac{r}{\boldsymbol{C}(\boldsymbol{I}-\boldsymbol{A})^{-1}\boldsymbol{B}+\boldsymbol{D}}
\end{aligned}
$$

综上，定理得证。

推论 8.1 如果在图 8.1 中，只有上行通道通过网络进行通信，而下行通道不考虑网络通道时，即只有上行通信信道均考虑量化影响的离散时间网络化控制系统，那么系统的最优控制器为

$$
\begin{aligned}
\boldsymbol{u}^* &= -\frac{1}{1+\sigma_1^2}\left[\boldsymbol{B}^{\mathrm{T}}\boldsymbol{PB}+\boldsymbol{DD}^{\mathrm{T}}\right]^{-1}\left[B^{\mathrm{T}}PA+CD^{\mathrm{T}}\right]\boldsymbol{C}^{\dagger}y_q \\
&\quad \frac{1}{1+\sigma_1^2}\left[\boldsymbol{B}^{\mathrm{T}}\boldsymbol{PB}+\boldsymbol{DD}^{\mathrm{T}}\right]^{-1}\left[\boldsymbol{B}^{\mathrm{T}}\boldsymbol{PA}+\boldsymbol{CD}^{\mathrm{T}}\right]\boldsymbol{C}^{\dagger}r \\
&\quad +\frac{r}{\boldsymbol{C}(\boldsymbol{I}-\boldsymbol{A})^{-1}\boldsymbol{B}+\boldsymbol{D}}
\end{aligned}
$$

系统的跟踪性能极限为

$$
J^* = \frac{\boldsymbol{B}^{\mathrm{T}}\left(\boldsymbol{I}-\boldsymbol{A}^{\mathrm{T}}\right)^{-1}}{\boldsymbol{B}^{\mathrm{T}}\left(\boldsymbol{I}-\boldsymbol{A}^{\mathrm{T}}\right)^{-1}\boldsymbol{C}^{\mathrm{T}}}\boldsymbol{P}\frac{(\boldsymbol{I}-\boldsymbol{A})^{-1}\boldsymbol{B}}{\boldsymbol{C}(\boldsymbol{I}-\boldsymbol{A})^{-1}\boldsymbol{B}}\sigma_r^2
$$

这里，P 是如下离散时间黎卡迪方程的唯一解

$$
\boldsymbol{P}=\boldsymbol{C}^{\mathrm{T}}\boldsymbol{C}+\boldsymbol{A}^{\mathrm{T}}\boldsymbol{PA}-\frac{1}{\left(1+\sigma_1^2\right)}\left[\boldsymbol{A}^{\mathrm{T}}\boldsymbol{PB}+\boldsymbol{DC}^{\mathrm{T}}\right]\left(\boldsymbol{B}^{\mathrm{T}}\boldsymbol{PB}+\boldsymbol{DD}^{\mathrm{T}}\right)^{-1}\left[\boldsymbol{B}^{\mathrm{T}}\boldsymbol{PA}+\boldsymbol{CD}^{\mathrm{T}}\right].
$$

推论 8.2 如果在图 8.1 中，只有下行通道通过网络进行通信，而上行通道不考虑网络通道时，即只有下行通信信道均考虑量化影响的离散时间网络化控制系统，那么系统的最优控制器为

$$
\begin{aligned}
\boldsymbol{u}^* &= -\left[\boldsymbol{B}^{\mathrm{T}}\boldsymbol{PB}+\boldsymbol{DD}^{\mathrm{T}}\right]^{-1}\left[\boldsymbol{B}^{\mathrm{T}}\boldsymbol{PA}+\boldsymbol{CD}^{\mathrm{T}}\right]\boldsymbol{C}^{\dagger}y_q \\
&\quad \left[\boldsymbol{B}^{\mathrm{T}}\boldsymbol{PB}+\boldsymbol{DD}^{\mathrm{T}}\right]^{-1}\left[\boldsymbol{B}^{\mathrm{T}}\boldsymbol{PA}+\boldsymbol{CD}^{\mathrm{T}}\right]\boldsymbol{C}^{\dagger}r \\
&\quad +\frac{r}{\boldsymbol{C}(\boldsymbol{I}-\boldsymbol{A})^{-1}\boldsymbol{B}+\boldsymbol{D}}
\end{aligned}
$$

系统的跟踪性能极限为

$$J^* = \frac{B^{\mathrm{T}}\left(I - A^{\mathrm{T}}\right)^{-1}}{B^{\mathrm{T}}\left(I - A^{\mathrm{T}}\right)^{-1} C^{\mathrm{T}}} P \frac{(I - A)^{-1} B}{C(I - A)^{-1} B} \sigma_r^2$$

这里，P 是如下离散时间黎卡迪方程的唯一解

$$P = C^{\mathrm{T}}C + A^{\mathrm{T}}PA - \left(1+\sigma_2^2\right)\left[A^{\mathrm{T}}PB + DC^{\mathrm{T}}\right]\left(B^{\mathrm{T}}PB + DD^{\mathrm{T}}\right)^{-1}\left[B^{\mathrm{T}}PA + CD^{\mathrm{T}}\right].$$

8.4 本章小结

在本章中，讨论了对于上下行通道同时考虑量化噪声的影响下的网络化控制系统的跟踪性能极限问题，系统的跟踪信号考虑阶跃随机信号，被控系统考虑为线性时不变不稳定系统。通过使用动态规划目标，把系统的跟踪性能极限问题归结为一个离散时间代数黎卡迪方程的求解问题。通过输出反馈控制方式，得到了与离散时间黎卡迪方程唯一解相关的最佳可达跟踪性能，并给出了获得最佳可达性能时的最优控制器设计。

参考文献

[1] Ding L, Wang H N, Guan Z H, et al. Tracking under additive white Gaussian noise effect. IET control theory & applications, 2010, 4(11): 2471-2478.

[2] Li Y, Chen J, Tuncel E, et al. MIMO control over additive white noise channels: stabilization and tracking by LTI controllers. IEEE Transactions on Automatic Control, 2016, 61(5): 1281-1296.

[3] Chen C Y, Guan Z H, Chi M, et al. Fundamental performance limitations of networked control systems with novel trade-off factors and constraint channels. Journal of the Franklin Institute, 2017, 354(7): 3120-3133.

[4] Zhan X S, Cheng L L, Wu J, et al. Optimal modified performance of MIMO networked control systems with multi-parameter constraints. ISA transactions, 2019, 84: 111-117.

[5] Rojas A J. Signal-to-noise ratio performance limitations for input disturbance rejection in output feedback control. Systems & Control Letters, 2009, 58(5): 353-358.

[6] Rojas A J. Infimal SNR for Output Disturbance Rejection. IFAC Proceedings Volumes, 2011, 44(1): 14398-14403.

[7] Trivellato M, Benvenuto N. State control in networked control systems under packet drops and limited transmission bandwidth. IEEE Transactions on Communications. 2010, 58(2): 611-622.

[8] Sun S, Xie L, Xiao W. Optimal full-order and reduced-order estimators for discrete-time systems with multiple packet dropouts. IEEE Transactions on Signal Processing. 2008, 56(8): 4031-4038.

[9] Shi L, Xie L. Optimal sensor power scheduling for state estimation of Gauss-Markov systems

over a packet-dropping network. IEEE Transactions on Signal Processing. 2012, 60(5): 2701-2705.

[10] Guan Z H, Chen C Y, Feng G et al. Optimal tracking performance limitation of networked control systems with limited bandwidth and additive colored white Gaussian noise. IEEE Transactions on Circuits and Systems I: Regular Papers. 2013, 60(1): 189-198.

[11] Zhan X S, Sun X X, Li T, et al. Optimal performance of networked control systems with bandwidth and coding constraints. ISA transactions, 2015, 59: 172-179.

[12] Cheng L L, Zhan X S, Wu J, et al. An Optimal Tracking Performance of MIMO NCS with Quantization and Bandwidth Constraints. Asian Journal of Control, 2019, 21(4): 1-12.

[13] Natori K, Ohnishi K. A design method of communication disturbance observer for time-delay compensation, taking the dynamic property of network disturbance into account. IEEE Transactions on Industrial Electronics. 2008, 55(5): 2152-2168.

[14] Qi T, Zhu J, Chen J. Fundamental limits on uncertain delays: When is a delay system stabilizable by LTI controllers?. IEEE Transactions on Automatic Control, 2017, 62(3): 1314-1328.

[15] Qi T, Qiu L, Chen J. MAS consensus and delay limits under delayed output feedback. IEEE Transactions on Automatic Control, 2017, 62(9): 4660-4666.

[16] Silva E I, Goodwin G C, Quevedo D E. Control system design subject to SNR constraints. Automatica, 2010, 46(2): 428-436.

[17] Zhan X S Guan Z H, Zhang X H, Yuan F S. Optimal performance of SISO discrete-time systems based on network-induced delay. European Journal of Control, 2013, 19(1):37-41.

[18] Zhan X S, Wu J, Jiang T, et al. Optimal performance of networked control systems under the packet dropouts and channel noise. ISA transactions, 2015, 58: 214-221.

[19] Li Y, Chen J, Tuncel E, et al. MIMO control over additive white noise channels: stabilization and tracking by LTI controllers. IEEE Transactions on Automatic Control, 2016, 61(5): 1281-1296.

[20] Martins N C, Dahleh M A, Doyle J C. Fundamental limitations of disturbance attenuation in the presence of side information. IEEE Transactions on Automatic Control. 2007, 52(1): 56-66.

第9章　采样控制系统的跟踪性能极限

9.1　引言

近几年，大部分成果均集中在连续控制器的最优跟踪研究问题上[1-5]。例如，文献[1]研究了连续线性时不变系统在控制输入能量限制下的跟踪性能极限。文献[2]研究了多变量离散系统的跟踪性能极限，针对不同的参考输入信号（包括阶跃信号、实正弦信号、复正弦信号、斜坡信号），得到了不同的结果，并分析了不同信号的性能极限之间的关系。所有结果表明性能极限以不同的组合方式与非最小相位零点，不稳定极点以及时延相关。而对于多变量系统而言，性能极限还与它们的方向向量有关。但是他们考虑的仅是纯粹的连续系统和离散系统。

对于采样控制系统有三类研究方法，第一种方法是基于将系统表示为有限维混杂状态空间模型，第二种方法则是利用基于FR算子的提升算法，将采样系统转换为无限维函数空间，第三种方法采用参数化传递函数方法。文献[6]采用第三种方法提出了在随机扰动影响下，设计最小化均方成本函数的最优数字控制器算法。本章基于第二种方法，采样著名的频域提升技巧分析给定的性能指标。至今，已有一部分成果研究采样控制系统的跟踪性能极限。文献[7]研究了采样控制系统的可达跟踪性能。文献[8]提出了频域灵敏度函数的表达式，基于该文献的方法，本章得到参考输入信号与跟踪误差，控制输入的灵敏度函数表达式。

本章考虑连续被控对象为非最小相位的并且不稳定的，而控制器为离散控制器，研究采样控制系统在控制能量约束下的跟踪性能问题。本章将寻找除了非最小相位零点，不稳定极点和时延之外，什么因素还将影响采样控制系统的跟踪性能极限。

9.2　基本假设与模型描述

本章考虑单输入单输出反馈系统，如图 9.1 所示。其中，G 表示带有时延的被控对象模型，F 为低通，抗混叠滤波器，离散控制器 K_d 在保持设备 H_T 后，而在采样器 S_T 之前。采样器 S_T 取为理想点采样控制器。保持器 H_T 取为零阶保持器（ZOH）。采样周期为 $T>0$。因此，采样序列 $\{v_k\}_{k=0}^{\infty}$ 为 $v_k := v(kT)$，$k=0,1,\cdots$，输出信号经过零阶保持器之后有 $u(t) := u_k$，$kT \leqslant t \leqslant (k+1)T$。

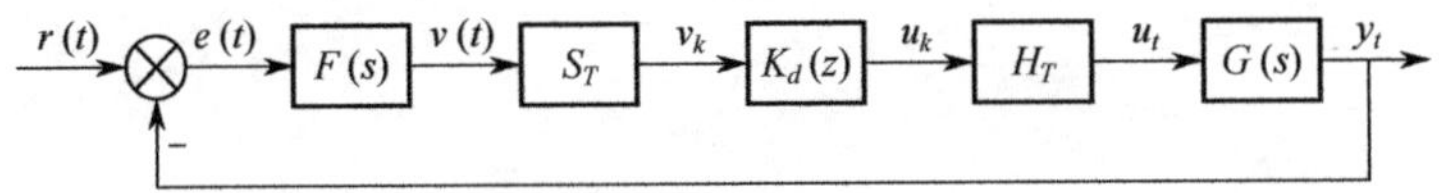

图 9.1　采样数据系统

针对连续参考信号 r，本章的主要目的是通过设计数字控制器 K_d 使得连续输出 y 跟踪连续参考信号 r。当参考信号为阶跃信号时，本章结合文献[2,7]的研究方法来研究跟踪性能指标极限。同时，将其结果推广到参考信号为复正弦信号、实正弦信号和斜坡信号的情形。采用如下跟踪能量与控制能量权衡性能指标

$$J := (1-\varepsilon)\|r-y\|_2^2 + \varepsilon\|u\|_2^2 .$$

其中，$0 \leqslant \varepsilon \leqslant 1$。因为滤波器 F 和采样率 T 给定，对于一类采样数据控制器的跟踪性能极限定义为

$$J_{\mathrm{cd}}^* := \inf_{K_d(z)\text{稳定}G(s)} J \tag{9.1}$$

文献[5]也考虑了该性能指标，但是该文献考虑的是连续被控对象，而控制器也是连续的。结合文献[5,7]的研究方法，我们研究性能指标的极限值。被控对象 G 为非最小相位的且不稳定的，给定如下假设：

假设 9.1　$G(s) = G^0(s)\mathrm{e}^{-\tau s}$，其中时延 $\tau \geqslant 0$，$G^0(s)$ 为有理、非最小相位、不稳定、正实的，且满足 $G^0(0) \neq 0$。

假设 9.2　$F(s)$ 为有理的、稳定的、严格正实的、最小相位的，且满足 $F(0) \neq 0$。

假设 9.3　$K_d(z)$ 为有理的、正实的。

9.3　FR 提升技术与传递函数表达式

现在引入采样控制系统的拉普拉斯变换和 z 变换。对于单边信号 $p(t)$，其拉普拉斯变换为 $P(s)$，经过采样，采样序列为 $\{p(kT)\}_{k=0}^{\infty}$，其 z 变换为 $P_d(z)$，定义为 $z\{P(s)\}$，即

$$P_d(z) = z\{P(s)\} = z\{S_T\{L^{-1}\{P(s)\}\}\},$$

其中符号 $z\{\cdot\}$ 为 z 变换算子，L^{-1} 为逆拉普拉斯变换。下面，我们将引入著名的频

域线性提升算子，令采样频域和奈奎斯特频域分别为 $\omega_s = 2\pi/T$ ， $\omega_N = \pi/T$ 。定义频率范围为 $\Omega_N = [-\omega_N, \omega_N]$ 。构造 $P(\mathrm{j}\omega)$ 的函数序列为

$$P_k(\mathrm{j}\omega) = P(\mathrm{j}\omega + \mathrm{j}k\omega_s), \quad k = 0,1,\cdots$$

参数 ω 属于奈奎斯特范围 Ω_N ， k 为整数。重组该序列为无穷向量，定义为

$$\boldsymbol{P}(\mathrm{j}\omega) := \begin{bmatrix} \cdots & P_1(\mathrm{j}\omega) & P_0(\mathrm{j}\omega) & P_{-1}(\mathrm{j}\omega) & \cdots \end{bmatrix}^{\mathrm{T}}$$

无穷向量 $\boldsymbol{P}(\mathrm{j}\omega)$ 为信号 $P(\mathrm{j}\omega)$ 的频域提升。定义算子为 $T: L_2(\mathbb{C}_0) \to L_2(\Omega_N)$ ，使得

$$TP(\mathrm{j}\omega) = \boldsymbol{P}(\mathrm{j}\omega),$$

其中， $L_2(\Omega_N)$ 为 Hilbert 空间，空间内积定义为

$$\langle X, Y \rangle_{L_2(\Omega_N)} := \frac{1}{2\pi} \int_{\Omega_N} \left(\sum_{k=-\infty}^{+\infty} \bar{X}_k(\mathrm{j}\omega) Y_k(\mathrm{j}\omega) \right) \mathrm{d}\omega.$$

根据内积定义可得其范数为

$$\|X\|_{L_2(\Omega_N)}^2 := \frac{1}{2\pi} \int_{\Omega_N} \left(\sum_{k=-\infty}^{+\infty} |X_k(\mathrm{j}\omega)|^2 \right) \mathrm{d}\omega.$$

根据文献[9～11]，空间 $L_2(\Omega_N)$ 与空间 $L_2(\mathbb{C}_0)$ 上的内积和范数是等价的，即

$$\langle X, Y \rangle = \langle X, Y \rangle_{L_2(\Omega_N)}, \quad \|X\|_2^2 = \|X\|_{L_2(\Omega_N)}^2.$$

由于 H_T 为零阶保持器，定义其传递函数为

$$H(s) = \frac{1 - \mathrm{e}^{-sT}}{s}.$$

从上述传递函数知， $H(s)$ 为非最小相位的，且该性质将会在后面的证明过程中用到。令 $(FGH)_d(z)$ 表示 $F(s)G(s)$ 的零阶保持器的等价离散化，根据拉普拉斯变换与 Z 变换的关系，可得如下等式

$$(FGH)_d(z) = Z\{F(s)G(s)H(s)\} = (1 - z^{-1}) Z\left\{ \frac{F(s)G(s)}{s} \right\}.$$

考虑时延的存在是重要且必需的。同样，根据假设 4.1，由于被控对象为不稳定的，因此 $(FGH)_d(z)$ 是不稳定的。给定相应的互质分解为

$$(FGH)_d(z) = N_d(z) M_d^{-1}(z),$$

其中， $N_d(z)$ 和 $M_d(z)$ 是在 D^c 上的有理函数，且满足双 Bezout 等式

$$\begin{pmatrix} X_d & -Y_d \\ -N_d & M_d \end{pmatrix} \begin{pmatrix} M_d & Y_d \\ N_d & X_d \end{pmatrix} = I, \tag{9.2}$$

其中， $X_d(z)$ 和 $Y_d(z)$ 是稳定的有理函数。于是，所有稳定采样数据系统的控制器集合 $\mathcal{K}_d$ 有如下形式：

$$\mathcal{K}_d := \left\{ K_d : K_d = -(Y_d - M_d Q)(X_d - N_d Q)^{-1}, Q \in \mathrm{RH}_\infty \right\}. \tag{9.3}$$

因此，系统输出信号和控制信号的频域响应表示为

$$Y(\mathrm{j}\omega) = G(\mathrm{j}\omega)H(j\omega)S_d(\mathrm{e}^{\mathrm{j}\omega T})K_d(\mathrm{e}^{\mathrm{j}\omega T})\frac{1}{T}\sum_{k=-\infty}^{+\infty} F_k(\mathrm{j}\omega)R_k(\mathrm{j}\omega),$$

$$U(\mathrm{j}\omega) = H(\mathrm{j}\omega)S_d(\mathrm{e}^{\mathrm{j}\omega T})K_d(\mathrm{e}^{\mathrm{j}\omega T})\frac{1}{T}\sum_{k=-\infty}^{+\infty} F_k(\mathrm{j}\omega)R_k(\mathrm{j}\omega),$$

其中，

$$S_d(z) := (I + K_d(z)(FGH)_d(z))^{-1}$$

为离散化系统的灵敏度函数。根据 Bezout 等式（9.2）和所有稳定控制器集合式（9.3），可得

$$S_d(z) = M_d(z)(X_d(z) - Q(z)N_d(z)),$$
$$S_d(z)K_d(z) = M_d(z)(Q(z)M_d(z) - Y_d(z)).$$

将其代入系统输出响应和控制输入响应得

$$Y(\mathrm{j}\omega) = G(\mathrm{j}\omega)H(\mathrm{j}\omega)M_d(\mathrm{e}^{\mathrm{j}\omega T})(Q(\mathrm{e}^{\mathrm{j}\omega T})M_d(\mathrm{e}^{\mathrm{j}\omega T}) - Y_d(\mathrm{e}^{\mathrm{j}\omega T}))$$
$$\times\frac{1}{T}\sum_{k=-\infty}^{+\infty} F_k(\mathrm{j}\omega)R_k(\mathrm{j}\omega),$$

$$U(\mathrm{j}\omega) = H(\mathrm{j}\omega)M_d(\mathrm{e}^{\mathrm{j}\omega T})(Q(\mathrm{e}^{\mathrm{j}\omega T})M_d(\mathrm{e}^{\mathrm{j}\omega T}) - Y_d(\mathrm{e}^{\mathrm{j}\omega T}))\frac{1}{T}\sum_{k=-\infty}^{+\infty} F_k(\mathrm{j}\omega)R_k(\mathrm{j}\omega).$$

因此，误差的频域响应为

$$E(\mathrm{j}\omega) = R(\mathrm{j}\omega) - G(\mathrm{j}\omega)H(\mathrm{j}\omega)M_d(\mathrm{e}^{\mathrm{j}\omega T})(Q(\mathrm{e}^{\mathrm{j}\omega T})M_d(\mathrm{e}^{\mathrm{j}\omega T}) - Y_d(\mathrm{e}^{\mathrm{j}\omega T}))$$
$$\times\frac{1}{T}\sum_{k=-\infty}^{+\infty} F_k(\mathrm{j}\omega)R_k(\mathrm{j}\omega).$$

如果系统是稳定的，这也保证 $(FGH)_d(z)$ 是稳定的。因此

$$M_d(z) = 1，\ Y_d(z) = 0，$$

输出响应变为

$$E(\mathrm{j}\omega) = R(\mathrm{j}\omega) - G(\mathrm{j}\omega)H(\mathrm{j}\omega)Q(\mathrm{e}^{\mathrm{j}\omega T})\frac{1}{T}\sum_{k=-\infty}^{+\infty} F_k(\mathrm{j}\omega)R_k(\mathrm{j}\omega).$$

这退化为文献[7]的情况。

定义 $GH(\mathrm{j}\omega)$ 为

$$GH(\mathrm{j}\omega) := [\cdots,\ G_1(\mathrm{j}\omega)H_1(\mathrm{j}\omega),\ G_0(\mathrm{j}\omega)H_0(\mathrm{j}\omega),\ G_{-1}(\mathrm{j}\omega)H_{-1}(\mathrm{j}\omega),\ ,\cdots]^{\mathrm{T}}.$$

于是跟踪误差和控制输入频域响应变为

$$E(\mathrm{j}\omega)=\left[I-\frac{1}{T}GH(\mathrm{j}\omega)M_d(\mathrm{e}^{\mathrm{j}\omega\mathrm{T}})(Q(\mathrm{e}^{\mathrm{j}\omega\mathrm{T}})M_d(\mathrm{e}^{\mathrm{j}\omega\mathrm{T}})-Y_d(\mathrm{e}^{\mathrm{j}\omega\mathrm{T}}))F^{\mathrm{T}}(\mathrm{j}\omega)\right]R(\mathrm{j}\omega),$$

$$U(\mathrm{j}\omega)=\frac{1}{T}H(\mathrm{j}\omega)M_d(\mathrm{e}^{\mathrm{j}\omega\mathrm{T}})(Q(\mathrm{e}^{\mathrm{j}\omega\mathrm{T}})M_d(\mathrm{e}^{\mathrm{j}\omega\mathrm{T}})-Y_d(\mathrm{e}^{\mathrm{j}\omega\mathrm{T}}))F^{\mathrm{T}}(\mathrm{j}\omega)R(\mathrm{j}\omega),$$

其中，I 为提升信号空间 $L_2(\Omega_N)$ 上的单位算子，满足

$$I\mathcal{E}(\mathrm{j}\omega)=E(\mathrm{j}\omega).$$

由于本章假定被控对象为非最小相位和不稳定的，其全通分解为

$$G(s)=D(s)L(s)G^{(ms)}(s)B^{-1}(s),$$

其中，

$$D(s)=\mathrm{e}^{-s\tau}$$

为时延，$G^{(ms)}(s)$ 为最小相位部分和稳定部分，$L(s)$ 和 $B(s)$ 为全通因子。$L(s)$ 包含所有右半平面零点 z_i，$i=1,2,\cdots,N_z$，$B(s)$ 则包括所有右半平面极点 p_i，$i=1,2,\cdots,N_p$。其具体形式如下：

$$B(s)=\prod_{i=1}^{N_p}B_i(s),B_i(s)=\frac{s-p_i}{s+\bar{p}_i},$$

$$L(s)=\prod_{i=1}^{N_z}L_i(s),L_i(s)=\frac{\bar{z}_i}{z_i}\frac{z_i-s}{\bar{z}_i+s}.$$

因为假定被控对象为不稳定的，所以采样后部稳定极点仍然存在于 M_d 之中，因此，M_d 可分解为

$$M_d(z)=B_d(z)M_d^{(m)}(z),$$

其中，$M_d^{(m)}(z)$ 为 $M_d(z)$ 的最小相位部分，而全通因子 $B_d(z)$ 为

$$B_d(z)=\prod_{i=1}^{N_{pd}}B_{di},B_{di}=\frac{z-\xi_i}{1-\bar{\xi}_i z} \tag{9.4}$$

其中，ξ_i，$i=1,2,\cdots,N_{pd}$ 为 $(FGH)_d(z)$ 的不稳定极点。引入对角算子 $D(\mathrm{j}\omega)$，$L(\mathrm{j}\omega)$，$B^{-1}(\mathrm{j}\omega)$：

$$D(\mathrm{j}\omega):=\mathrm{diag}\begin{pmatrix}\cdots & D_1(\mathrm{j}\omega) & D_0(\mathrm{j}\omega) & D_{-1}(\mathrm{j}\omega) & \cdots\end{pmatrix},$$

$$L(\mathrm{j}\omega):=\mathrm{diag}\begin{pmatrix}\cdots & L_1(\mathrm{j}\omega) & L_0(\mathrm{j}\omega) & L_{-1}(\mathrm{j}\omega) & \cdots\end{pmatrix},$$

$$B^{-1}(\mathrm{j}\omega):=\mathrm{diag}\begin{pmatrix}\cdots & B_1^{-1}(\mathrm{j}\omega) & B_0^{-1}(\mathrm{j}\omega) & B_{-1}^{-1}(\mathrm{j}\omega) & \cdots\end{pmatrix}.$$

因此，

$$GH(\mathrm{j}\omega)=D(\mathrm{j}\omega)L(\mathrm{j}\omega)B^{-1}(\mathrm{j}\omega)G^{(ms)}H(\mathrm{j}\omega),$$

其中，

$$G^{(ms)}H(\mathrm{j}\omega):=[\cdots,\ G_1^{(ms)}(\mathrm{j}\omega)H_1(\mathrm{j}\omega),\ G_0^{(ms)}(\mathrm{j}\omega)H_0(\mathrm{j}\omega),\ G_{-1}^{(ms)}(\mathrm{j}\omega)H_{-1}(\mathrm{j}\omega),\ ,\cdots]^{\mathrm{T}}.$$

通过利用提升技巧得到了性能指标的新表达式：

$$J_{\mathrm{cd}}^{*} := \inf_{Q\in \mathrm{RH}_\infty} \left\| \begin{bmatrix} \sqrt{1-\varepsilon}\left[I-\frac{1}{T}GHM_d(QM_d-Y_d)F^{\mathrm{T}}\right]R \\ \sqrt{\varepsilon}\frac{1}{T}HM_d(QM_d-Y_d)F^{\mathrm{T}}R \end{bmatrix} \right\|_{L_2(\Omega_N)}^2 . \tag{9.5}$$

下面，本章的主要的目的就是得到该问题的解析解。在下面两节中，我们将讨论 4 种不同类型的参考信号，包括阶跃信号、复正弦信号、实正弦信号和斜坡信号。

9.4 能量限制的阶跃信号跟踪性能极限

9.4.1 单自由度控制结构跟踪性能极限

本节首先讨论阶跃信号的情况，为了以示区别，采用 $J_{\mathrm{cd(step)}}^{*}$ 来表示当参考输入为阶跃信号时的性能指标最优值，后面几节用同样的方法来区别不同信号的性能指标最优值。参考信号 $r(t)$ 定义为

$$r(t)=\begin{cases} v,\ t\geqslant 0, \\ 0,\ t<0. \end{cases}$$

其中，考虑单输入单输出系统，证明中信号 $v=1$，采取时延的近似表达式

$$v=1\ \mathrm{e}^{-\tau s}=(1-\frac{\tau s}{2})/(1+\frac{\tau s}{2}) .$$

因此，利用与文献[12]中相似的方法，$2/\tau$ 增加非最小相位零点，由此，L 增加了一个新的非最小相位零点 $z_{N_z+1}=2/\tau$ 。

定理 9.1 令连续参考输入信号为单位阶跃信号 $r(t)$，其中，$v=1$，则当假设式（9.1）～式（9.3）成立时，控制能量约束下的跟踪性能极限为

$$J_{\mathrm{cd(step)}}^{*}=J_1+J_2+J_{m3}^{*}+J_{d1}+J_{d2}, \tag{9.6}$$

其中，

$$J_1=(1-\varepsilon)\sum_{i,j=1}^{N_z+1}\frac{4\mathrm{Re}(z_i)\mathrm{Re}(z_j)}{\overline{z}_i z_j(z_i+\overline{z}_j)}c_i\overline{c}_j,$$

$$J_2=(1-\varepsilon)^2 a_T^2\left\{\sum_{i=1}^{m_s}\frac{|\sigma_i|^2-1}{|\sigma_i-1|^2}+\sum_{i=1}^{m_f}\frac{|\lambda_i|^2-1}{|\lambda_i-1|^2}\right\},$$

$$J_{m3}^{*}=(1-\varepsilon)^2 a_T^2\sum_{i=1}^{N_{pd}}\frac{|\xi_i|^2-1}{|1-\xi_i|^2}+\prod_{i,k=1}^{N_{pd}}\left\{\frac{(|\xi_i|^2-1)(|\xi_k|^2-1)}{(\xi_i\overline{\xi}_k-1)(\xi_i-1)(\overline{\xi}_k-1)}\tilde{G}_i\overline{\tilde{G}}_k\right\},$$

$$J_{d1} = \frac{1}{2\pi}\int_0^{\omega_s} \frac{(1-\varepsilon)T^2(|A|^2)_d(\mathrm{e}^{\mathrm{j}\omega T}) - Ta_T^2(1-\varepsilon)^2}{2-2\cos\omega T}\mathrm{d}\omega,$$

$$J_{d2} = \frac{Ta_T^2(1-\varepsilon)^2}{2\pi}\int_0^{\pi}\log\left\{\frac{J_x}{J_y}\right\}\frac{1}{1-\cos\omega T}\mathrm{d}\omega,$$

其中，

$$J_x = Ta_T^2\sum_{k=-\infty}^{+\infty}\left\{\frac{(1-\varepsilon)|G_k^{(ms)}(\mathrm{j}\omega)|^2+\varepsilon}{(\omega+k\omega_s)^2}\right\},$$

$$J_y = 2(1-\cos\omega T)\left|\sum_{k=-\infty}^{+\infty}\frac{G_k^{(ms)}(\mathrm{j}\omega)A_k(\mathrm{j}\omega)}{(\omega+k\omega_s)^2}\right|^2,$$

$$A(s) = B(s)L^{-1}(s) - \sum_{i=1}^{N_z+1}\frac{2\mathrm{Re}(z_i)s}{\overline{z}_i(z_i-s)}c_i,$$

$$c_i = \prod_{k=1,k\neq i}^{N_z+1}\frac{z_k}{\overline{z}_k}\frac{\overline{z}_k+z_i}{z_k-z_i}B(z_i), \qquad ,$$

$$\tilde{G}_i(\xi_i) = b_i[(1-\varepsilon)B_d^{-1}(1)a_T - G_{ds}^{-1}\Theta_d(\xi_i)(FH)_d^{(m)}(\xi_i)],$$

$$a_T = \frac{\sqrt{T}G^{(ms)}(0)}{\sqrt{(1-\varepsilon)|G^{(ms)}(0)|^2+\varepsilon}},$$

$$b_i = \prod_{k=1,k\neq i}^{N_{pd}}\frac{1-\xi_i\overline{\xi}_k}{\xi_i-\xi_k},$$

$z_i\in\mathbb{C}_+$， $i=1,2,\cdots,N_z+1$ 为被控对象 $G(s)$ 的非最小相位零点， $p_i\in\mathbb{C}_+$， $i=1,2,\cdots,N_p$ 为被控对象 $G(s)$ 的不稳定极点； $\sigma_i\in\mathbb{D}^c$， $i=1,2,\cdots,m_s$ 表示模型 $z(G^{(ms)}\mathrm{HHA})_d(z)$ 的非最小相位零点。

证明：由引理 2.6 知，存在 $S(s)\in\mathrm{RH}_\infty$ 使得下式成立

$$B(s)L^{-1}(s) = S(s) + \sum_{i=1}^{N_z+1}\frac{z_i}{\overline{z}_i}\frac{\overline{z}_i+s}{z_i-s}c_i \tag{9.7}$$

其中，

$$c_i = \prod_{k=1,k\neq i}^{N_z+1}\frac{z_k}{\overline{z}_k}\frac{\overline{z}_k+z_i}{z_k-z_i}B(z_i).$$

注意到

$$fracz_i\overline{z}_i\frac{\overline{z}_i+s}{z_i-s}c_i - c_i = \frac{2\mathrm{Re}(z_i)s}{\overline{z}_i(z_i-s)}c_i,$$

令

$$A(s)=B(s)L^{-1}(s)-\sum_{i=1}^{N_z+1}\frac{z_i}{\overline{z}_i}\frac{\overline{z}_i+s}{z_i-s}c_i+\sum_{i=1}^{N_z+1}c_i .$$

则

$$J_{\mathrm{cd(step)}}^*=J_1+J_1^* ,$$

其中，

$$J_1=(1-\varepsilon)\sum_{i,j=1}^{N_z+1}\frac{4\mathrm{Re}(z_i)\mathrm{Re}(z_j)}{\overline{z}_i z_j(z_i+\overline{z}_j)}c_i\overline{c}_j , \tag{9.8}$$

$$J_1^*=\inf_{Q\in\mathrm{RH}_\infty}\left\|\begin{bmatrix}\sqrt{1-\varepsilon}\left[A-\dfrac{1}{T}G^{(ms)}HM_d(QM_d-Y_d)F^{\mathrm{T}}\right]R\\ \sqrt{\varepsilon}\dfrac{1}{T}HM_d(QM_d-Y_d)F^{\mathrm{T}}R\end{bmatrix}\right\|_{L_2(\Omega_N)}^2 \tag{9.9}$$

其中，

$$A(j\omega):=\mathrm{diag}\left(\cdots,\quad A_1(\mathrm{j}\omega),\quad A_0(\mathrm{j}\omega),\quad A_{-1}(\mathrm{j}\omega),\quad ,\cdots\right).$$

现在，重新安排方程（9.9）中的J_1^*的每一项，得到

$$J_1^*=\inf_{Q\in\mathrm{RH}_\infty}\left\|\begin{pmatrix}\sqrt{1-\varepsilon}AR\\0\end{pmatrix}-\frac{1}{T}\begin{pmatrix}\sqrt{1-\varepsilon}G^{(ms)}H\\-\sqrt{\varepsilon}H\end{pmatrix}M_d(QM_d-Y_d)F^{\mathrm{T}}R\right\|_{L_2(\Omega_N)}^2 . \tag{9.10}$$

构造模为I的矩阵函数

$$\Psi(\mathrm{j}\omega)=\frac{1}{\sqrt{T}}\begin{pmatrix}\sqrt{1-\varepsilon}G^{(ms)}H(\mathrm{j}\omega)\\-\sqrt{\varepsilon}H(\mathrm{j}\omega)\end{pmatrix}. \tag{9.11}$$

计算$Psi^{\mathrm{H}}(\mathrm{j}\omega)\Psi(\mathrm{j}\omega)$，得其表达式

$$\begin{aligned}\Psi^{\mathrm{H}}(\mathrm{j}\omega)\Psi(\mathrm{j}\omega)&=\frac{1}{T}\left((1-\varepsilon)(G^{(ms)}H)^{\mathrm{H}}(\mathrm{j}\omega)G^{(ms)}H(\mathrm{j}\omega)+\varepsilon H^{\mathrm{H}}(\mathrm{j}\omega)H(\mathrm{j}\omega)\right)\\&=\frac{1}{T}\left(\sum_{k=-\infty}^{+\infty}((1-\varepsilon)\,|\,G_k^{(ms)}(\mathrm{j}\omega)H_k(\mathrm{j}\omega)\,|^2+\varepsilon\,|\,H_k(\mathrm{j}\omega)\,|^2)\right)\end{aligned}$$

令

$$\Phi_d(\mathrm{e}^{\mathrm{j}\omega\mathrm{T}})=\Psi^H(\mathrm{j}\omega)\Psi(\mathrm{j}\omega),$$

易给出谱分解

$$\Phi_d(\mathrm{e}^{\mathrm{j}\omega\mathrm{T}})=\Theta_d(e^{-\mathrm{j}\omega\mathrm{T}})\Theta_d(e^{\mathrm{j}\omega\mathrm{T}}).$$

此时，观察关于谱分解$\Theta_d(\mathrm{e}^{\mathrm{j}\omega\mathrm{T}})$的一些性质，当参数$\omega=0$时，

$$|\,\Theta_d(1)\,|^2=\frac{1}{T}\left(\sum_{k=-\infty}^{+\infty}((1-\varepsilon)\,|\,G_k^{(ms)}(0)H_k(0)\,|^2+\varepsilon\,|\,H_k(0)\,|^2)\right)$$

$$
\begin{aligned}
&= \frac{1}{T}\Big((1-\varepsilon)\,|\,G^{(ms)}(0)T\,|^2 + \varepsilon\,|\,T\,|^2\Big) \\
&= T\Big((1-\varepsilon)\,|\,G^{(ms)}(0)\,|^2 + \varepsilon\Big)
\end{aligned} \tag{9.12}
$$

上式成立，因为

$$
H_k(0) = \begin{cases} 0, & k \neq 0, \\ T, & k = 0. \end{cases} \tag{9.13}
$$

基于上述讨论，定义无限维向量

$$
\boldsymbol{M}_i(\mathrm{j}\omega) := \Psi(\mathrm{j}\omega)\Theta_d^{-1}(\mathrm{e}^{\mathrm{j}\omega\mathrm{T}}),
$$

以及算子

$$
W(\mathrm{j}\omega) := \begin{pmatrix} M_i^{\mathrm{H}}(\mathrm{j}\omega) \\ I - M_i(\mathrm{j}\omega)\boldsymbol{M}_i^{\mathrm{H}}(\mathrm{j}\omega) \end{pmatrix}
$$

通过简单计算，知等式

$$
W^{\mathrm{H}}(\mathrm{j}\omega)W(\mathrm{j}\omega) = I
$$

成立。因此，式（9.10）中的 J_1^* 变为

$$
\begin{aligned}
J_1^* &= \inf_{Q\in \mathrm{RH}_\infty} \left\| W\left[\begin{pmatrix} \sqrt{1-\varepsilon}\,AR \\ 0 \end{pmatrix} - \frac{1}{\sqrt{T}}\Psi M_d(QM_d - Y_d)F^{\mathrm{T}}R\right]\right\|_{L_2(\Omega_N)}^2 \\
&= \inf_{Q\in \mathrm{RH}_\infty} \left\| \begin{pmatrix} W_1 \\ W_2 \end{pmatrix} \right\|_{L_2(\Omega_N)}^2 ,
\end{aligned} \tag{9.14}
$$

其中，W_1 和 W_2 具体表达式如下：

$$
\begin{aligned}
W1 &= \boldsymbol{M}_i^{\mathrm{H}}\left[\begin{pmatrix} \sqrt{1-\varepsilon}\,AR \\ 0 \end{pmatrix} - \frac{1}{\sqrt{T}}\Psi M_d(QM_d - Y_d)F^{\mathrm{T}}R\right] \\
&= \boldsymbol{M}_i^{\mathrm{H}}\begin{pmatrix} \sqrt{1-\varepsilon}\,AR \\ 0 \end{pmatrix} - \frac{1}{\sqrt{T}}\Theta_d M_d(QM_d - Y_d)F^{\mathrm{T}}R, \\
W_2 &= (I - \boldsymbol{M}_i\boldsymbol{M}_i^{\mathrm{H}})\left[\begin{pmatrix} \sqrt{1-\varepsilon}\,AR \\ 0 \end{pmatrix} - \frac{1}{\sqrt{T}}\Psi M_d(QM_d - Y_d)F^{\mathrm{T}}R\right] \\
&= (I - \boldsymbol{M}_i\boldsymbol{M}_i^{\mathrm{H}})\begin{pmatrix} \sqrt{1-\varepsilon}\,AR \\ 0 \end{pmatrix}.
\end{aligned}
$$

因此，为了将 $L_2(\Omega_N)$ 空间上的范数转变为 $L_2(\mathbb{D}_0)$ 空间上的范数，下面几个等式成立：

$$
F^{\mathrm{T}}(\mathrm{j}\omega)R(\mathrm{j}\omega) = \frac{T}{1-\mathrm{e}^{-\mathrm{j}\omega\mathrm{T}}}(FH)_d(\mathrm{e}^{\mathrm{j}\omega\mathrm{T}}). \tag{9.15}
$$

$$
\begin{aligned}
&R^{\mathrm{H}}(\mathrm{j}\omega)A^{\mathrm{H}}(\mathrm{j}\omega)A(\mathrm{j}\omega)R(\mathrm{j}\omega)\\
&=-T(|A|^2(\mathrm{j}\omega)R^{\mathrm{T}}(\mathrm{j}\omega)R(\mathrm{j}\omega))_d(\mathrm{e}^{\mathrm{j}\omega\mathrm{T}})\\
&=-T(|A|^2(\mathrm{j}\omega)\frac{1}{(\mathrm{j}\omega)^2})_d(\mathrm{e}^{\mathrm{j}\omega\mathrm{T}})\\
&=-\left.\frac{Tz}{(z-1)^2}\right|_{z=\mathrm{e}^{\mathrm{j}\omega\mathrm{T}}}(|A|^2(\mathrm{j}\omega))_d(\mathrm{e}^{\mathrm{j}\omega\mathrm{T}})\\
&=-(|A|^2)_d(\mathrm{e}^{\mathrm{j}\omega\mathrm{T}})\frac{T^2\mathrm{e}^{\mathrm{j}\omega\mathrm{T}}}{(\mathrm{e}^{\mathrm{j}\omega\mathrm{T}}-1)^2}\\
&=\frac{T^2(|A|^2)_d(\mathrm{e}^{\mathrm{j}\omega\mathrm{T}})}{(1-\mathrm{e}^{\mathrm{j}\omega\mathrm{T}})(1-\mathrm{e}^{-\mathrm{j}\omega\mathrm{T}})}
\end{aligned}
$$

$$
\begin{aligned}
&M_i^{\mathrm{H}}(\mathrm{j}\omega)\begin{pmatrix}\sqrt{1-\varepsilon}A\\0\end{pmatrix}R(\mathrm{j}\omega)\\
&=\Theta_d^{-1}(\mathrm{e}^{-\mathrm{j}\omega\mathrm{T}})\Psi^{\mathrm{H}}(\mathrm{j}\omega)\begin{pmatrix}\sqrt{1-\varepsilon}A\\0\end{pmatrix}R(\mathrm{j}\omega)\\
&=\frac{1}{\sqrt{T}}\begin{pmatrix}\sqrt{1-\varepsilon}\frac{(G^{(ms)}H)^{\mathrm{H}}(\mathrm{j}\omega)}{\Theta_d(\mathrm{e}^{-\mathrm{j}\omega\mathrm{T}})} & \sqrt{\varepsilon}\frac{H^{\mathrm{H}}(\mathrm{j}\omega)}{\Theta_d(\mathrm{e}^{-\mathrm{j}\omega\mathrm{T}})}\end{pmatrix}\begin{pmatrix}\sqrt{1-\varepsilon}A\\0\end{pmatrix}R(\mathrm{j}\omega)\\
&=\frac{1-\varepsilon}{\sqrt{T}}\frac{(G^{(ms)}H)^{\mathrm{H}}(\mathrm{j}\omega)AR(\mathrm{j}\omega)}{\Theta_d(\mathrm{e}^{-\mathrm{j}\omega\mathrm{T}})}\\
&=-(1-\varepsilon)\sqrt{T}\frac{(G^{(ms)}\mathrm{HHA})_d(\mathrm{e}^{-\mathrm{j}\omega\mathrm{T}})}{\Theta_d(\mathrm{e}^{-\mathrm{j}\omega\mathrm{T}})(1-\mathrm{e}^{\mathrm{j}\omega\mathrm{T}})}.\\
&=-\frac{1-\varepsilon}{\sqrt{T}}\frac{(G^{(ms)}H)^{\mathrm{H}}(\mathrm{j}\omega)\mathrm{AH}(-\mathrm{j}\omega)}{\Theta_d(\mathrm{e}^{-\mathrm{j}\omega\mathrm{T}})(1-\mathrm{e}^{\mathrm{j}\omega\mathrm{T}})}
\end{aligned}
\tag{9.16}
$$

因此

$$
\begin{aligned}
J_1^* &= \|W_2\|_{L_2(\Omega_N)}^2+\inf_{Q\in\mathrm{RH}_\infty}\|W_1\|_{L_2(\Omega_N)}^2\\
&=J_{t2}+J_{t1}^*
\end{aligned}
\tag{9.17}
$$

其中，

$$
J_{t2}=\|W_2\|_{L_2(\Omega_N)}^2,\quad J_{t1}^*=\inf_{Q\in\mathrm{RH}_\infty}\|W_1\|_{L_2(\Omega_N)}^2.
$$

根据方程（9.16）和方程（9.17），计算下列方程得

$$
\begin{aligned}
W_2^{\mathrm{H}}W_2&=(1-\varepsilon)\begin{pmatrix}R^{\mathrm{H}}A^{\mathrm{H}} & 0\end{pmatrix}(I-M_iM_i^{\mathrm{H}})\begin{pmatrix}AR\\0\end{pmatrix}\\
&=(1-\varepsilon)\left[\begin{pmatrix}R^{\mathrm{H}}A^{\mathrm{H}} & 0\end{pmatrix}\begin{pmatrix}AR\\0\end{pmatrix}-\left(M_i^{\mathrm{H}}\begin{pmatrix}AR\\0\end{pmatrix}\right)^{\mathrm{H}}M_i^{\mathrm{H}}\begin{pmatrix}AR\\0\end{pmatrix}\right]
\end{aligned}
$$

$$=(1-\varepsilon)\frac{T^2(|A|^2)_d(\mathrm{e}^{\mathrm{j}\omega\mathrm{T}})}{|1-\mathrm{e}^{\mathrm{j}\omega\mathrm{T}}|^2}-(1-\varepsilon)^2T\left|\frac{(G^{(ms)}\mathrm{HHA})_d(\mathrm{e}^{\mathrm{j}\omega\mathrm{T}})}{\Theta_d(\mathrm{e}^{\mathrm{j}\omega\mathrm{T}})(1-\mathrm{e}^{\mathrm{j}\omega\mathrm{T}})}\right|^2.$$

由此，得 J_{t2} 的表达式为

$$J_{t2}=\frac{1}{2\pi}\int_{\Omega_N}W_2^HW_2\mathrm{d}\omega$$

$$=\frac{(1-\varepsilon)T}{2\pi}\int_0^{\omega_s}\left(\frac{T(|A|^2)_d(e^{\mathrm{j}\omega\mathrm{T}})-(1-\varepsilon)\left|\frac{(G^{(ms)}\mathrm{HHA})_d^{(m)}(\mathrm{e}^{\mathrm{j}\omega\mathrm{T}})}{\Theta_d(\mathrm{e}^{\mathrm{j}\omega\mathrm{T}})}\right|^2}{|1-\mathrm{e}^{\mathrm{j}\omega\mathrm{T}}|^2}\right)\mathrm{d}\omega$$

另外，同样计算公式 J_{t1}^*，得

$$J_{t1}^*=\inf_{Q\in\mathrm{RH}_\infty}-(1-\varepsilon)\sqrt{T}\frac{(G^{(ms)}\mathrm{HHA})_d(\mathrm{e}^{-\mathrm{j}\omega\mathrm{T}})}{\Theta_d(\mathrm{e}^{-\mathrm{j}\omega\mathrm{T}})(1-\mathrm{e}^{\mathrm{j}\omega\mathrm{T}})}$$

$$+\frac{\sqrt{T}\Theta_dM_d(QM_d-Y_d)(\mathrm{FH})_d(\mathrm{e}^{\mathrm{j}\omega\mathrm{T}})}{1-\mathrm{e}^{-\mathrm{j}\omega\mathrm{T}}}$$

$$=\inf_{Q\in\mathrm{RH}_\infty}\left\|\frac{\dfrac{(1-\varepsilon)z^{-1}(G^{(ms)}\mathrm{HHA})_d(z^{-1})}{\Theta_d(z^{-1})}-\Theta_dM_d(QM_d-Y_d)(FH)_d}{z-1}\right\|_2^2$$

上面最后一个等式成立，是因为做了变量替换 $z=\mathrm{e}^{\mathrm{j}\omega\mathrm{T}}$。因为 ZOH 保持器的传递函数 H 是非最小相位的，我们分别对 $(\mathrm{FH})_d(z)$ 和 $z(G^{(ms)}\mathrm{HHA})_d(z)$ 做下列分解：

$$(\mathrm{FH})_d(z)=L_f(z)(\mathrm{FH})_d^{(m)}(z),\quad z(G^{(ms)}\mathrm{HHA})_d(z)=L_s(z)(G^{(ms)}\mathrm{HHA})_d^{(m)}(z),$$

其中，$(\mathrm{FH})_d^{(m)}(z)$ 和 $(G^{(ms)}\mathrm{HHA})_d^{(m)}(z)$ 分别为 $(\mathrm{FH})_d(z)$ 和 $z(G^{(ms)}\mathrm{HHA})_d(z)$ 的最小相位部。同样，全通分解因子 $L_f(z)$ 和 $L_s(z)$ 的表达式有如下形式：

$$L_f(z)=\prod_{i=1}^{m_f}\left(\frac{1-\bar{\lambda}_i}{1-\lambda_i}\right)\left(\frac{z-\lambda_i}{1-\bar{\lambda}_iz}\right),\quad L_s(z)=\prod_{i=1}^{m_s}\left(\frac{1-\bar{\sigma}_i}{1-\sigma_i}\right)\left(\frac{z-\sigma_i}{1-\bar{\sigma}_iz}\right).$$

其中，λ_i，$i=1,2,\cdots$，m_f 是 $(\mathrm{FH})_d(z)$ 的非最小相位零点；σ_i，$i=1,2,\cdots$，m_s 表示 $z(G^{(ms)}\mathrm{HHA})_d(z)$ 的非最小相位零点。令 $L_g(z)=L_s(z)L_f(z)$，则 $L_g(1)=1$ 成立。于是，我们将 J_{t1}^* 改写为

$$J_{t1}^*=\inf_{Q\in\mathrm{RH}_\infty}\left\|\frac{\dfrac{(1-\varepsilon)L_s(z^{-1})(G^{(ms)}\mathrm{HHA})_d^{(m)}(z^{-1})}{\Theta_d(z^{-1})}-L_f\Theta_dM_d(QM_d-Y_d)(\mathrm{FH})_d^{(m)}}{z-1}\right\|_2^2$$

$$= \inf_{Q\in \mathrm{RH}_\infty} \left\| \frac{\dfrac{(1-\varepsilon)(G^{(ms)}\mathrm{HHA})_d^{(m)}(z^{-1})}{\Theta_d(z^{-1})} - L_g\Theta_d M_d(QM_d - Y_d)(\mathrm{FH})_d^{(m)}}{z-1} \right\|_2^2$$

由方程（9.13），

$$(G^{(ms)}\mathrm{HHA})_d^{(m)}(1) = \frac{1}{T}G^{(ms)}(0)H(0)H(0)A^{(m)}(0) = TG^{(ms)}(0)$$

是成立的。因此令

$$a_T = (\sqrt{T}G^{(ms)}(0))/\sqrt{(1-\varepsilon)|G^{(ms)}(0)|^2+\varepsilon},$$

则

$$\frac{\dfrac{(1-\varepsilon)(G^{(ms)}\mathrm{HHA})_d^{(m)}(z^{-1})}{\Theta_d(z^{-1})} - (1-\varepsilon)a_T}{z-1} \in H_2^{\perp}$$

成立，于是可得

$$J_{t1}^* = \left\| \frac{\dfrac{(1-\varepsilon)(G^{(ms)}\mathrm{HHA})_d^{(m)}(z^{-1})}{\Theta_d(z^{-1})} - (1-\varepsilon)a_T}{z-1} \right\|_2^2$$

$$+ \inf_{Q\in \mathrm{RH}_\infty} \left\| \frac{(1-\varepsilon)a_T - L_g(z)\Theta_d M_d(QM_d - Y_d)(\mathrm{FH})_d^{(m)}}{z-1} \right\|_2^2$$

$$= J_{m1} + J_{m2}^*$$

其中，

$$J_{m2}^* = (1-\varepsilon)^2 a_T^2 \left\| \frac{L_g^{-1}-1}{z-1} \right\|_2^2$$

$$+ \inf_{Q\in \mathrm{RH}_\infty} \left\| \frac{(1-\varepsilon)a_T - \Theta_d M_d(QM_d - Y_d)(\mathrm{FH})_d^{(m)}}{z-1} \right\|_2^2$$

$$= (1-\varepsilon)^2 a_T^2 \left\{ \sum_{i=1}^{m_s} \frac{|\sigma_i|^2-1}{|\sigma_i-1|^2} + \sum_{i=1}^{m_f} \frac{|\lambda_i|^2-1}{|\lambda_i-1|^2} \right\} + J_{m3}^*$$

根据文献[13]的结论，上面最后一个等式是成立的。通过简单计算，可得

$$B_{di}^{-1} - B_{di}^{-1}(1) = \frac{1-\overline{\xi}_i z}{z-\xi_i} - \frac{1-\overline{\xi}_i}{1-\xi_i} = \frac{(|\xi_i|^2-1)(z-1)}{(z-\xi_i)(1-\xi_i)},$$

所以

$$(B_{di}^{-1} - B_{di}^{-1}(1))/(z-1) \in H_2^{\perp}$$

成立。因此，J_{m3}^* 变为

$$J_{m3}^* = \left\| (1-\varepsilon) a_T \frac{[B_d^{-1}(z) - B_d^{-1}(1)]}{z-1} \right\|_2^2$$

$$+ \inf_{Q \in \mathrm{RH}_\infty} \left\| \frac{(1-\varepsilon) B_d^{-1}(1) a_T - \Theta_d M_d^{(m)} (Q M_d - Y_d)(\mathrm{FH})_d^{(m)}}{z-1} \right\|_2^2$$

$$= (1-\varepsilon)^2 a_T^2 \sum_{i=1}^{N_{pd}} \frac{|\xi_i|^2 - 1}{|1-\xi_i|^2}$$

$$+ \inf_{Q \in \mathrm{RH}_\infty} \left\| \frac{(1-\varepsilon) B_d^{-1}(1) a_T - \Theta_d M_d^{(m)} (Q M_d - Y_d)(\mathrm{FH})_d^{(m)}}{z-1} \right\|_2^2$$

根据因子 $M_d(z)$ 的具体表达式，有

$$\inf_{Q \in \mathrm{RH}_\infty} \left\| \frac{(1-\varepsilon) B_d^{-1}(1) a_T - \Theta_d M_d^{(m)} (Q M_d - Y_d)(\mathrm{FH})_d^{(m)}}{z-1} \right\|_2^2 = \inf_{Q \in \mathrm{RH}_\infty} \left\| \frac{S}{z-1} \right\|_2^2$$

其中，令

$$S = ((1-\varepsilon) B_d^{-1}(1) a_T + \Theta_d M_d^{(m)} Y_d (\mathrm{FH})_d^{(m)}) B_d^{-1} - \Theta_d M_d^{(m)} Q M_d^{(m)} (\mathrm{FH})_d^{(m)}.$$

下面来分析表达式 S 的性质。根据引理 2.6，存在 $R_1 \in \mathrm{RH}_\infty$ 使得下式成立：

$$((1-\varepsilon) B_d^{-1}(1) a_T + \Theta_d M_d^{(m)} Y_d (\mathrm{FH})_d^{(m)}) B_d^{-1} = R_1 + \sum_{i=1}^{N_{pd}} B_{di}^{-1} \prod_{k=1, k\neq i}^{N_{pd}} B_{dk}^{-1}(\xi_i) G_i(\xi_i),$$

其中，

$$G_i(\xi_i) = (1-\varepsilon) B_d^{-1}(1) a_T + \Theta_d(\xi_i) M_d^{(m)}(\xi_i) Y_d(\xi_i) (\mathrm{FH})_d^{(m)}(\xi_i).$$

于是，

$$S = R_1 + \sum_{i=1}^{N_{pd}} B_{di}^{-1} \prod_{k=1, k\neq i}^{N_{pd}} B_{dk}^{-1}(\xi_i) G_i(\xi_i) - \Theta_d M_d^{(m)} Q M_d^{(m)} (\mathrm{FH})_d^{(m)}$$

$$= \sum_{i=1}^{N_{pd}} (B_{di}^{-1} - B_{di}^{-1}(1)) \prod_{k=1, k\neq i}^{N_{pd}} B_{dk}^{-1}(\xi_i) G_i(\xi_i) + R_1 - R_1(1)$$

$$- \Theta_d M_d^{(m)} Q M_d^{(m)} (\mathrm{FH})_d^{(m)}.$$

基于以上讨论，有

$$\inf_{Q \in \mathrm{RH}_\infty} \left\| \frac{S}{z-1} \right\|_2^2 = \left\| \frac{\sum_{i=1}^{N_{pd}} (B_{di}^{-1} - B_{di}^{-1}(1)) \prod_{k=1, k\neq i}^{N_{pd}} B_{dk}^{-1}(\xi_i) G_i(\xi_i)}{z-1} \right\|_2^2 + J_{m4}^*$$

其中，

$$J_{m4}^{*}=\inf_{Q\in\mathrm{RH}_{\infty}}\left\|\frac{R_1-R_1(1)-\Theta_d M_d^{(m)}QM_d^{(m)}(\mathrm{FH})_d^{(m)}}{z-1}\right\|_2^2.$$

因为J_{m4}^{*}的每一项都是最小相位的，可以通过选取适当的控制器参数Q使得$J_{m4}^{*}\to 0$成立，其中，Q不存在不稳定极点。

后面的证明将会给出J_{m3}^{*}中第三项的封闭表达式。显然，根据双 Bezout 等式，

$$X_d M_d - Y_d N_d = I$$

成立。又因为M_d是可逆的，该等式等价于

$$M_d X_d - M_d Y_d B_d^{-1}(M_d^{(m)})^{-1}N_d = I.$$

因为ξ_i是被控对象$(FGH)_d$的极点，得$M_d(\xi_i)=0$。因此，有

$$-M_d(\xi_i)Y_d(\xi_i)B_d^{-1}(\xi_i)G_{ds}(\xi_i)=I.$$

其中，

$$G_{ds}=(M_d^{(m)})^{-1}N_d$$

是$(FGH)_d$的稳定部分。于是得到更简单的表达式

$$M_d(\xi_i)Y_d(\xi_i)B_d^{-1}(\xi_i)=-G_{ds}^{-1}(\xi_i),$$

其重写

$$M_d Y_d B_d^{-1}|_{z=\xi_i}=M_d^{(m)}Y_d|_{z=\xi_i}=-G_{ds}^{-1}(\xi_i)$$

结合上述等式，得到下面的方程

$$\frac{|\xi_i|^2-1}{(z-\xi_i)(1-\xi_i)}\prod_{k=1,k\neq i}^{N_{pd}}B_{dk}^{-1}(\xi_i)G_i(\xi_i)=\frac{|\xi_i|^2-1}{(z-\xi_i)(1-\xi_i)}\tilde{G}_i(\xi_i)$$

其中

$$G_i(\xi_i)=b_i[(1-\varepsilon)AB_d^{-1}(1)a_T-G_{ds}^{-1}\Theta_d(\xi_i)(\mathrm{FH})_d^{(m)}(\xi_i)]$$

$$b_i=\prod_{k=1,k\neq i}^{N_{pd}}(1-\bar{\xi}_k\xi_i)/(\xi_i-\xi_k)$$

最后，将上述等式代入方程J_{m3}^{*}中，

$$J_{m3}^{*}=(1-\varepsilon)^2 a_T^2\sum_{i=1}^{N_{pd}}\frac{|\xi_i|^2-1}{|1-\xi_i|^2}+\prod_{i,k=1}^{N_{pd}}\left\{\frac{(|\xi_i|^2-1)(|\xi_k|^2-1)}{(\xi_i\bar{\xi}_k-1)(\xi_i-1)(\bar{\xi}_k-1)}\tilde{G}_i\bar{\tilde{G}}_k\right\}$$

得到J_{m3}^{*}的表达式之后，我们将计算J_{m1}的具体表达式。

$$J_{m1}=\left\|\frac{\dfrac{(1-\varepsilon)(G^{(ms)}\mathrm{HHA})_d^{(m)}(z^{-1})}{\Theta_d(z^{-1})}-(1-\varepsilon)Aa_T}{z-1}\right\|_2^2$$

$$
=(1-\varepsilon)^2\left\|\frac{\dfrac{(G^{(ms)}\mathrm{HHA})_d^{(m)}(z^{-1})}{\Theta_d(z^{-1})}-a_T}{z-1}\right\|_2^2
$$

基于 2-范数定义，易得

$$
J_{m1}=\frac{(1-\varepsilon)^2T}{2\pi}\int_0^{\omega_s}\left|\frac{\dfrac{(G^{(ms)}\mathrm{HHA})_d^{(m)}(\mathrm{e}^{-\mathrm{j}\omega\mathrm{T}})}{\Theta_d(\mathrm{e}^{-\mathrm{j}\omega\mathrm{T}})}-a_T}{\mathrm{e}^{\mathrm{j}\omega\mathrm{T}}-1}\right|^2\mathrm{d}\omega
$$

$$
=\frac{-(1-\varepsilon)^2T}{2\pi}\int_0^{\omega_s}\left|\frac{\dfrac{(G^{(ms)}\mathrm{HHA})_d^{(m)}(\mathrm{e}^{\mathrm{j}\omega\mathrm{T}})}{\Theta_d(\mathrm{e}^{\mathrm{j}\omega\mathrm{T}})}-a_T}{\mathrm{e}^{\mathrm{j}\omega\mathrm{T}}-1}\right|^2\mathrm{d}\omega
$$

为了简化证明过程，做如下符号替换

$$
\tilde{A}=\frac{(G^{(ms)}\mathrm{HHA})_d^{(m)}(\mathrm{e}^{\mathrm{j}\omega\mathrm{T}})}{\Theta_d(\mathrm{e}^{\mathrm{j}\omega\mathrm{T}})}.
$$

令

$$
A_s=T(1-\varepsilon)^2\left[|\tilde{A}|^2-2a_T\mathrm{Re}(\tilde{A})+a_T^2\right]+(1-\varepsilon)T^2(|A|^2)_d(\mathrm{e}^{\mathrm{j}\omega\mathrm{T}})-T(1-\varepsilon)^2|\tilde{A}|^2
$$

于是 J_{m1} 和 J_{t2} 的加和为

$$
J_{m1}+J_{t2}=\frac{1}{2\pi}\int_0^{\omega_s}\frac{A_s}{\left|e^{\mathrm{j}\omega\mathrm{T}}-1\right|^2}\mathrm{d}\omega
$$

$$
=\frac{1}{2\pi}\int_0^{\omega_s}\frac{(1-\varepsilon)T^2(|A|^2)_d(e^{\mathrm{j}\omega\mathrm{T}})-Ta_T^2(1-\varepsilon)^2}{2-2\cos\omega T}\mathrm{d}\omega
$$

$$
+\frac{Ta_T(1-\varepsilon)^2}{2\pi}\int_0^{\omega_s}\frac{a_T-\mathrm{Re}(\tilde{A})}{1-\cos\omega T}\mathrm{d}\omega
$$

=J_{d1}+J_{d2}

于是，可将 $J_{m1}+J_{t2}$ 的第二项简化为

$$
J_{d2}=\frac{Ta_T(1-\varepsilon)^2}{2\pi}\int_{-\omega_N}^{\omega_N}\frac{a_T-\mathrm{Re}(\tilde{A})}{1-\cos\omega T}\mathrm{d}\omega
$$

$$
y=\tan\frac{\omega T}{2}\frac{a_T(1-\varepsilon)^2}{2\pi}\int_{-\infty}^{+\infty}\frac{a_T-\mathrm{Re}\left(\tilde{A}\left(\dfrac{1+\mathrm{j}y}{1-\mathrm{j}y}\right)\right)}{y^2}\mathrm{d}y
$$

其中，

$$e^{\mathrm{j}\omega \mathrm{T}} = \cos\omega T + \mathrm{j}\sin\omega T$$
$$= (1+\mathrm{j}y)/(1-\mathrm{j}y).$$

并令

$$\tilde{A}(\mathrm{j}y) = u(y) + \mathrm{j}v(y),$$

其中，$u(y)$，$v(y)$ 为实函数。注意到，

$$\tilde{A}(0) = u(0) = a_T.$$

于是，对任意实数 y_0，Hilbert 变换成立

$$v(y_0) = \frac{y_0}{\pi}\int_{-\infty}^{+\infty}\frac{u(y)-u(y_0)}{y^2-y_0^2}\mathrm{d}y$$

根据 $\tilde{A}(0)$ 的特点，

$$\begin{aligned}
J_{d2} &= \frac{a_T(1-\varepsilon)^2}{2\pi}\int_{-\infty}^{+\infty}\frac{u(0)-u(y)}{y^2-0}\mathrm{d}y \\
&= -\frac{a_T(1-\varepsilon)^2}{2}\lim_{y\to 0}\frac{v(y)}{y} \\
&= -\frac{a_T(1-\varepsilon)^2}{2}\lim_{y\to 0}\frac{\mathrm{Im}\{\tilde{A}(y)\}}{y} \\
&= -\frac{a_T(1-\varepsilon)^2}{2}\mathrm{Im}\left\{\frac{\mathrm{d}}{\mathrm{d}z}\tilde{A}(z)\bigg|_{z=1}\frac{\mathrm{d}}{\mathrm{d}y}\left(\frac{1+\mathrm{j}y}{1-\mathrm{j}y}\right)\bigg|_{y=0}\right\} \\
&= -\frac{a_T(1-\varepsilon)^2}{2}\mathrm{Im}\left\{\frac{\mathrm{d}}{\mathrm{d}z}\left(\frac{(G^{(ms)}\mathrm{HHA})_d^{(m)}(z)}{\Theta_d(z)}\right)\bigg|_{z=1}\frac{\mathrm{d}}{\mathrm{d}y}\times 2j\right\}.
\end{aligned}$$

为方便描述，令

$$f = (G^{(ms)}\mathrm{HHA})_d^{(m)}(z)A^{(m)}(z^{-1}),$$
$$g = \Theta_d(z)$$

和 f' 表示 $\mathrm{d}f/\mathrm{d}z$。因此有

$$\begin{aligned}
J_{d2} &= -a_T(1-\varepsilon)^2\frac{\mathrm{d}}{\mathrm{d}z}\left[\frac{f}{g}\right]\bigg|_{z=1} \\
&= -a_T(1-\varepsilon)^2\left[\frac{f'g-fg'}{g^2}\right]_{z=1} \\
&= a_T(1-\varepsilon)^2\left[\frac{fg'}{g^2}-\frac{f'}{g}\right]_{z=1} \\
&= a_T(1-\varepsilon)^2\frac{f(1)}{g(1)}\left[\frac{g'(1)}{g(1)}-\frac{f'(1)}{f(1)}\right]
\end{aligned}$$

依据文献[7]相同的证明，可得

$$\frac{g'(1)}{g(1)}=\frac{1}{2\pi}\int_0^{\pi}\frac{\log\left|\frac{\Theta_d(\mathrm{e}^{\mathrm{j}t})}{\Theta_d(1)}\right|^2}{1-\cos t}\mathrm{d}t,$$

$$\frac{f'(1)}{f(1)}=\frac{1}{2\pi}\int_0^{\pi}\frac{\log\left|\frac{(G^{(ms)}\mathrm{HHA})_d^{(m)}(\mathrm{e}^{\mathrm{j}t})}{(G^{(ms)}\mathrm{HHA})_d^{(m)}(1)}\right|^2}{1-\cos t}\mathrm{d}t.$$

下列两等式成立

$$\left|(G^{(ms)}\mathrm{HHA})_d^{(m)}(e^{\mathrm{j}\omega\mathrm{T}})\right|^2=\frac{1}{T^2}\left|\sum_{k=-\infty}^{+\infty}G_k^{(ms)}(\mathrm{j}\omega)H_k^2(\mathrm{j}\omega)A_k(\mathrm{j}\omega)\right|^2,$$

$$\left|\Theta_d(e^{\mathrm{j}\omega\mathrm{T}})\right|^2=\frac{1}{T}\sum_{k=-\infty}^{+\infty}\left\{(1-\varepsilon)\,|\,G_k^{(ms)}(\mathrm{j}\omega)H_k(\mathrm{j}\omega)\,|^2+\varepsilon\,|\,H_k(\mathrm{j}\omega)\,|^2\right\}$$

因此，

$$\begin{aligned}\frac{g'(1)}{g(1)}-\frac{f'(1)}{f(1)}&=\frac{1}{2\pi}\int_0^{\pi}\log\left|\frac{\Theta_d(e^{\mathrm{j}t})}{\Theta_d(1)}\frac{(G^{(ms)}\mathrm{HHA})_d^{(m)}(1)}{(G^{(ms)}\mathrm{HHA})_d^{(m)}(\mathrm{e}^{\mathrm{j}t})A^{(m)}(-\mathrm{j}t)}\right|^2\frac{1}{1-\cos t}\mathrm{d}t\\&=\frac{1}{2\pi}\int_0^{\pi}\log\left\{Ta_T^2J_z\right\}\frac{1}{1-\cos\omega T}\mathrm{d}\omega\end{aligned},$$

其中，

$$J_z=\frac{\sum_{k=-\infty}^{+\infty}\left\{(1-\varepsilon)\,|\,G_k^{(ms)}(\mathrm{j}\omega)H_k(\mathrm{j}\omega)\,|^2+\varepsilon\,|\,H_k(\mathrm{j}\omega)\,|^2\right\}}{\left|\sum_{k=-\infty}^{+\infty}G_k^{(ms)}(\mathrm{j}\omega)H_k^2(\mathrm{j}\omega)A_k(\mathrm{j}\omega)\right|^2},$$

又因为

$$H_k(\mathrm{j}\omega)=\frac{1-e^{\mathrm{j}\omega\mathrm{T}}}{j(\omega+k\omega_s)},$$

将其代入上面方程中，可得

$$J_{d2}=\frac{Ta_T^2(1-\varepsilon)^2}{2\pi}\int_0^{\pi}\log\left\{\frac{J_x}{J_y}\right\}\frac{1}{1-\cos\omega T}\mathrm{d}\omega.$$

证毕。

注释 9.1 正如文献[7]中的描述，采样系统极易产生位于单位圆外的非最小相位零点，所以 $z(G^{(ms)}\mathrm{HHA})_d(z)$ 和 $(\mathrm{FH})_d(z)$ 的非最小相位零点出现在跟踪性能极限的封闭表达式中。

注释 9.2 本章中性能指标的最优值 J_{cd}^* 是文献[7]的推广。令 $a_T = \sqrt{T}$，则本章关于跟踪性能极限的结论定理 4.1 可退化到文献[7]的结论，其中，定理 4.1 中的三项 J_{m3}^*，δ_i 和 p_i 不存在，可去掉。

注释 9.3 根据定理 9.1 中的表达式 J_{cd}^*，采用离散控制器的跟踪性能极限要大于采用连续控制器的跟踪性能极限，这是因为采样器和保持器的存在所产生的影响。这可在本章实例 9.5 中得到验证。

注释 9.4 由于表达式 PH 的存在，并根据引理 2.6，得到非最小相位零点和不稳定极点影响的不同形式。连续被控对象中不稳定极点的影响隐含在 c_i 表达式中，与纯连续系统的跟踪性能极限不同之处在于此。

9.4.2 双自由度控制结构跟踪性能极限

本节将讨论针对单输入单输出单位反馈系统的二自由度控制器策略，如图 9.2 所示。其中，离散补偿器 K_{1d} 和 K_{2d} 在保持器 H_T 之后，但是在采样器 S_T 之前。

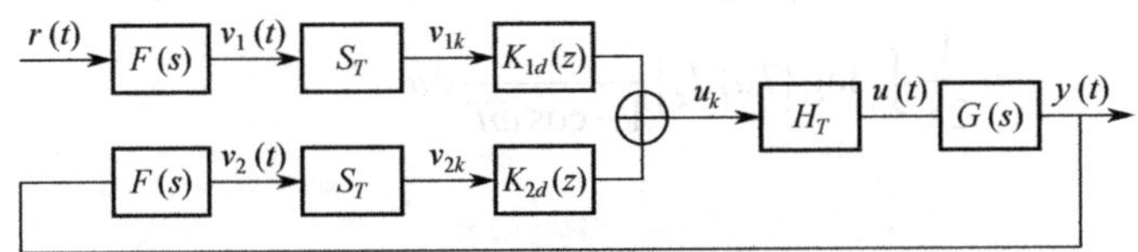

图 9.2 采样数据系统的双自由度控制策略

假设 9.4 $K_{1d}(z)$ 与 $K_{2d}(z)$ 为有理正实函数。于是根据尤拉参数化，所有稳定的双自由度控制器集合表示为

$$
\begin{aligned}
K_d: &= \{K_d = [K_{1d} \quad K_{2d}] \\
&= (X_d - RN_d)^{-1}[Q \quad Y_d - RM_d], Q, R \in \quad _\infty\}
\end{aligned} \tag{9.18}
$$

系统输出的频域表达式为

$$
Y(\mathrm{j}\omega) = G(\mathrm{j}\omega)H(\mathrm{j}\omega)S_d(\mathrm{e}^{\mathrm{j}\omega\mathrm{T}})K_{1d}(\mathrm{e}^{\mathrm{j}\omega\mathrm{T}})\frac{1}{T}\sum_{k=-\infty}^{+\infty} F_k(\mathrm{j}\omega)R_k(\mathrm{j}\omega),
$$

$$
U(\mathrm{j}\omega) = H(\mathrm{j}\omega)S_d(\mathrm{e}^{\mathrm{j}\omega\mathrm{T}})K_{1d}(\mathrm{e}^{\mathrm{j}\omega\mathrm{T}})\frac{1}{T}\sum_{k=-\infty}^{+\infty} F_k(\mathrm{j}\omega)R_k(\mathrm{j}\omega),
$$

其中，

$$
S_d(z) := (I - K_{2d}(z)(\mathrm{FGH})_d(z))^{-1}
$$

为离散化系统的灵敏度函数。根据 Bezout 等式（9.2）以及所有稳定控制器

集合式（9.19），有

$$S_d(z)K_{1d}(z)=M_d(z)Q.$$

将这些等式代入到输出响应和控制输入响应，得

$$Y(\mathrm{j}\omega)=G(\mathrm{j}\omega)H(\mathrm{j}\omega)M_d(\mathrm{e}^{\mathrm{j}\omega T})Q(\mathrm{e}^{\mathrm{j}\omega T})\frac{1}{T}\sum_{k=-\infty}^{+\infty}F_k(\mathrm{j}\omega)R_k(\mathrm{j}\omega),$$

$$U(\mathrm{j}\omega)=H(\mathrm{j}\omega)M_d(\mathrm{e}^{\mathrm{j}\omega T})Q(\mathrm{e}^{\mathrm{j}\omega T})\frac{1}{T}\sum_{k=-\infty}^{+\infty}F_k(\mathrm{j}\omega)R_k(\mathrm{j}\omega).$$

因此，得到误差频域响应

$$E(\mathrm{j}\omega)=R(\mathrm{j}\omega)-G(\mathrm{j}\omega)H(\mathrm{j}\omega)M_d(\mathrm{e}^{\mathrm{j}\omega T})Q(\mathrm{e}^{\mathrm{j}\omega T})\frac{1}{T}\sum_{k=-\infty}^{+\infty}F_k(\mathrm{j}\omega)R_k(\mathrm{j}\omega).$$

现在采用提升技巧，得到性能指标的表达式：

$$J_{\mathrm{cd}}^*:=\inf_{Q\in\mathrm{RH}_\infty}\left\|\begin{bmatrix}\sqrt{1-\varepsilon}\left[I-\frac{1}{T}\mathrm{GHM}_dQF^{\mathrm{T}}\right]R\\ \sqrt{\varepsilon}\frac{1}{T}\mathrm{HM}_dQF^{\mathrm{T}}R\end{bmatrix}\right\|_{L_2(\Omega_N)}^2 \tag{9.19}$$

定理 9.2 令连续参考输入$r(t)$为单位阶跃信号，则在假设 9.1、假设 9.2 和假设 9.4 下，

$$J_{\mathrm{cd(step)}}^*=J_1+J_2+J_{m3}^*+J_{d1}+J_{d2}, \tag{9.20}$$

其中，

$$J_{m3}^*=(1-\varepsilon)^2a_T^2\sum_{i=1}^{N_{pd}}\frac{|\xi_i|^2-1}{|1-\xi_i|^2},$$

其中，J_1，J_2，J_{d1}，J_{d2}和其他参数如定理 9.1 中定义。

9.5 其他类型信号跟踪性能极限

本节将 9.3 节中的结论推广到其他类型参考信号，以便寻找这些参考信号之间的关系。这些信号包括复正弦信号、实正弦信号和斜坡信号。

9.5.1 复正弦信号跟踪性能极限

单位复正弦信号定义为

$$r(t)=\begin{cases}\mathrm{e}^{\mathrm{j}\omega_0 t}, & t\geqslant 0,\\ 0, & t<0,\end{cases} \tag{9.21}$$

其中，ω_0为已知频率。信号$r(t)$的拉普拉斯变换为

$$R(s)=1/(s-\mathrm{j}\omega_0).$$

假设 9.5 被控对象 $G(s)$ 在 $\pm\mathrm{j}\omega_0$ 处不含有零点。

经过简单证明，当参考信号为复正弦信号时，得到如下定理。

定理 9.3 令连续参考信号 $r(t)$ 定义为（9.22）。则在假设 9.1、假设 9.3 和假设 9.5 下，

$$J^*_{\mathrm{cd(complex\ sinusoids)}}=J+J+J^*_m+J_d+J_d, \tag{9.22}$$

其中，

$$J_1=(1-\varepsilon)\sum_{i,j=1}^{N_z+1}\frac{4\mathrm{Re}(z_i)\mathrm{Re}(z_j)z_i\overline{z}_j}{\overline{z}_i z_j(z_i+\overline{z}_j)(z_i-j\omega_0)(\overline{z}_j+\mathrm{j}\omega_0)}c_i\overline{c}_j,$$

$$J_2=(1-\varepsilon)^2a_T^2\left\{\sum_{i=1}^{m_s}\frac{|\sigma_i|^2-1}{|\mathrm{e}^{\mathrm{j}\omega_0\mathrm{T}}-\sigma_i|^2}+\sum_{i=1}^{m_f}\frac{|\lambda_i|^2-1}{|\mathrm{e}^{\mathrm{j}\omega_0\mathrm{T}}-\lambda_i|^2}\right\},$$

$$J^*_{m3}=(1-\varepsilon)^2a_T^2\sum_{i=1}^{N_{pd}}\frac{|\xi_i|^2-1}{|\mathrm{e}^{\mathrm{j}\omega_0\mathrm{T}}-\xi_i|^2}+\prod_{i,k=1}^{N_{pd}}\left\{\frac{(|\xi_i|^2-1)(|\xi_k|^2-1)}{(\xi_i\overline{\xi}_k-1)(\xi_i-\mathrm{e}^{\mathrm{j}\omega_0\mathrm{T}})(\overline{\xi}_k-\mathrm{e}^{-\mathrm{j}\omega_0\mathrm{T}})G_i^{(2)}\overline{G}_k^{(2)}}\right\},$$

$$J_{d1}=\frac{1}{2\pi}\int_0^{\omega_s}\frac{(1-\varepsilon)T^2(|A|^2)_d(\mathrm{e}^{\mathrm{j}\omega\mathrm{T}})-Ta_T^2(1-\varepsilon)^2}{2-2\cos(\omega-\omega_0)T}\mathrm{d}\omega,$$

$$J_{d2}=\frac{Ta_T^2(1-\varepsilon)^2}{2\pi}\int_0^{\pi}\log\left\{\frac{J_x}{J_y}\right\}\frac{1}{1-\cos(\omega-\omega_0)T}\mathrm{d}\omega,$$

其中，

$$J_x=Ta_T^2\cos(\omega_0T)\sum_{k=-\infty}^{+\infty}\left\{\frac{(1-\varepsilon)|G_k^{(ms)}(\mathrm{j}\omega)|^2+\varepsilon}{(\omega+k\omega_s)^2}\right\},$$

$$J_y=2(1-\cos(\omega-\omega_0)T)\left|\sum_{k=-\infty}^{+\infty}\frac{G_k^{(ms)}(j\omega)A_k(\mathrm{j}\omega)}{(\omega+k\omega_s)(\omega-\omega_0+k\omega_s)}\right|^2,$$

$$A(s)=B(s)L^{-1}(s)-\sum_{i=1}^{N_z}\frac{z_i}{\overline{z}_i}\frac{2\mathrm{Re}(z_i)(s-\mathrm{j}\omega_0)}{(z_i-s)(z_i-\mathrm{j}\omega_0)}c_i,$$

$$b_i=\prod_{k=1,k\neq i}^{N_{pd}}\frac{1-\xi_i\overline{\xi}_k}{\xi_i-\xi_k},$$

$$G_i^{(2)}=(1-\varepsilon)G^{(1)}a_Tb_i-G_{ds}^{-1}(\mathrm{FH})_d(\xi_i)\Theta_d(\xi_i),$$

$$G^{(1)}=L_g^{-1}(e^{\mathrm{j}\omega_0\mathrm{T}})B_d^{-1}(e^{\mathrm{j}\omega_0\mathrm{T}}),$$

$$a_T=\frac{\sqrt{T}G^{(ms)}(\omega_0)H(\omega_0)A^{(m)}(-\mathrm{j}\omega_0)}{\sqrt{\left((1-\varepsilon)|G^{(ms)}(\omega_0)|^2|H(\omega_0)|^2+\varepsilon|H(\omega_0)|^2\right)}},$$

$z_i, p_i, \sigma_i, \lambda_i, \xi_i$ 在定理 9.1 中已经给出。其中，

$$\mathrm{GHHA} = G(\mathrm{j}\omega)H(\mathrm{j}\omega)H(\mathrm{j}(\omega-\omega_0))A(\mathrm{j}\omega),$$
$$FH = F(\mathrm{j}\omega)H(\mathrm{j}(\omega-\omega_0))$$

不同于定理 9.1 中定义。

注释 9.5 事实上，立即得知定理 9.1 是定理 9.3 的特殊情形，即当 $\omega_0 = 0$ 时，定理 9.3 中 J_{cd}^* 将会退化到定理 4.1 中结论。

下面我们将给出简单的证明。

证明：首先有如下分解形式

$$\sum_{i=1}^{N_z+1}\frac{z_i}{\overline{z}_i}\frac{\overline{z}_i+s}{z_i-s}c_i - \sum_{i=1}^{N_z+1}\frac{z_i}{\overline{z}_i}\frac{\overline{z}_i+\mathrm{j}\omega_0}{z_i-\mathrm{j}\omega_0}c_i = \sum_{i=1}^{N_z}\frac{z_i}{\overline{z}_i}\frac{2\mathrm{Re}(z_i)(s-\mathrm{j}\omega_0)}{(z_i-s)(z_i-\mathrm{j}\omega_0)}c_i.$$

令

$$\begin{aligned} A(s) &= B(s)L^{-1}(s) - \sum_{i=1}^{N_z+1}\frac{z_i}{\overline{z}_i}\frac{\overline{z}_i+s}{z_i-s}c_i + \sum_{i=1}^{N_z+1}\frac{z_i}{\overline{z}_i}\frac{\overline{z}_i+\mathrm{j}\omega_0}{z_i-\mathrm{j}\omega_0}c_i \\ &= B(s)L^{-1}(s) - \sum_{i=1}^{N_z}\frac{z_i}{\overline{z}_i}\frac{2\mathrm{Re}(z_i)(s-\mathrm{j}\omega_0)}{(z_i-s)(z_i-\mathrm{j}\omega_0)}c_i \end{aligned},$$

则

$$J_{\mathrm{cd(complex\ sinusotds)}}^* = J + J^*,$$

其中

$$J_1 = (1-\varepsilon)\sum_{i,j=1}^{N_z+1}\frac{4\mathrm{Re}(z_i)\mathrm{Re}(z_j)z_i\overline{z}_j}{\overline{z}_i z_j(z_i+\overline{z}_j)(z_i-\mathrm{j}\omega_0)(\overline{z}_j+\mathrm{j}\omega_0)}c_i\overline{c}_j, \tag{9.23}$$

$$J_1^* = \inf_{Q\in\mathrm{RH}_\infty}\left\|\begin{bmatrix}\sqrt{1-\varepsilon}\left[A(s)-\dfrac{1}{T}G^{(ms)}HM_d(QM_d-Y_d)F^{\mathrm{T}}\right]R \\ \sqrt{\varepsilon}\dfrac{1}{T}HM_d(QM_d-Y_d)F^{\mathrm{T}}R\end{bmatrix}\right\|_{L_2(\Omega_N)}^2, \tag{9.24}$$

上式成立，是因为零点 z_i 为被控对象 $G(s)$ 的非最小相位零点当且仅当 $z_i-\mathrm{j}\omega_0$ 为 $G(s+\mathrm{j}\omega_0)$ 的非最小相位零点。因此，式（9.15）～式（9.17）可改写为

$$F^{\mathrm{T}}(\mathrm{j}\omega)R(\mathrm{j}(\omega-\omega_0)) = \frac{T}{1-\mathrm{e}^{-\mathrm{j}(\omega-\omega_0)\mathrm{T}}}(\mathrm{FH})_d(\mathrm{e}^{\mathrm{j}\omega\mathrm{T}}), \tag{9.25}$$

$$R^{\mathrm{H}}(\mathrm{j}(\omega-\omega_0))A^{\mathrm{H}}(\mathrm{j}\omega)A(\mathrm{j}\omega)R(\mathrm{j}(\omega-\omega_0)) = \frac{T^2(|A|^2)_d(\mathrm{e}^{\mathrm{j}\omega\mathrm{T}})}{(1-\mathrm{e}^{\mathrm{j}(\omega-\omega_0)\mathrm{T}})(1-\mathrm{e}^{-\mathrm{j}(\omega-\omega_0)\mathrm{T}})}, \tag{9.26}$$

$$M_i^{\mathrm{H}}(\mathrm{j}\omega)\begin{pmatrix}\sqrt{1-\varepsilon}A \\ 0\end{pmatrix}R(\mathrm{j}(\omega-\omega_0)) = -\frac{(1-\varepsilon)\sqrt{T}(G^{(ms)}\mathrm{HHA})_d(\mathrm{e}^{-\mathrm{j}\omega\mathrm{T}})}{\Theta_d(\mathrm{e}^{-\mathrm{j}\omega\mathrm{T}})(1-\mathrm{e}^{\mathrm{j}(\omega-\omega_0)}T}). \tag{9.27}$$

对于 Θ_d 的相同定义，当参数取 $\omega=\omega_0$，

$$|\Theta_d(e^{j\omega_0 T})|^2=\frac{1}{T}\Big((1-\varepsilon)|G^{(ms)}(\omega_0)|^2|H(\omega_0)|^2+\varepsilon|H(\omega_0)|^2\Big). \tag{9.28}$$

从式（9.27）和式（9.28），下列方程可计算得

$$W_2^{\mathrm{H}}W_2=(1-\varepsilon)\frac{T^2(|A|^2)_d(\mathrm{e}^{j\omega T})}{|1-\mathrm{e}^{j(\omega-\omega_0)T}|^2}-(1-\varepsilon)^2T\left|\frac{(G^{(ms)}\mathrm{HHA})_d(\mathrm{e}^{j\omega T})}{\Theta_d(e^{j\omega T})(1-\mathrm{e}^{j(\omega-\omega_0)T})}\right|^2.$$

J_{t2} 的表达式变为

$$J_{t2}=\frac{(1-\varepsilon)T}{2\pi}\int_0^{\omega_s}\left(\frac{T^2(|A|^2)_d(\mathrm{e}^{j\omega T})-(1-\varepsilon)\left|\frac{(G^{(ms)}\mathrm{HHA})_d^{(m)}(\mathrm{e}^{j\omega T})}{\Theta_d(\mathrm{e}^{j\omega T})}\right|^2}{|1-\mathrm{e}^{j(\omega-\omega_0)T}|^2}\right)\mathrm{d}\omega.$$

另外，计算公式 J_{t1}^* 得

$$\begin{aligned}J_{t1}^*&=\inf_{Q\in\mathrm{RH}_\infty}\|W_1\|^2_{L_2(\Omega_N)}\\&=\inf_{Q\in\mathrm{RH}_\infty}\left\|-(1-\varepsilon)\sqrt{T}\frac{(G^{(ms)}\mathrm{HHA})_d(\mathrm{e}^{-j\omega T})}{\Theta_d(\mathrm{e}^{-j\omega T})(1-\mathrm{e}^{j(\omega-\omega_0)T})}+\frac{\sqrt{T}\Theta_dM_d(\mathrm{QM}_d-Y_d)(\mathrm{FH})_d(\mathrm{e}^{j\omega T})}{1-\mathrm{e}^{-j(\omega-\omega_0)T}}\right\|_2^2\\&=\inf_{Q\in\mathrm{RH}_\infty}\left\|\frac{\frac{(1-\varepsilon)z^{-1}(G^{(ms)}\mathrm{HHA})_d(z^{-1})}{\Theta_d(z^{-1})}-\Theta_dM_d(\mathrm{QM}_d-Y_d)(\mathrm{FH})_d(z)}{z-\mathrm{e}^{j\omega_0 T}}\right\|_2^2.\end{aligned}$$

$(\mathrm{FH})_d(z)$ 和 $z(G^{(ms)}\mathrm{HHA})_d(z)$ 的分解类似于定理 4.1 中的分解。其中，仍采用 $L_f(z)$，$L_s(z)$ 的表述形式。因此重写 J_{t1}^* 为

$$\begin{aligned}J_{t1}^*&=\inf_{Q\in\mathrm{RH}_\infty}\left\|\frac{\frac{(1-\varepsilon)L_s(z^{-1})(G^{(ms)}\mathrm{HHA})_d^{(m)}(z^{-1})}{\Theta_d(z^{-1})}-L_f\Theta_dM_d(QM_d-Y_d)(\mathrm{FH})_d^{(m)}}{z-e^{j\omega_0 T}}\right\|_2^2\\&=\inf_{Q\in\mathrm{RH}_\infty}\left\|\frac{\frac{(1-\varepsilon)(G^{(ms)}\mathrm{HHA})_d^{(m)}(z^{-1})}{\Theta_d(z^{-1})}-L_g\Theta_dM_d(QM_d-Y_d)(\mathrm{FH})_d^{(m)}}{z-e^{j\omega_0 T}}\right\|_2^2.\end{aligned}$$

根据定义，

$$\begin{aligned}(G^{(ms)}\mathrm{HHA})_d^{(m)}(e^{j\omega_0 T})&=G^{(ms)}(\omega_0)H(\omega_0)H(0)A^{(m)}(-j\omega_0)/T\\&=G^{(ms)}(\omega_0)H(\omega_0)A^{(m)}(-j\omega_0)\end{aligned}$$

成立。令

$$a_T=\frac{\sqrt{T}G^{(ms)}(\omega_0)H(\omega_0)A^{(m)}(-\mathrm{j}\omega_0)}{\sqrt{\left((1-\varepsilon)|G^{(ms)}(\omega_0)|^2|H(\omega_0)|^2+\varepsilon|H(\omega_0)|^2\right)}}.$$

因此

$$\frac{\dfrac{(1-\varepsilon)(G^{(ms)}\mathrm{HHA})_d^{(m)}(z^{-1})}{\Theta_d(z^{-1})}-(1-\varepsilon)a_T}{z-\mathrm{e}^{\mathrm{j}\omega_0\mathrm{T}}}\in H_2^{\perp},$$

成立，有

$$\begin{aligned}J_{t1}^*=&\left\|\frac{\dfrac{(1-\varepsilon)(G^{(ms)}\mathrm{HHA})_d^{(m)}(z^{-1})}{\Theta_d(z^{-1})}-(1-\varepsilon)a_T}{z-\mathrm{e}^{\mathrm{j}\omega_0\mathrm{T}}}\right\|_2^2\\&+\inf_{Q\in\mathrm{RH}_\infty}\left\|\frac{(1-\varepsilon)a_T-L_g\Theta_dM_d(QM_d-Y_d)(\mathrm{FH})_d^{(m)}}{z-\mathrm{e}^{\mathrm{j}\omega_0\mathrm{T}}}\right\|_2^2\\=&J_{m1}+J_{m2}^*.\end{aligned}$$

另外

$$\begin{aligned}J_{m2}^*=&(1-\varepsilon)^2a_T^2\left\|\frac{L_g^{-1}(z)-L_g^{-1}(\mathrm{e}^{\mathrm{j}\omega_0\mathrm{T}})}{z-\mathrm{e}^{\mathrm{j}\omega_0\mathrm{T}}}\right\|_2^2\\&+\inf_{Q\in\mathrm{RH}_\infty}\left\|\frac{(1-\varepsilon)a_TL_g^{-1}(\mathrm{e}^{\mathrm{j}\omega_0\mathrm{T}})-\Theta_dM_d(QM_d-Y_d)(\mathrm{FH})_d^{(m)}}{z-\mathrm{e}^{\mathrm{j}\omega_0\mathrm{T}}}\right\|_2^2\\=&(1-\varepsilon)^2a_T^2\left\{\sum_{i=1}^{m_s}\frac{|\sigma_i|^2-1}{|\mathrm{e}^{\mathrm{j}\omega_0\mathrm{T}}-\sigma_i|^2}+\sum_{i=1}^{m_f}\frac{|\lambda_i|^2-1}{|\mathrm{e}^{\mathrm{j}\omega_0\mathrm{T}}-\lambda_i|^2}\right\}+J_{m3}^*.\end{aligned}$$

因为

$$\begin{aligned}B_{di}^{-1}-B_{di}^{-1}(\mathrm{e}^{\mathrm{j}\omega_0\mathrm{T}})&=\frac{1-\overline{\xi}_iz}{z-\xi_i}-\frac{\mathrm{e}^{\mathrm{j}\omega_0\mathrm{T}}-\overline{\xi}_i}{\mathrm{e}^{\mathrm{j}\omega_0\mathrm{T}}-\xi_i}\\&=\frac{(|\xi_i|^2-1)(z-\mathrm{e}^{\mathrm{j}\omega_0\mathrm{T}})}{(z-\xi_i)(\mathrm{e}^{\mathrm{j}\omega_0\mathrm{T}}-\xi_i)},\end{aligned}$$

有

$$\frac{B_{di}^{-1}-B_{di}^{-1}(\mathrm{e}^{\mathrm{j}\omega_0\mathrm{T}})}{z-\mathrm{e}^{\mathrm{j}\omega_0\mathrm{T}}}\in H_2^{\perp}$$

成立。因此

$$J_{m3}^{*}=\left\|\frac{(1-\varepsilon)a_T L_g^{-1}(\mathrm{e}^{\mathrm{j}\omega_0\mathrm{T}})\left[B_d^{-1}(z)-B_d^{-1}(\mathrm{e}^{\mathrm{j}\omega_0\mathrm{T}})\right]}{z-\mathrm{e}^{\mathrm{j}\omega_0\mathrm{T}}}\right\|_2^2$$

$$+\inf_{Q\in\mathrm{RH}_\infty}\left\|\frac{(1-\varepsilon)a_T L_g^{-1}(\mathrm{e}^{\mathrm{j}\omega_0\mathrm{T}})B_d^{-1}(\mathrm{e}^{\mathrm{j}\omega_0\mathrm{T}})-\Theta_d M_d^{(m)}(QM_d-Y_d)(\mathrm{FH})_d^{(m)}}{z-\mathrm{e}^{\mathrm{j}\omega_0\mathrm{T}}}\right\|_2^2$$

$$=(1-\varepsilon)^2 a_T^2\sum_{i=1}^{N_{pd}}\frac{|\xi_i|^2-1}{|\mathrm{e}^{\mathrm{j}\omega_0\mathrm{T}}-\xi_i|^2}$$

$$+\inf_{Q\in\mathrm{RH}_\infty}\left\|\frac{(1-\varepsilon)a_T L_g^{-1}(\mathrm{e}^{\mathrm{j}\omega_0\mathrm{T}})B_d^{-1}(\mathrm{e}^{\mathrm{j}\omega_0\mathrm{T}})-\Theta_d M_d^{(m)}(QM_d-Y_d)(\mathrm{FH})_d^{(m)}}{z-e^{\mathrm{j}\omega_0\mathrm{T}}}\right\|_2^2$$

$$=(1-\varepsilon)^2 a_T^2\sum_{i=1}^{N_{pd}}\frac{|\xi_i|^2-1}{|\mathrm{e}^{\mathrm{j}\omega_0\mathrm{T}}-\xi_i|^2}+\inf_{Q\in\mathrm{RH}_\infty}\left\|\frac{S}{z-\mathrm{e}^{\mathrm{j}\omega_0\mathrm{T}}}\right\|_2^2,$$

其中，令

$$G^{(1)}=L_g^{-1}(\mathrm{e}^{\mathrm{j}\omega_0\mathrm{T}})B_d^{-1}(\mathrm{e}^{\mathrm{j}\omega_0\mathrm{T}}),$$

$$S=(1-\varepsilon)G^{(1)}a_T-\Theta_d M_d^{(m)}(QM_d-Y_d)(\mathrm{FH})_d^{(m)}.$$

现在研究 S 的性质。根据引理 2.6，存在 $R_1\in\mathrm{RH}_\infty$ 使得下式成立

$$((1-\varepsilon)G^{(1)}a_T+\Theta_d M_d^{(m)}Y_d(\mathrm{FH})_d^{(m)})B_d^{-1}$$

$$=R_1+\sum_{i=1}^{N_{pd}}B_{di}^{-1}\prod_{k=1,k\neq i}^{N_{pd}}B_{dk}^{-1}(\xi_i)((1-\varepsilon)G^{(1)}a_T+\Theta_d(\xi_i)M_d^{(m)}(\xi_i)Y_d(\xi_i)(\mathrm{FH})_d^{(m)}(\xi_i)).$$

因此，

$$S=\sum_{i=1}^{N_{pd}}(B_{di}^{-1}-B_{di}^{-1}(\mathrm{e}^{\mathrm{j}\omega_0\mathrm{T}}))\prod_{k=1,k\neq i}^{N_{pd}}B_{dk}^{-1}(\xi_i)G_i^{(2)}+R_1-R_1(e^{\mathrm{j}\omega_0\mathrm{T}})$$

$$-\Theta_d M_d^{(m)}QM_d^{(m)}(\mathrm{FH})_d^{(m)},$$

其中，

$$G_i^{(2)}=(1-\varepsilon)G^{(1)}a_T-\Theta_d(\xi_i)M_d^{(m)}(\xi_i)Y_d(\xi_i)(\mathrm{FH})_d^{(m)}(\xi_i).$$

经过讨论，可得

$$\inf_{Q\in\mathrm{RH}_\infty}\left\|\frac{S}{z-1}\right\|_2^2=\left\|\frac{\sum_{i=1}^{N_{pd}}(B_{di}^{-1}-B_{di}^{-1}(\mathrm{e}^{\mathrm{j}\omega_0\mathrm{T}}))\prod_{k=1,k\neq i}^{N_{pd}}B_{dk}^{-1}(\xi_i)G_i^{(2)}}{z-\mathrm{e}^{\mathrm{j}\omega_0\mathrm{T}}}\right\|_2^2+J_{m4}^{*},$$

其中，

$$J_{m4}^{*}=\inf_{Q\in\mathrm{RH}_{\infty}}\left\|\frac{R_1-R_1(\mathrm{e}^{\mathrm{j}\omega_0\mathrm{T}})-\Theta_d M_d^{(m)}QM_d^{(m)}(\mathrm{FH})_d^{(m)}}{z-\mathrm{e}^{\mathrm{j}\omega_0\mathrm{T}}}\right\|_2^2.$$

由于 J_{m4}^{*} 式中每一项是最小相位的，所以可选择最优控制器 Q 使得 J_{m4}^{*} 充分小。根据定理 4.1 中的讨论，有

$$\frac{|\xi_i|^2-1}{(z-\xi_i)(\mathrm{e}^{\mathrm{j}\omega_0\mathrm{T}}-\xi_i)}\prod_{k=1,k\neq i}^{N_{pd}}B_{dk}^{-1}(\xi_i)G_i^{(2)}=\prod_{k=1,k\neq i}^{N_{pd}}\frac{1-\bar{\xi}_k\xi_i}{\xi_k-\xi_i}\frac{|\xi_i|^2-1}{(z-\xi_i)(\mathrm{e}^{\mathrm{j}\omega_0\mathrm{T}}-\xi_i)}G_i^{(2)},$$

其中，

$$G_i^{(2)}=(1-\varepsilon)G^{(1)}a_T b_i-G_{ds}^{-1}(\mathrm{FH})_d(\xi_i)\Theta_d(\xi_i).$$

最后，将上式代入 J_{m3}^{*} 中，可得

$$J_{m3}^{*}=(1-\varepsilon)^2a_T^2\sum_{i=1}^{N_{pd}}\frac{|\xi_i|^2-1}{|\mathrm{e}^{\mathrm{j}\omega_0\mathrm{T}}-\xi_i|^2}$$
$$+\prod_{i,k=1}^{N_{pd}}\left\{\frac{(|\xi_i|^2-1)(|\xi_k|^2-1)}{(\xi_i\bar{\xi}_k-1)(\xi_i-\mathrm{e}^{\mathrm{j}\omega_0\mathrm{T}})(\bar{\xi}_k-\mathrm{e}^{-\mathrm{j}\omega_0\mathrm{T}})}G_i^{(2)}\bar{G}_k^{(2)}\right\},$$

其中，b_i 在定理 9.3 中已经给出定义。

通过对 J_{m3}^{*} 的计算，以及基于 2-范数性质，我们将计算得到 J_{m1}^{*} 的表达式：

$$J_{m1}=(1-\varepsilon)^2\left\|\frac{\dfrac{(G^{(ms)}\mathrm{HHA})_d^{(m)}(z^{-1})}{\Theta_d(z^{-1})}-a_T}{z-\mathrm{e}^{\mathrm{j}\omega_0\mathrm{T}}}\right\|_2^2$$

$$=\frac{(1-\varepsilon)^2}{2\pi}\int_0^{\omega_s}\left|\frac{\dfrac{(G^{(ms)}\mathrm{HHA})_d^{(m)}(\mathrm{e}^{-\mathrm{j}\omega\mathrm{T}})}{\Theta_d(\mathrm{e}^{-\mathrm{j}\omega\mathrm{T}})}-a_T}{\mathrm{e}^{\mathrm{j}\omega\mathrm{T}}-\mathrm{e}^{\mathrm{j}\omega_0\mathrm{T}}}\right|^2\mathrm{d}\omega$$

$$=\frac{-(1-\varepsilon)^2}{2\pi}\int_0^{\omega_s}\left|\frac{\dfrac{(G^{(ms)}\mathrm{HHA})_d^{(m)}(\mathrm{e}^{\mathrm{j}\omega\mathrm{T}})}{\Theta_d(\mathrm{e}^{\mathrm{j}\omega\mathrm{T}})}-a_T}{1-\mathrm{e}^{\mathrm{j}(\omega-\omega_0)\mathrm{T}}}\right|^2\mathrm{d}\omega.$$

同时根据定理 4.1 中类似的证明，可得

$$J_{d1}=\frac{1}{2\pi}\int_0^{\omega_s}\frac{(1-\varepsilon)T^2(|A|^2)_d(\mathrm{e}^{\mathrm{j}\omega\mathrm{T}})-Ta_T^2(1-\varepsilon)^2}{2-2\cos(\omega-\omega_0)T}\mathrm{d}\omega,$$

$$J_{d2}=\frac{Ta_T^2(1-\varepsilon)^2}{2\pi}\int_0^{\pi}\log\left\{\frac{J_x}{J_y}\right\}\frac{1}{1-\cos(\omega-\omega_0)T}\mathrm{d}\omega.$$

证毕。

9.5.2 实正弦信号跟踪性能极限

本节讨论单位实正弦信号。

$$r(t)=\begin{cases}\sin\omega_0 t, & t\geqslant 0,\\ 0, & t<0,\end{cases} \tag{9.29}$$

其中，ω_0 为已知频率。信号 $r(t)$ 的拉普拉斯变换为

$$\begin{aligned}R(s)&=\frac{\omega_0}{s^2+\omega_0^2}\\ &=\frac{\omega_0}{(s-\mathrm{j}\omega_0)(s+\mathrm{j}\omega_0)}.\end{aligned}$$

保证被控对象 $G(s)$ 在 $\pm\mathrm{j}\omega_0$ 处无零点。文献[2]考虑了离散线性时不变系统的实正弦信号的跟踪性能极限。

定理 9.4 定义连续参考信号 $r(t)$ 为实正弦信号。则在假设 9.1 到假设 9.3 以及假设 9.5 下

$$J^*_{\mathrm{cd(real\ sinusoids)}}=J+J+J^*_m+J_d, \tag{9.30}$$

其中，

$$J_1=(1-\varepsilon)\omega_0^2\sum_{i,j=1}^{N_z+1}\frac{4\mathrm{Re}(z_i)\mathrm{Re}(z_j)z_i\overline{z}_j}{\overline{z}_i z_j(z_i+\overline{z}_j)(z_i^2+\omega_0^2)(\overline{z}_j^2+\omega_0^2)}c_i\overline{c}_j,$$

$$J_2=(1-\varepsilon)^2\omega_0^2\{J_{14}+J_{15}\},\ J^*_{m3}=-\varepsilon^2\omega_0^2 J_{16}+\omega_0^2 J_{17},$$

其中，

$$J_{14}=\sum_{i,j=1}^{m_s}\frac{\alpha_{i1}\overline{\alpha}_{j1}\beta_{i1}\overline{\beta}_{j1}\zeta_{i1}\overline{\zeta}_{j1}\Omega(\sigma_i)\overline{\Omega}(\sigma_j)}{\sigma_i\overline{\sigma}_j-1},$$

$$J_{15}=\sum_{i,j=1}^{m_f}\frac{\alpha_{i2}\overline{\alpha}_{j2}\beta_{i2}\overline{\beta}_{j2}\zeta_{i2}\overline{\zeta}_{j2}\Omega(\lambda_i)\overline{\Omega}(\lambda_j)}{\lambda_i\overline{\lambda}_j-1},$$

$$J_{16}=\sum_{i,j=1}^{N_{pd}}\frac{\beta_{i3}\overline{\beta}_{j3}\zeta_{i3}\overline{\zeta}_{j3}V_1(\xi_i)\overline{V}_1(\xi_j)}{\xi_i\overline{\xi}_j-1},$$

$$J_{17}=\sum_{i,j=1}^{N_{pd}}\frac{\beta_{i3}\overline{\beta}_{j3}\zeta_{i3}\overline{\zeta}_{j3}G_i^{(3)}\overline{G}_j^{(3)}}{\xi_i\overline{\xi}_j-1},$$

$$J_d=\frac{(1-\varepsilon)^2T\omega_0^2}{2\pi}\int_0^{\omega_s}\left(\frac{T(|A|^2)_d(\mathrm{e}^{\mathrm{j}\omega\mathrm{T}})+(1-\varepsilon)|\Omega|^2-2(1-\varepsilon)\mathrm{Re}(U\overline{\Omega})}{(2-2\cos(\omega-\omega_0)T)(2-2\cos(\omega+\omega_0)T)}\right)\mathrm{d}\omega,$$

其中，

$$\alpha_{i1}=\frac{1-\sigma_i}{1-\bar{\sigma}_i},\quad \alpha_{i2}=\frac{1-\lambda_i}{1-\bar{\lambda}_i},$$

$$\beta_{i1}=\frac{|\sigma_i|^2-1}{\sigma_i^2-2\sigma_i\cos(\omega_0 T)+1},$$

$$\beta_{i2}=\frac{|\lambda_i|^2-1}{\lambda_i^2-2\lambda_i\cos(\omega_0 T)+1},$$

$$\beta_{i3}=\frac{|\xi_i|^2-1}{\xi_i^2-2\xi_i\cos(\omega_0 T)+1},$$

$$\zeta_{i1}=\prod_{k=1,k\neq i}^{m_s}L_{sk}^{-1}(\sigma_i),\quad \zeta_{i2}=\prod_{k=1,k\neq i}^{m_f}L_{fk}^{-1}(\lambda_i),\quad \zeta_{i3}=\prod_{k=1,k\neq i}^{N_{pd}}B_{dk}^{-1}(\xi_i),$$

$$G_i^{(3)}=(1-\varepsilon)V_2(\xi_i)b_i-G_{ds}^{-1}(\mathrm{FHH})_d(\xi_i)\Theta_d(\xi_i),$$

$$V_1=\sum_{i=1}^{m_s+m_f}\Gamma_i\zeta_i\Omega(g_i)+W_1(z),$$

$$V_2=\sum_{i=1}^{N_{pd}}\Lambda_i\zeta_{i3}V_1(\xi_i)+W_2(z)$$

其中，$W_1(z)$ 和 $W_2(z)$ 满足下列方程：

$$L_g^{-1}(z)\Omega(z)=W_1(z)+\sum_{i=1}^{m_s+m_f}\frac{1-g_i}{1-\bar{g}_i}\frac{1-z\bar{g}_i}{z-g_i}\zeta_i\Omega(g_i),\tag{9.31}$$

$$V_1(z)B_d^{-1}(z)=W_2(z)+\sum_{i=1}^{N_{pd}}\frac{1-z\bar{\xi}_i}{z-\xi_i}\zeta_{i3}V_1(\xi_i),\tag{9.32}$$

其中，

$$L_g(z)=L_f(z)L_s(z);$$

$$g_i=\sigma_i.$$

当 $i=1,\cdots;\ m_s$；

$$g_i=\lambda_{i-m_s}$$

当 $i=m_s+1,\cdots,m_s+m_f$。定理中用到的函数定义如下：

$$\Phi_i(s):=\frac{s+\mathrm{j}\omega_0}{2\mathrm{j}\omega_0}L_i^{-1}(j\omega_0)-\frac{s-\mathrm{j}\omega_0}{2\mathrm{j}\omega_0}L_i^{-1}(-\mathrm{j}\omega_0),\tag{9.33}$$

$$U(z)=\frac{(G^{(ms)}\mathrm{HHHA})_d^{(m)}(z^{-1})}{\Theta_d(z^{-1})},\tag{9.34}$$

$$\Omega(z):=\frac{z-\mathrm{e}^{-\mathrm{j}\omega_0\mathrm{T}}}{2\mathrm{j}\sin(\omega_0 T)}U(\mathrm{e}^{\mathrm{j}\omega_0\mathrm{T}})-\frac{z-\mathrm{e}^{\mathrm{j}\omega_0\mathrm{T}}}{2\mathrm{j}\sin(\omega_0 T)}U(\mathrm{e}^{-\mathrm{j}\omega_0\mathrm{T}}),\tag{9.35}$$

$$\Gamma_i(z):=\frac{z-\mathrm{e}^{-\mathrm{j}\omega_0\mathrm{T}}}{2\mathrm{j}\sin(\omega_0 T)}L_{gi}^{-1}(\mathrm{e}^{\mathrm{j}\omega_0\mathrm{T}})-\frac{z-\mathrm{e}^{\mathrm{j}\omega_0\mathrm{T}}}{2\mathrm{j}\sin(\omega_0 T)}L_{gi}^{-1}(\mathrm{e}^{-\mathrm{j}\omega_0\mathrm{T}}),\tag{9.36}$$

$$\Lambda_i(z) := \frac{z-\mathrm{e}^{-\mathrm{j}\omega_0 T}}{2\mathrm{j}\sin(\omega_0 T)} B_{di}^{-1}(\mathrm{e}^{\mathrm{j}\omega_0 \mathrm{T}}) - \frac{z-\mathrm{e}^{\mathrm{j}\omega_0 \mathrm{T}}}{2\mathrm{j}\sin(\omega_0 T)} B_{di}^{-1}(\mathrm{e}^{-\mathrm{j}\omega_0 \mathrm{T}}), \tag{9.37}$$

其中，$\sigma_i \in \mathbb{D}^c$，$i=1,2,\cdots,m_s$ 为 $z(G^{(ms)}\mathrm{HHHA})_d(z)$ 的非最小相位零点；$\lambda_i \in \mathbb{D}^c$，$i=1,2,\cdots,m_f$ 为 $(\mathrm{FHH})_d(z)$ 的非最小相位零点；离散传递函数的非最小相位零点在无穷远处计数。其中，

$$\mathrm{FHH} = F(\mathrm{j}\omega)H(\omega-\omega_0)H(\omega+\omega_0)$$

$$G^{(ms)}\mathrm{HHHA} = G^{(ms)}(\mathrm{j}\omega)H(\mathrm{j}\omega)H(\omega-\omega_0)H(\omega+\omega_0)A(\mathrm{j}\omega)$$

不同于定理 9.1。

证明　构造函数 $\Phi_i(s)$ 如式（9.34），有

$$\sum_{i=1}^{N_z+1} \frac{z_i}{\overline{z}_i}\frac{\overline{z}_i+s}{z_i-s}c_i - \sum_{i=1}^{N_z+1}\Phi_i c_i = \sum_{i=1}^{N_z}\frac{z_i}{\overline{z}_i}\frac{2\mathrm{Re}(z_i)(s+\mathrm{j}\omega_0)(s-\mathrm{j}\omega_0)}{(z_i^2+\omega_0^2)(z_i-s)}c_i.$$

令

$$A(s) = B(s)L^{-1}(s) - \sum_{i=1}^{N_z+1}\frac{z_i}{\overline{z}_i}\frac{\overline{z}_i+s}{z_i-s}c_i + \sum_{i=1}^{N_z+1}\Phi_i c_i,$$

所以

$$J^*_{\mathrm{cd(complex\ sinusoids)}} = J_1 + J_1^*,$$

其中，

$$J_1 = (1-\varepsilon)\omega_0^2 \sum_{i,j=1}^{N_z+1}\frac{4\mathrm{Re}(z_i)\mathrm{Re}(z_j)z_i\overline{z}_j}{\overline{z}_i z_j(z_i+\overline{z}_j)(z_i^2+\omega_0^2)(\overline{z}_j^2+\omega_0^2)}c_i\overline{c}_j, \tag{9.38}$$

$$J_1^* = \inf_{Q\in\mathrm{RH}_\infty}\left\| \begin{bmatrix} \sqrt{1-\varepsilon}\left[A(s)-\dfrac{1}{T}G^{(ms)}HM_d(QM_d-Y_d)F^{\mathrm{T}}\right]R \\ \sqrt{\varepsilon}\dfrac{1}{T}HM_d(QM_d-Y_d)F^{\mathrm{T}}R \end{bmatrix}\right\|^2_{L_2(\Omega_N)}. \tag{9.39}$$

在下面的证明中，$R(\omega)$ 表示 $R((\omega-\omega_0)(\omega+\omega_0))$。因此，方程（9.15）～方程（9.17）可改写为

$$F^{\mathrm{T}}(\omega)R(\omega) = \frac{T\omega_0(\mathrm{FHH})_d(\mathrm{e}^{\mathrm{j}\omega\mathrm{T}})}{(1-\mathrm{e}^{-\mathrm{j}(\omega-\omega_0)\mathrm{T}})(1-\mathrm{e}^{-\mathrm{j}(\omega+\omega_0)\mathrm{T}})}, \tag{9.40}$$

$$R^{\mathrm{H}}(\omega)A^{\mathrm{H}}(\mathrm{j}\omega)A(\mathrm{j}\omega)R(\omega) = \frac{T^2\omega_0^2(|A|^2)_d(\mathrm{e}^{\mathrm{j}\omega\mathrm{T}})}{|1-\mathrm{e}^{\mathrm{j}(\omega-\omega_0)\mathrm{T}}|^2|1-\mathrm{e}^{\mathrm{j}(\omega+\omega_0)\mathrm{T}}|^2}, \tag{9.41}$$

$$M_i^{\mathrm{H}}(\mathrm{j}\omega)\begin{pmatrix}\sqrt{1-\varepsilon}A \\ 0\end{pmatrix}R(\omega) = \frac{(1-\varepsilon)\sqrt{T}\omega_0(G^{(ms)}\mathrm{HHHA})_d(\mathrm{e}^{-\mathrm{j}\omega\mathrm{T}})}{\Theta_d(\mathrm{e}^{-\mathrm{j}\omega\mathrm{T}})(1-\mathrm{e}^{\mathrm{j}(\omega-\omega_0)\mathrm{T}})(1-\mathrm{e}^{\mathrm{j}(\omega+\omega_0)\mathrm{T}})}. \tag{9.42}$$

根据方程（9.42）和方程（9.43），下列方程可计算得

$$W_2^{\mathrm{H}}W_2=\frac{(1-\varepsilon)T^2\omega_0^2(|A|^2)_d(\mathrm{e}^{\mathrm{j}\omega\mathrm{T}})}{|(1-\mathrm{e}^{\mathrm{j}(\omega-\omega_0)\mathrm{T}})(1-\mathrm{e}^{\mathrm{j}(\omega+\omega_0)\mathrm{T}})|^2}$$

$$-(1-\varepsilon)^2T\omega_0^2\left|\frac{(G^{(ms)}\mathrm{HHHA})_d(\mathrm{e}^{\mathrm{j}\omega\mathrm{T}})}{\Theta_d(\mathrm{e}^{\mathrm{j}\omega\mathrm{T}})(1-\mathrm{e}^{\mathrm{j}(\omega-\omega_0)\mathrm{T}})(1-\mathrm{e}^{\mathrm{j}(\omega+\omega_0)\mathrm{T}})}\right|^2.$$

首先，可得 J_{t2} 的表达式

$$J_{t2}=\frac{(1-\varepsilon)T\omega_0^2}{2\pi}\int_0^{\omega_s}\left(\frac{T(|A|^2)_d(\mathrm{e}^{\mathrm{j}\omega\mathrm{T}})-(1-\varepsilon)\left|\dfrac{(G^{(ms)}\mathrm{HHHA})_d^{(m)}(\mathrm{e}^{\mathrm{j}\omega\mathrm{T}})}{\Theta_d(\mathrm{e}^{\mathrm{j}\omega\mathrm{T}})}\right|^2}{|(1-\mathrm{e}^{\mathrm{j}(\omega-\omega_0)\mathrm{T}})(1-\mathrm{e}^{\mathrm{j}(\omega+\omega_0)\mathrm{T}})|^2}\right)\mathrm{d}\omega.$$

同时，计算得公式 J_{t1}^*

$$J_{t1}^*=\omega_0^2\inf_{Q\in\mathrm{RH}_\infty}\|W_1\|_{L_2(\Omega_N)}^2$$

$$=\omega_0^2\inf_{Q\in\mathrm{RH}_\infty}\left\|-(1-\varepsilon)\sqrt{T}\frac{(G^{(ms)}\mathrm{HHHA})_d(\mathrm{e}^{-\mathrm{j}\omega\mathrm{T}})}{\Theta_d(\mathrm{e}^{-\mathrm{j}\omega\mathrm{T}})(1-\mathrm{e}^{\mathrm{j}(\omega-\omega_0)\mathrm{T}})(1-\mathrm{e}^{\mathrm{j}(\omega+\omega_0)\mathrm{T}})}+\right.$$

$$\left.\frac{\sqrt{T}\Theta_dM_d(QM_d-Y_d)(\mathrm{FHH})_d(\mathrm{e}^{\mathrm{j}\omega\mathrm{T}})}{(1-\mathrm{e}^{\mathrm{j}(\omega-\omega_0)\mathrm{T}})(1-\mathrm{e}^{\mathrm{j}(\omega+\omega_0)\mathrm{T}})}\right\|_2^2$$

$$=\omega_0^2\inf_{Q\in\mathrm{RH}_\infty}\left\|\frac{\dfrac{(1-\varepsilon)z^{-1}(G^{(ms)}\mathrm{HHHA})_d(z^{-1})}{\Theta_d(z^{-1})}-\Theta_dM_d(QM_d-Y_d)(\mathrm{FHH})_d(z)}{(z-\mathrm{e}^{\mathrm{j}\omega_0\mathrm{T}})(z-\mathrm{e}^{-\mathrm{j}\omega_0\mathrm{T}})}\right\|_2^2$$

其中，

$$(G^{(ms)}\mathrm{HHHA})_d(z)=(G^{(ms)}(\mathrm{j}\omega)H(\mathrm{j}\omega)H(\mathrm{j}(\omega-\omega_0))H(\mathrm{j}(\omega+\omega_0))A(-\mathrm{j}\omega))_d(z),$$

$$(\mathrm{FHH})_d(z)=(F(\mathrm{j}\omega)H(\mathrm{j}(\omega-\omega_0)H(\mathrm{j}(\omega+\omega_0))_d(z).$$

因此，可改写 J_{t1}^* 如下

$$J_{t1}^*=\omega_0^2\inf_{Q\in\mathrm{RH}_\infty}\left\|\frac{\dfrac{(1-\varepsilon)(G^{(ms)}\mathrm{HHHA})_d^{(m)}(z^{-1})}{\Theta_d(z^{-1})}-L_g(z)\Theta_dM_d(QM_d-Y_d)(\mathrm{FHH})_d^{(m)}(z)}{(z-\mathrm{e}^{\mathrm{j}\omega_0\mathrm{T}})(z-\mathrm{e}^{-\mathrm{j}\omega_0\mathrm{T}})}\right\|_2^2.$$

令

$$U(z)=\frac{(G^{(ms)}\mathrm{HHHA})_d^{(m)}(z^{-1})}{\Theta_d(z^{-1})},$$

给定 $\Omega(z)$ 如式（9.36），因此

$$\frac{U(z)-\Omega(z)}{(z-\mathrm{e}^{\mathrm{j}\omega_0\mathrm{T}})(z-\mathrm{e}^{-\mathrm{j}\omega_0\mathrm{T}})}\in H_2^{\perp},$$

成立。于是有

$$J_{t1}^{*}=\omega_0^2\left\|\frac{(1-\varepsilon)(U-\Omega)}{(z-\mathrm{e}^{\mathrm{j}\omega_0\mathrm{T}})(z-\mathrm{e}^{-\mathrm{j}\omega_0\mathrm{T}})}\right\|_2^2$$

$$+\omega_0^2\inf_{Q\in\mathrm{RH}_\infty}\left\|\frac{(1-\varepsilon)\Omega-L_g\Theta_d M_d(QM_d-Y_d)(\mathrm{FHH})_d^{(m)}}{(z-\mathrm{e}^{\mathrm{j}\omega_0\mathrm{T}})(z-\mathrm{e}^{-\mathrm{j}\omega_0\mathrm{T}})}\right\|_2^2$$

$$=J_{m1}+J_{m2}^{*}.$$

根据不稳定极点的相同定义，存在函数$W_1(z)$使得方程（9.32）成立，$g_i=\sigma_i$，当$i=1,\cdots,m_s$；$g_i=\lambda_{i-m_s}$，当$i=m_s+1,\cdots,m_s+m_f$。另外，定义另一函数$\Gamma_i(z)$如方程（9.37）。下式成立

$$\frac{1-g_i}{1-\overline{g}_i}\frac{1-z\overline{g}_i}{z-g_i}-\Gamma_i=-\left(\frac{1-g_i}{1-\overline{g}_i}\right)\frac{(|g_i|^2-1)(z-\mathrm{e}^{\mathrm{j}\omega_0\mathrm{T}})(z-\mathrm{e}^{-\mathrm{j}\omega_0\mathrm{T}})}{(z-g_i)(g_i^2-2g_i\cos\omega_0T+1)}.$$

同样根据文献[2]相同的结论，有

$$J_{m2}^{*}=(1-\varepsilon)^2\omega_0^2\left\|\frac{\sum\limits_{i=1}^{m_s+m_f}(\frac{1-g_i}{1-\overline{g}_i}\frac{1-z\overline{g}_i}{z-g_i}-\Gamma_i)\zeta_i\Omega(g_i)}{(z-\mathrm{e}^{\mathrm{j}\omega_0\mathrm{T}})(z-\mathrm{e}^{-\mathrm{j}\omega_0\mathrm{T}})}\right\|_2^2$$

$$+\omega_0^2\inf_{Q\in\mathrm{RH}_\infty}\left\|\frac{(1-\varepsilon)V_1-\Theta_d M_d(QM_d-Y_d)(\mathrm{FHH})_d^{(m)}}{(z-\mathrm{e}^{\mathrm{j}\omega_0\mathrm{T}})(z-\mathrm{e}^{-\mathrm{j}\omega_0\mathrm{T}})}\right\|_2^2$$

$$=(1-\varepsilon)^2\omega_0^2\left\{J_{14}+J_{15}\right\}+J_{m3}^{*},$$

其中，

$$J_{14}=\sum_{i,j=1}^{m_s}\frac{\alpha_{i1}\overline{\alpha}_{j1}\beta_{i1}\overline{\beta}_{j1}\zeta_{i1}\overline{\zeta}_{j1}\Omega(\sigma_i)\overline{\Omega}(\sigma_j)}{\sigma_i\overline{\sigma}_j-1},$$

$$J_{15}=\sum_{i,j=1}^{m_f}\frac{\alpha_{i2}\overline{\alpha}_{j2}\beta_{i2}\overline{\beta}_{j2}\zeta_{i2}\overline{\zeta}_{j2}\Omega(\lambda_i)\overline{\Omega}(\lambda_j)}{\lambda_i\overline{\lambda}_j-1},$$

$$V_1(z)=\sum_{i=1}^{m_s+m_f}\Gamma_i\zeta_i\Omega(g_i)+W_1,$$

其中，J_{14}和J_{15}中所有参数在定理中给出定义。存在函数$W_2(z)$使得方程（9.33）成立。另外，定义Λ_i如式（9.38）。通过简单的计算，有

$$J_{m3}^{*}=\omega_0^2\left\|\frac{(1-\varepsilon)\sum_{i=1}^{N_{pd}}(\frac{1-z\overline{\xi}_i}{z-\xi_i}-\Lambda_i)\zeta_{i3}V_1(\xi_i)}{(z-\mathrm{e}^{\mathrm{j}\omega_0\mathrm{T}})(z-\mathrm{e}^{-\mathrm{j}\omega_0\mathrm{T}})}\right\|_2^2$$

$$+\omega_0^2\inf_{Q\in\mathrm{RH}_\infty}\left\|\frac{(1-\varepsilon)V_2-\Theta_d M_d^{(m)}(QM_d-Y_d)(\mathrm{FHH})_d^{(m)}}{(z-\mathrm{e}^{\mathrm{j}\omega_0\mathrm{T}})(z-\mathrm{e}^{-\mathrm{j}\omega_0\mathrm{T}})}\right\|_2^2$$

$$=(1-\varepsilon)^2\omega_0^2 J_{16}+\omega_0^2\inf_{Q\in\mathrm{RH}_\infty}\left\|\frac{S}{(z-\mathrm{e}^{\mathrm{j}\omega_0\mathrm{T}})(z-\mathrm{e}^{-\mathrm{j}\omega_0\mathrm{T}})}\right\|_2^2,$$

其中，

$$V_2=\sum_{i=1}^{N_{pd}}\Lambda_i\zeta_{i3}V_1(\xi_i)+W_2,$$

J_{16} 在定理中给出，

$$S=(1-\varepsilon)V_2-\Theta_d M_d^{(m)}(QM_d-Y_d)(\mathrm{FHH})_d^{(m)}.$$

现在，讨论 S 的性质。由引理 2.6，存在 $W_3\in\mathrm{RH}_\infty$ 使得下式成立

$$((1-\varepsilon)V_2+\Theta_d M_d^{(m)}Y_d(\mathrm{FHH})_d^{(m)})B_d^{-1}=W_3+\sum_{i=1}^{N_{pd}}B_{di}^{-1}\zeta_{i3}G_i^{(3)},$$

其中，令

$$G_i^{(3)}=(1-\varepsilon)V_2(\xi_i)+\Theta_d(\xi_i)M_d^{(m)}(\xi_i)Y_d(\xi_i)(\mathrm{FHH})_d^{(m)}(\xi_i).$$

基于这些讨论，有

$$\inf_{Q\in\mathrm{RH}_\infty}\left\|\frac{S}{(z-\mathrm{e}^{\mathrm{j}\omega_0\mathrm{T}})(z-\mathrm{e}^{-\mathrm{j}\omega_0\mathrm{T}})}\right\|_2^2=\left\|\frac{\sum_{i=1}^{N_{pd}}(B_{di}^{-1}-\Lambda_i)\zeta_{i3}G_i^{(3)}}{(z-\mathrm{e}^{\mathrm{j}\omega_0\mathrm{T}})(z-\mathrm{e}^{-\mathrm{j}\omega_0\mathrm{T}})}\right\|_2^2+J_{m4}^{*},$$

其中，

$$J_{m4}^{*}=\inf_{Q\in\mathrm{RH}_\infty}\left\|\frac{V_3-\Theta_d M_d^{(m)}QM_d^{(m)}(\mathrm{FH})_d^{(m)}}{(z-\mathrm{e}^{\mathrm{j}\omega_0\mathrm{T}})(z-\mathrm{e}^{-\mathrm{j}\omega_0\mathrm{T}})}\right\|_2^2,$$

其中，

$$V_3=W_3+\sum_{i=1}^{N_{pd}}\Lambda_i\zeta_{i3}G_i^{(3)}.$$

因为 J_{m4}^{*} 的每一项是最小相位的，因此可选取最优参数 Q 使得 J_{m4}^{*} 充分小。$G_i^{(3)}$ 可简化为

$$G_i^{(3)} = (1-\varepsilon)V_2(\xi_i)b_i - G_{ds}^{-1}(\mathrm{FHH})_d(\xi_i)\Theta_d(\xi_i).$$

将该方程代入公式 J_{m3}^* 中，有

$$J_{m3}^* = (1-\varepsilon)^2\omega_0^2 J_{16} + \omega_0^2 J_{17},$$

其中，J_{16}，J_{17} 在定理中给出。公式 J_{t2}^* 和 J_{m1} 计算可得

$$J_{m1} = \omega_0^2\left\|\frac{(1-\varepsilon)(U-\Omega)}{(z-\mathrm{e}^{\mathrm{j}\omega_0\mathrm{T}})(z-\mathrm{e}^{-\mathrm{j}\omega_0\mathrm{T}})}\right\|_2^2$$

$$= \frac{(1-\varepsilon)^2 T\omega_0^2}{2\pi}\int_0^{\omega_s}\left|\frac{U(\mathrm{e}^{\mathrm{j}\omega_0\mathrm{T}})-\Omega(\mathrm{e}^{\mathrm{j}\omega_0\mathrm{T}})}{(1-\mathrm{e}^{\mathrm{j}(\omega-\omega_0)\mathrm{T}})(1-\mathrm{e}^{\mathrm{j}(\omega+\omega_0)\mathrm{T}})}\right|^2\mathrm{d}\omega.$$

$$J_{t2} = \frac{(1-\varepsilon)T\omega_0^2}{2\pi}\int_0^{\omega_s}\left(\frac{T(|A|^2)_d(\mathrm{e}^{\mathrm{j}\omega\mathrm{T}})-(1-\varepsilon)|U(\mathrm{j}\omega)|^2}{|(1-\mathrm{e}^{\mathrm{j}(\omega-\omega_0)\mathrm{T}})(1-\mathrm{e}^{\mathrm{j}(\omega+\omega_0)\mathrm{T}})|^2}\right)\mathrm{d}\omega.$$

因此

$$J_{m1}+J_{t2} = \frac{(1-\varepsilon)^2 T\omega_0^2}{2\pi}\int_0^{\omega_s}\left(\frac{T(|A|^2)_d(\mathrm{e}^{\mathrm{j}\omega\mathrm{T}})+(1-\varepsilon)|\Omega|^2-2(1-\varepsilon)\mathrm{Re}(U\bar{\Omega})}{(2-2\cos(\omega-\omega_0)T)(2-2\cos(\omega+\omega_0)T)}\right)\mathrm{d}\omega.$$

证毕。

9.5.3 斜坡信号跟踪性能极限

单位斜坡信号定义为

$$r(t) = \begin{cases} t, & t \geqslant 0, \\ 0, & t < 0. \end{cases} \tag{9.43}$$

其拉普拉斯变换为 $R(s) = \dfrac{1}{s^2}$。

假设 9.6　$G(s)$ 和其微分 $G'(s)$ 在原点处没有零点。

定理 9.5　考虑连续参考信号 $r(t)$ 为斜坡信号式（9.44）。在假设式（9.1）～式（9.3）和式（9.6）下，

$$J_{\mathrm{cd(ramp)}}^* = J_1 + J_2 + J_{m3}^* + J_d, \tag{9.44}$$

其中，

$$J_1 = (1-\varepsilon)\sum_{i,j=1}^{N_z+1}\frac{4\mathrm{Re}(z_i)\mathrm{Re}(z_j)c_i\bar{c}_j}{|z_i|^2|z_j|^2(z_i+\bar{z}_j)}, J_2 = (1-\varepsilon)^2\{J_{14}+J_{15}\}$$

其中，$J_{m3}^* = (1-\varepsilon)^2 J_{16} + J_{17}$

$$J_{14} = \sum_{i,j=1}^{m_s}\left(\frac{|\sigma_i|^2-1}{|\sigma_i-1|^2}\right)\left(\frac{|\sigma_j|^2-1}{|\sigma_j-1|^2}\right)\left(\frac{\zeta_{i1}\bar{\zeta}_{j1}\Omega(\sigma_i)\bar{\Omega}(\sigma_j)}{\sigma_i\bar{\sigma}_j-1}\right),$$

$$J_{15}=\sum_{i,j=1}^{m_f}\left(\frac{|\lambda_i|^2-1}{|\lambda_i-1|^2}\right)\left(\frac{|\lambda_j|^2-1}{|\lambda_j-1|^2}\right)\left(\frac{\zeta_{i2}\bar{\zeta}_{j2}\Omega(\lambda_i)\bar{\Omega}(\lambda_j)}{\lambda_i\bar{\lambda}_j-1}\right),$$

$$J_{16}=\sum_{i,j=1}^{N_{pd}}\left(\frac{|\xi_i|^2-1}{(\bar{\xi}_i-1)^2}\right)\left(\frac{|\xi_j|^2-1}{(\xi_j-1)^2}\right)\left(\frac{\zeta_{i3}\bar{\zeta}_{j3}V_1(\xi_i)\bar{V}_1(\xi_j)}{\xi_i\bar{\xi}_j-1}\right),$$

$$J_{17}=\sum_{i,j=1}^{N_{pd}}\left(\frac{|\xi_i|^2-1}{(\bar{\xi}_i-1)^2}\right)\left(\frac{|\xi_j|^2-1}{(\xi_j-1)^2}\right)\left(\frac{\zeta_{i3}\bar{\zeta}_{j3}G_i^{(3)}\bar{G}_j^{(3)}}{\xi_i\bar{\xi}_j-1}\right),$$

$$J_d=\frac{(1-\varepsilon)^2T}{2\pi}\int_0^{\omega_s}\left(\frac{T(|A|^2)_d(\mathrm{e}^{\mathrm{j}\omega\mathrm{T}})+(1-\varepsilon)|\Omega|^2-2(1-\varepsilon)\mathrm{Re}(U\bar{\Omega})}{(2-2\cos(\omega T))^2}\right)\mathrm{d}\omega,$$

其中的参数在定理 9.4 给出定义，表达式中的函数定义如下：

$$\Phi_i(s):=L_i^{-1}(0)+s\left.\frac{\mathrm{d}L_i^{-1}(s)}{\mathrm{d}s}\right|_{s=0},\tag{9.45}$$

$$U(z)=\frac{(G^{(ms)}H^3A)_d^{(m)}(z)}{\Theta_d(z)},\tag{9.46}$$

$$\Omega(z):=U(1)+(z-1)\left.\frac{\mathrm{d}U(z)}{\mathrm{d}z}\right|_{z=1},\tag{9.47}$$

$$\Gamma_i(z):=1+(z-1)\left.\frac{\mathrm{d}L_g^{-1}(z)}{\mathrm{d}z}\right|_{z=1},\tag{9.48}$$

$$Lambda_i(z):=B_d^{-1}(1)+(z-1)\left.\frac{\mathrm{d}B_d^{-1}(z)}{\mathrm{d}z}\right|_{z=1},\tag{9.49}$$

其中，

$$\mathrm{FH}^2=F(\mathrm{j}\omega)H^2(\mathrm{j}\omega),$$
$$G^{(ms)}H^3A=G^{(ms)}(\mathrm{j}\omega)H^3(\mathrm{j}\omega)A(\mathrm{j}\omega),$$

不同于定理 9.1 中的定义。

证明　类似于定理 9.4 的证明，构造特殊函数 Φ_i 如式（9.46），有

$$L_i^{-1}(s)-\Phi_i(s)=\frac{2\mathrm{Re}(z_i)s^2}{(z_i-s)|z_i|^2}.$$

因此

$$J_{\mathrm{cd(ramp)}}^*=J_1+J_1^*,$$

其中 J_1^* 在定理中 9.4 给出，

$$J_1=(1-\varepsilon)\sum_{i,j=1}^{N_s}\frac{4\mathrm{Re}(z_i)\mathrm{Re}(z_j)c_i\overline{c}_j}{|z_i|^2|z_j|^2(z_i+\overline{z}_j)}. \tag{9.50}$$

同时方程（9.15）～方程（9.17）可改写为

$$F^{\mathrm{T}}(\mathrm{j}\omega)R(\mathrm{j}\omega)=\frac{T}{(1-\mathrm{e}^{-\mathrm{j}\omega\mathrm{T}})^2}(FH^2)_d(\mathrm{e}^{\mathrm{j}\omega\mathrm{T}}), \tag{9.51}$$

$$R^{\mathrm{H}}(\mathrm{j}\omega)A^{\mathrm{H}}(\mathrm{j}\omega)A(\mathrm{j}\omega)R(\mathrm{j}\omega)=\frac{T^2(|A|^2)_d(\mathrm{e}^{\mathrm{j}\omega\mathrm{T}})}{(1-\mathrm{e}^{\mathrm{j}\omega\mathrm{T}})^2(1-\mathrm{e}^{-\mathrm{j}\omega\mathrm{T}})^2}. \tag{9.52}$$

$$M_i^{\mathrm{H}}(\mathrm{j}\omega)\begin{pmatrix}\sqrt{1-\varepsilon}A\\0\end{pmatrix}R(\mathrm{j}\omega)=(1-\varepsilon)\sqrt{T}\frac{(G^{(ms)}H^3A)_d(\mathrm{e}^{-\mathrm{j}\omega\mathrm{T}})}{\Theta_d(\mathrm{e}^{-\mathrm{j}\omega\mathrm{T}})(1-\mathrm{e}^{\mathrm{j}\omega\mathrm{T}})^2}. \tag{9.53}$$

于是，下列方程成立

$$W_2^{\mathrm{H}}W_2=\frac{(1-\varepsilon)T^2(|A|^2)_d(\mathrm{e}^{\mathrm{j}\omega\mathrm{T}})}{|1-\mathrm{e}^{\mathrm{j}\omega\mathrm{T}}|^4}-(1-\varepsilon)^2T\left|\frac{(G^{(ms)}H^3A)_d(\mathrm{e}^{\mathrm{j}\omega\mathrm{T}})}{\Theta_d(\mathrm{e}^{\mathrm{j}\omega\mathrm{T}})(1-\mathrm{e}^{\mathrm{j}\omega\mathrm{T}})^2}\right|^2.$$

首先得到关于 J_{t2} 的表达式：

$$J_{t2}=\frac{(1-\varepsilon)T}{2\pi}\int_0^{\omega_s}\left(\frac{T(|A|^2)_d(\mathrm{e}^{\mathrm{j}\omega\mathrm{T}})-(1-\varepsilon)\left|\frac{(G^{(ms)}H^3A)_d^{(m)}(\mathrm{e}^{\mathrm{j}\omega\mathrm{T}})}{\Theta_d(\mathrm{e}^{\mathrm{j}\omega\mathrm{T}})}\right|^2}{|1-\mathrm{e}^{\mathrm{j}\omega\mathrm{T}}|^4}\right)\mathrm{d}\omega.$$

同样，可计算公式 J_{t1}^*

$$\begin{aligned}J_{t1}^*&=\inf_{Q\in\mathrm{RH}_\infty}\left\|-(1-\varepsilon)\sqrt{T}\frac{(G^{(ms)}H^3A)_d(\mathrm{e}^{-\mathrm{j}\omega\mathrm{T}})}{\Theta_d(\mathrm{e}^{-\mathrm{j}\omega\mathrm{T}})(1-\mathrm{e}^{\mathrm{j}\omega\mathrm{T}})^2}+\frac{\sqrt{T}\Theta_dM_d(QM_d-Y_d)(\mathrm{FH}^2)_d(\mathrm{e}^{\mathrm{j}\omega\mathrm{T}})}{(1-e^{\mathrm{j}\omega\mathrm{T}})^2}\right\|_2^2\\&=\inf_{Q\in\mathrm{RH}_\infty}\left\|\frac{\frac{(1-\varepsilon)z^{-1}(G^{(ms)}H^3A)_d(z^{-1})}{\Theta_d(z^{-1})}-\Theta_dM_d(QM_d-Y_d)(\mathrm{FH}^2)_d(z)}{(z-1)^2}\right\|_2^2,\end{aligned}$$

$(\mathrm{FH}^2)_d(z)$ 和 $z(G^{(ms)}H^3A)_d(z)$ 的分解与定理 9.1 相同。因此，改写 J_{t1}^* 为

$$J_{t1}^*=\inf_{Q\in\mathrm{RH}_\infty}\left\|\frac{\frac{(1-\varepsilon)(G^{(ms)}H^3A)_d^{(m)}(z^{-1})}{\Theta_d(z^{-1})}-L_g\Theta_dM_d(QM_d-Y_d)(\mathrm{FH}^2)_d^{(m)}}{(z-1)^2}\right\|_2^2.$$

令

$$U(z)=\frac{(G^{(ms)}H^3A)_d^{(m)}(z)}{\Theta_d(z)}.$$

给定$\Omega(z)$如式（9.48）。于是

$$\frac{U(z)-\Omega(z)}{(z-1)^2}\in H_2^{\perp}$$

成立，有

$$\begin{aligned}J_{t1}^*&=\left\|\frac{(1-\varepsilon)(U-\Omega)}{(z-1)^2}\right\|_2^2\\&\quad+\inf_{Q\in \mathrm{RH}_\infty}\left\|\frac{(1-\varepsilon)\Omega-L_g\Theta_d M_d(QM_d-Y_d)(\mathrm{FH}^2)_d^{(m)}}{(z-1)^2}\right\|_2^2\\&=J_{m1}+J_{m2}^*.\end{aligned}$$

证毕。

注释 9.6 通过对定理 9.5 的证明，注意到，斜坡信号是实正弦信号的极限情形。这些成立，从时域角度看，

$$u(t)=\lim_{\omega_0\to 0}\frac{\sin(\omega_0 t)}{\omega_0}.$$

另外一方面，从频域角度，

$$\hat{u}(s)=\lim_{\omega_0\to 0}\frac{1}{\omega_0}\frac{\omega_0}{s^2+\omega_0^2}.$$

9.6 数值仿真

为了验证本章得到的结果，下面考虑一数值例子，从仿真角度验证本章得到的结论是否成立。本章利用μ工具箱用来比较，被控对象为

$$G(s)=\frac{1.5(s-k)}{(s-p)(s+0.5)}\mathrm{e}^{-0.01s}.$$

对于该系统，零点取为$k=0.2$，这是非最小相位零点，参数取为$\varepsilon=0$。系统包含两个极点，一个极点为p，在区间$[-1.6,2]$上变化，另一极点为-0.5，这是稳定的极点。时延取为0.01。显然，当$p<0$时，$G(s)$为非最小相位的、稳定的。采样周期取为$T_1=0.1$，$T_2=0.05$，$T_3=0.01$。因为最后一项J_d包括积分项，因此仿真结果中不计算该积分项。换句话说，仿真结果要小于通过μ用工具箱得到的

结果。本章结果要大于采用连续控制器的跟踪性能极限。取不同的非最小相位零点，不同采样周期下的定理 9.1 结果和采用连续控制器结果做比较。

比较结果如图 9.3 和图 9.4 所示。从该图 9.3 和图 9.4 表明采样周期越小，系统的跟踪性能极限越小。而当发生零极点对消时，系统的跟踪性能极限将极大地被恶化，当极点小于零时，极点的变化将不会对系统的跟踪性能极限产生影响，这与以往的研究结果相一致[14-16]。

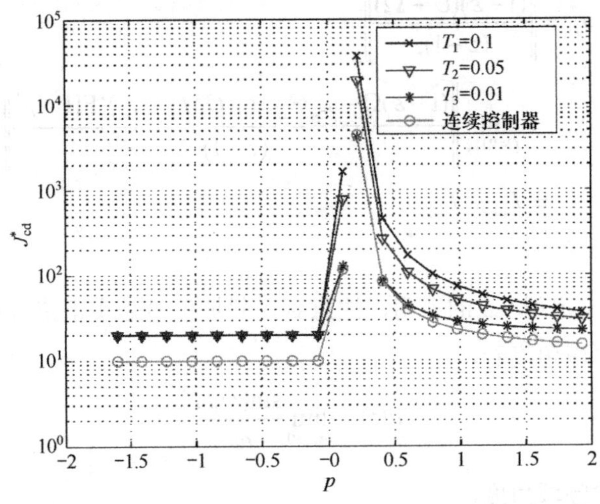

图 9.3　不同采样周期下系统极点与跟踪性能极限关系图（非最小相位零点 $k = 0.2$ ）

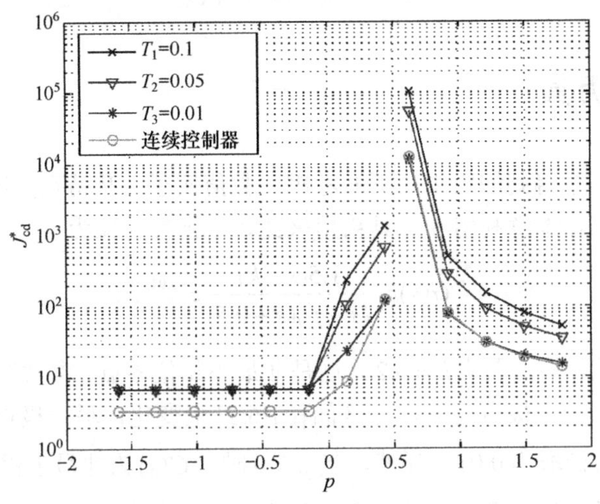

图 9.4　不同采样周期下系统极点与跟踪性能极限关系图（非最小相位零点 $k = 0.6$ ）

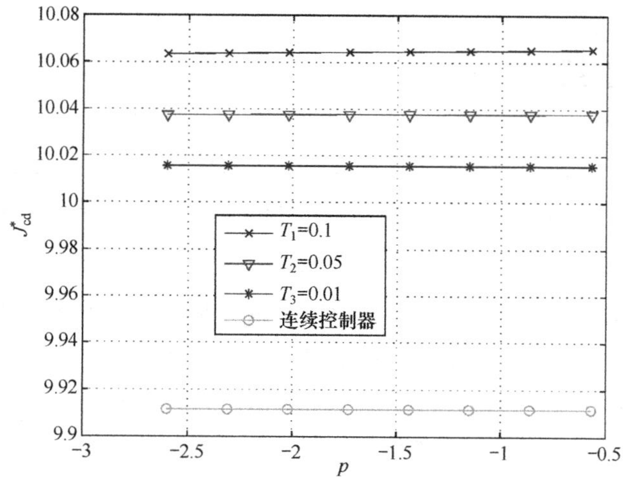

图 9.5　双自由度控制器的最优性能（极点小于零，$\varepsilon = 0$）

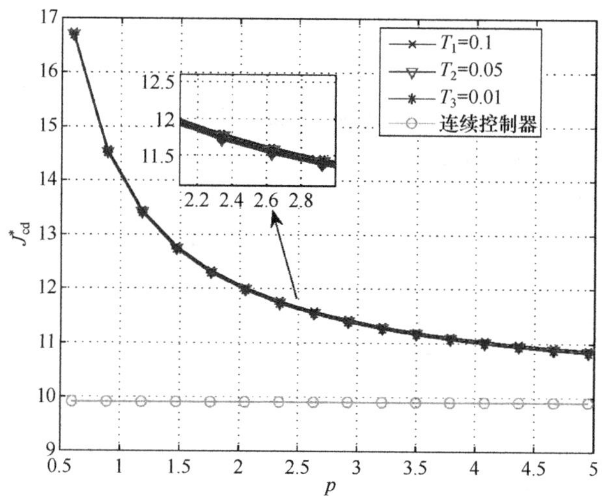

图 9.6　双自由度控制器的最优性能（极点大于零，$\varepsilon = 0$）

对于双自由度控制器，极点 p 在区间[−2.6,5]变化。比较结果如图 9.5 和图 9.6 所示。由图 9.5 看出，在区间[−2.6,5]，跟踪性能极限仅仅与非最小相位零点，时延和由采样器和保持器产生的非最小相位零点有关。由图 9.6，在区间[0.5,5]最优性能也与系统的不稳定极点有关。因此跟踪性能极限将会随着不稳定极点的变化而变化，从仿真比较结果看来，双自由度控制器可提高系统的跟踪性能极限。

9.7 本章小结

本章针对不同类型的参考跟踪信号研究了跟踪性能极限，通过对不同类型参考信号的研究，找到了它们之间的关系，讨论的被控对象为非最小相位的、不稳定的。从得到的 4 个定理可知，跟踪性能极限不仅与连续系统的时延、非最小相位零点、不稳定极点有关，而且与离散化系统的非最小相位零点和不稳定极点有关。同时，由采样器和保持器产生的非最小相位零点影响系统的跟踪性能极限。从结论中看出，当 $\omega_0 = 0$ 时，阶跃信号的跟踪性能极限是复正弦信号的跟踪性能极限的特例。当 $\omega_0 \to 0$ 时，斜坡信号的跟踪性能极限是实正弦信号的跟踪性能极限的退化。

参考文献

[1] Chen J, Qiu L, Toker O. Limitations on maximal tracking accuracy. IEEE Transactions on Automatic Control, 2000, 45(2): 326-331.

[2] Toker O, Chen J, Qiu L. Tracking performance limitations in LTI multivariable siscrete-time systems. IEEE Transactions on Circuits and Systems I: Fundamental Theory and Applications, 2002, 49(5):657–670.

[3] Su W Z, Qiu L, Chen J. Fundamental limit of discrete-time systems in tracking multi-tone Sinusoidal Signals. Automatica, 2007, 43(1):15–30.

[4] Ding L, Wang H N, Guan Z H, et al. Tracking under additive white Gaussian noise effect. IET Control Theory & Applications, 2010, 4(11):2471–2478.

[5] Chen J, Hara S, Chen G. Best tracking and regulation performance under control energy constraint. IEEE Transactions on Automatic Control, 2003, 48(8):1320–1336.

[6] Rosenwasser YN, Polyakov KY, Lampe B P. Frequency-domain method for H_2 optimization of time-delayed sampled-data systems. Automatica, 1997, 33(7): 1387–1392

[7] Chen J, Hara S, Qiu L, et al. Best Achievable tracking performance in sampled-data systems via LTI controllers. IEEE Transactions on Automatic Control, 2008, 53(11):2467–2479

[8] Goodwin G C, Salgado M. Frequency domain sensitivity functions for continuous time systems under sampled data control. Automatica, 1994, 30(8):1263–1270.

[9] Braslavsky J H. Frequency domain analysis of sampled-data control systems. New South Wales, Australia: The University of Newcastle, 1995.

[10] Araki M, Ito Y, Hagiwara T. Frequency response of sampled-data systems. Automatica, 1996, 32(4):483–497.

[11] Braslavsky J H, Middleton R H, Freudenberg J S. L_2 induced norms and frequency gains of sampled-data sensitivity operators. IEEE Transactions on Automatic Control, 1998, 43(2):252–258.

[12] Darrell G. H_∞ performance limitations for problems with sensor time delays: Waterloo, Ontario, Canada: University of Waterloo, 2008.

[13] Toker O, Chen J, Qiu L. Tracking performance limitations in LTI multivariable discrete-time systems. IEEE Transactions on Circuits and Systems I: Fundamental Theory and Applications, 2002, 49(5):657–670.

[14] Wu J, Zhan X S, Zhang X H, et al. Performance limitation of networked systems with controller and communication filter co-design. Transactions of the Institute of Measurement and Control, 2018, 40(4): 1167-1176.

[15] Qiao S, Wu J, Zhan X, et al. Performance limitation of networked control systems with networked delay and two-channel noises constraints. Systems Science & Control Engineering, 2019, 7(1): 28-35.

[16] Okajima H, Asai T. Tracking performance limitation for 1-DOF control systems using a set of attainable outputs. SICE Journal of Control, Measurement, and System Integration, 2015, 8(5): 348-353.

第 10 章　总结与展望

10.1　全书总结

本书主要研究了通信约束下的网络化控制系统最优性能问题。网络的引入带来诸多影响控制系统性能的因素，如量化、网络噪声、带宽约束、网络信号衰落、网络输入能量约束等。本书综合考虑了其中多种网络因素的影响，分别从频域和时域两个角度对网络化控制系统最优性能进行研究，并获得网络化控制系统的最优性能的精确表达形式。

本书的主要工作可以归纳为以下几点：

（1）针对带宽受限和有色高斯噪声两种网络约束影响下的多输入多输出连续时间网络化控制系统跟踪性能极限问题。参考信号考虑为一个布朗运动随机过程，基于频域的方法，通过设计二参数控制器，得到此类网络的系统性能极限的精确表达形式。跟踪性能指标中除考虑系统输出与参考信号之间的误差信号的能量外，还考虑了系统控制输入能量，并对两者进行权衡设计。结果揭示了系统的最优性能与被控对象的非最小相位零点、不稳定极点和参考信号，以及网络噪声和网络带宽的定量关系。

（2）研究了双通道的网络化控制系统性能极限，对于带有色高斯噪声的带宽约束情况下的双通道反馈系统，综合考虑了跟踪误差和带信道能量约束的性能指标。针对不稳定和非最小相位且具有多重零极点的被控对象，设计了双参数控制器，通过内外分解、全通分解等方法，得到系统跟踪性能极限的精确形式。给出系统最优性能与被控对象内部特征和网络噪声、网络带宽和能量约束之间的关系。

（3）针对带量化误差和网络噪声的连续线性时不变、多输入多输出网络化控制系统，综合考虑带宽受限和编码和解码的情况，对系统的跟踪性能极限进行研究。所考虑的参考输入信号为随机信号，通过设计二参数控制器，基于尤拉参数化方法，通过利用互质分解和内外分解等处理手段，获得系统跟踪性能的显式表达。结果给出了网络信道噪声、网络带宽、量化误差和编码解码与跟踪性能极限的关系。

（4）针对带有色高斯噪声和带宽约束的网络化控制系统，提出一种新型性能权衡指标，该性能指标除考虑系统网络信道输入能量和跟踪误差能量的权衡，还把被控对象的输入能量融入控制系统的性能指标中，把网络信道输入能量和被控对象输入能量应用传递函数式的权衡因子，对信号的各个频段作权衡。基于频域的思想，利用尤拉参数化的等工具，分别研究了单参数控制结构和双参数控制结构下的网络化控制系统跟踪性能极限。结果反映了信道带宽、有色噪声与性能极限之间的定量关系。

（5）研究了带有附加高斯白噪声衰落信道的多输入多输出线性时不变离散时间网络化控制系统的最优调节问题。从时域的角度，基于状态空间方法，并引入平均性能指标。分别考虑系统状态反馈和输出反馈两种控制结构下的调节性能极限。单参数和双参数的控制器分别被采用，特别研究了网络通道中的衰落现象和加性高斯白噪声对系统性能的影响。先对求得被控对象的最小实现，然后，基于不同情形，构造相应的拉格朗日函数和哈密顿函数来求解系统的性能极限。系统的最佳可达调节性能极限问题归结到相应的黎卡迪方程的稳态解问题。

（6）研究了网络化控制系统上下通道均受量化影响下的线性时不变系统的跟踪性能极限问题。参考信号考虑为阶跃型随机变量。跟踪性能指标定义为均方意义下的跟踪性能极限指标。量化方式考虑对数量化方式。通过使用动态规划目标，得到相应的离散时间黎卡迪方程。基于被给系统的状态空间实现和所得的离散黎卡迪方程，通过输出反馈获得系统的跟踪性能极限。

（7）研究了非最小相位且不稳定的连续被控对象的采样控制系统在控制输入能量约束下的跟踪性能极限。通过分析发现，跟踪性能极限与连续被控对象以及离散化后产生的非最小相位零点和不稳定极点有关，同时，由采样器和保持器所产生的非最小相位零点会导致系统跟踪性能的丢失。跟踪性能极限亦与参考输入信号的特征有关。最后，给出含有一个非最小相位零点和从稳定变化到不稳定的极点的被控对象的仿真结果。结论表明采用采样控制器得到的跟踪性能极限大于采用连续控制器的跟踪性能极限。

本书的创新点如下：

（1）研究了带宽受限的有色高斯噪声信道下的网络化控制系统跟踪性能极限问题，提出了新的融合系统输入能量约束与跟踪误差的性能指标。设计二参数的控制器，基于频域方法，利用内外分解、全通分解、互质分解等处理方法，得到有色高斯噪声和带宽约束下的系统跟踪性能极限的精确形式。

（2）研究了多重零极点的不稳定和非最小相位系统的跟踪性能极限问题，并考虑了带双向的带宽受限和有色高斯噪声信道的网络化控制系统，得到了双向网络通道约束下的网络化控制系统性能极限，揭示了网络特征和被控系统内部结构特征对性能极限的定量关系

（3）提出了一种对网络输入能量和被控对象输入能量作权衡的传递函数式的权衡因子，该权衡因子能对网络控制输入和被控对象输入的各个频段作权衡。基于此权衡因子，构造了新型的性能指标，并分别设计了单参数控制结构和双参数控制结构，得到了这种性能指标下相应的控制系统性能。

（4）从时域的角度，基于状态空间方法，研究了附加高斯白噪声衰落信道的性能极限问题。设计了时域下的单参数控制结构和双参数控制结构，并分别从状态反馈和输出反馈两种反馈控制方式下，研究了相应的控制系统最优性能。

（5）从时域的角度，研究了上下通道同时受到量化噪声影响下的网络化控制系统的性能极限问题。使用动态规划目标，把原有性能极限问题归结到一个相应的离散时间黎卡迪方程的求解问题。

（6）基于频域提升方法，研究了采样控制系统在控制输入能量受限下的跟踪性能极限，给出了性能极限下界。建立了采样控制系统特性与跟踪性能极限之间的联系。与连续反馈系统相比，采样过程增加了额外性能局限。

10.2 研究展望

网络化控制系统是近年来的研究热点，但是，从研究网络化控制系统的性能极限和揭示通信参量对系统性能的影响这个角度，还有许多问题值得我们进一步研究。

总的来说，今后的研究可以从以下几个方面展开。

（1）非均匀量化噪声通道的网络化控制系统性能极限研究

进一步研究网络化控制系统量化对于系统性能的影响。为克服均匀量化输入信号动态范围受到限制的缺点，现在非均匀量化器在实际中得到了广泛应用，如对数量化、随机量化等。如何针对非均匀量化的网络化控制系统设计出合适的性能指标，并进一步对带非均匀量化信道的网络化控制系统性能极限进行研究，将

是网络化控制系统性能研究的重要问题之一。

（2）网络化控制系统次优性能极限的研究

目前对于网络化控制系统性能的研究大多集中于系统最优性能的研究，在现实的网络化控制系统中，有时很难达到性能的最优情况，或要达到最优性能所要付出的代价太大，而系统性能的要求并不是那么严格，且当得到的次优性能已能满足现实的需要时，我们以小的代价来实现接近最优性能的次优性能将是未来性能研究的重要研究方向。

（3）时变网络化控制系统性能极限的研究

目前对于网络化控制系统的研究大都局限于对线性时不变系统，研究其跟踪性能极限和调节性能极限，然而，对时变系统性能极限的研究还很少。对于时变系统，如果采用频域法来分析其性能极限问题很难进行下去，基于此，考虑通过时域法来对其进行研究，即通过状态空间的方法来对时变的网络化控制系统的性能极限进行研究将具有重要的研究意义和价值。

（4）非线性网络化控制系统性能极限研究

在现实当中，绝对的线性系统是不存在的，故为了更好地研究现实中的网络化控制系统的性能极限，有必要对非线性系统的性能进行研究。对于非线性网络化控制系统性能极限的研究，可以从两个方面入手。一方面，当系统性能要求不是过于严格的情况下，对非线性系统线性化，把非线性系统性能研究转化为线性系统性能的研究，大大减小研究的复杂度，得到非线性系统的一个次优性能；另一方面，直接从非线性系统入手，通过构造合理的性能指标，寻求合适的方法，如时域方法，求得非线性系统性能的最优性能。这也是控制系统性能研究和发展的又一重要问题。

（5）多智能体系统性能极限研究

以往的网络化控制系统的研究大多针对单个被控对象构成的反馈系统进行研究。然而，随着现代科技的发展，由多个被控对象组成的被控网络得到了普遍的应用，如典型的有多智能体网络。多智能体网络呈现出多种群体动态行为，如蜂拥、聚焦、编队等现象，如何将性能极限的思想与这些群体行为特征联系起来，提出网络优化的性能指标，并定量地揭示出群体性能与网络拓扑结构和动态行为的内在联系，将是一个非常重要的研究方向。

是网络化控制系统性能研究的重要问题之一。

（2）网络化控制系统优化性能极限的研究

目前对于网络化控制系统性能的研究大多集中于系统稳定性能的研究，在实际网络化控制系统中，[illegible]情况，或要达到[illegible]性能的要求[illegible]。[illegible]

（3）时变网络化控制系统性能极限的研究

目前对于网络化控制系统的研究大都局限于对线性时不变系统，研究其[illegible]性能极限。[illegible]

（4）非线性网络化控制系统性能极限的研究

在现实当中，[illegible]线性[illegible]，[illegible]网络化控制系统的性能极限，有必要对非线性系统[illegible]研究。[illegible]

（5）[illegible]

[illegible]